国企视点

混合所有制改革背景下建设具有全球竞争力的世界一流企业

TO BUILD WORLD-CLASS ENTERPRISES WITH GLOBAL COMPETITIVENESS UNDER THE BACKGROUND OF MIXED OWNERSHIP REFORM

王祯敏 姚 东 杨加裕 魏旭辉 著

中国经济出版社
CHINA ECONOMIC PUBLISHING HOUSE
·北 京·

图书在版编目（CIP）数据

混合所有制改革背景下建设具有全球竞争力的世界一流企业／王祯敏等著．--北京：中国经济出版社，2023.1

ISBN 978-7-5136-7167-5

Ⅰ．①混… Ⅱ．①王… Ⅲ．①国有企业-企业管理-研究-中国 Ⅳ．①F279.241

中国版本图书馆 CIP 数据核字（2022）第 223099 号

策划编辑　姜　静
责任编辑　王西琨
责任印制　马小宾
封面设计　任燕飞装帧设计工作室

出版发行　中国经济出版社
印 刷 者　北京科信印刷有限公司
经 销 者　各地新华书店
开　　本　710mm×1000mm　1/16
印　　张　13.5
字　　数　235 千字
版　　次　2023 年 1 月第 1 版
印　　次　2023 年 1 月第 1 次
定　　价　68.00 元
广告经营许可证　京西工商广字第 8179 号

中国经济出版社 **网址** www.economyph.com **社址** 北京市东城区安定门外大街 58 号 **邮编** 100011
本版图书如存在印装质量问题，请与本社销售中心联系调换（联系电话：010-57512564）

目 录

第一章　研究背景和思路

一、研究背景

改革开放四十多年来，中国国有企业改革历经了市场化取向、产权改革和竞争取向 3 个阶段，取得了举世瞩目的成就。

（1）市场化取向阶段（1978—1992 年）。中国经济体制从高度计划经济逐步演变为以“计划经济为主，市场调节为辅”“有计划的商品经济”为目标的经济。社会主义也可以是有计划的商品经济，这是在党的十三大上明确提出的。以“国家调节市场，市场引导企业”为原则，国有企业开始围绕“放权让利”“承包制”等核心特征进行探索性改革，在此基础上，国有企业改革开始以市场化改革为目标，通过扩大企业自主权，将部分收益支配权让渡给企业，调整作为国有企业股东的政府与企业之间的权责关系（政企关系），从而实现国家、管理者和职工利益的共同增加。国有企业内部治理围绕企业内部党、政、工关系进行了探索，开始建立适合中国国情的企业现代化管理体系。

（2）产权改革阶段（1993—2012 年）。从党的十四大开始，深化国有企业改革成为历次代表大会工作报告的重点内容之一，这个阶段的目标是建立现代企业制度，要求国有大中型企业进行公司制改革，并完善相应的法人治理结构，通过现代企业制度改革的实施，让国有企业能够成为独立的法人，培育国有企业逐步成为市场竞争主体。

（3）竞争取向阶段（2013 年至今）。通过对国有资产管理体制进行改革，以消除国有企业出资人缺位和评价主体不明确的弊端。党的十八届三中全会《中共中央关于全面深化改革若干重大问题的决定》把以往市场在资源配置中

“基础性作用”的提法改为“决定性作用”，并指出新时代国有企业改革的方向：发展混合所有制经济，完善中国特色现代企业制度（分类改革与分类治理、将党组织嵌入公司治理并发挥领导核心和政治核心作用），形成以管资本为主的国有资产监管体制等国有企业改革的核心内容。这是顶层设计和建设具有中国特色现代国有企业制度的全面推进和完善阶段，通过积极发展混合所有制经济，提升公司法人治理结构的有效性，从而推动国有企业不断完善中国特色现代企业制度。

党的十九大报告提出要“深化国有企业改革，发展混合所有制经济，培育具有全球竞争力的世界一流企业”，不仅为国有企业改革指明了发展的方向和目标，而且也为建设具有全球竞争力的世界一流企业提供了良好发展的机遇与环境。在美国《财富》杂志2022年“世界500强”名单中，中国有133家企业上榜，中国企业在世界500强的排名体现了中国对世界经济的影响力，表明了中国经济在全球市场上的变化和地位。在上述企业中，国有企业占据绝大多数，如图1-1所示，国有企业占比达70%，其中央企和已经开展国有企业混合所有制改革的央企占比高达44%。国有企业应加快进程，建设成为世界一流企业，充分有效地利用国内、国外两个市场，突破关键技术瓶颈的制约，提升和扩大中国企业在国际市场上的竞争力和影响力。

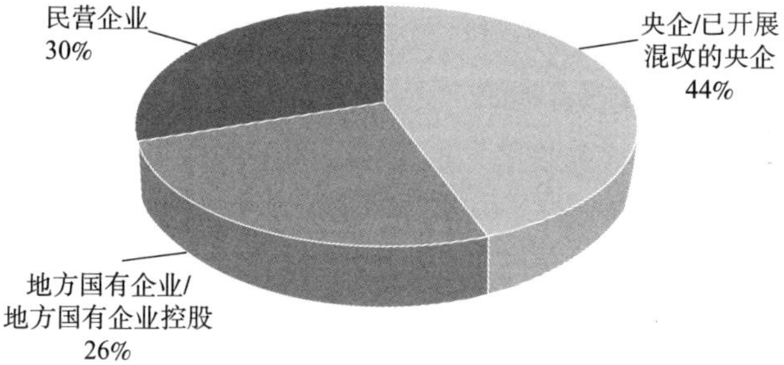

图1-1 中国企业在《财富》杂志2022年“世界500强”名单中上榜的占比

资料来源：根据2022年《财富》榜单计算得出。

中国提出“培育具有全球竞争力的世界一流企业”的建设目标，是以混合所有制改革为背景进行的，因此笔者在对世界一流企业的核心概念、特征与要素进行分析和总结的基础上，以国有企业为研究对象，从中国国有企业混合所有制改革的演进历程和发展趋势分析入手，分别从宏观和微观的角度对国有企业成长为世界一流企业的现状进行了深入分析，重点对混合所有制改革对国有企业改革的影响及成效进行针对性研究。在此基础上，将理论和实践结合，总结出世界一流企业的参考标准，对目前制约国有企业发展为具有全球竞争力的世界一流企业的因素进行深入剖析。最后，提出混合所有制改革背景下建设世界一流企业的应对策略和方法：首先助力一批国有企业成为具有全球竞争力的世界一流企业，然后按照先重点后普通、先特殊后普遍的原则有序进行培育，从而实现中国经济的高质量发展，为推动世界经济的共同繁荣作出贡献。

二、研究重点及创新

笔者主要从经济学的视角进行分析，在混合所有制改革的背景下，研究将国有企业培育为具有全球竞争力的世界一流企业的现状、差距和策略。在研究过程中，运用上市国有企业的数据进行实证研究，分析混合所有制改革对国有企业改革的影响及取得的成效；并将其与世界一流企业的标准进行对比分析，找到差距和不足，为助力国有企业实现成为具有全球竞争力的世界一流企业的目标而不懈努力。

三、研究思路与方法

本书沿着“内在逻辑—制约因素—改革策略”和“是什么—做什么—怎么做”的研究思路框架开展论述（见图 1-2），以混合所有制改革为研究背景，以国有企业为研究对象，目标是呈现将国有企业培育为具有全球竞争力的世界一流企业的策略和路径。具体的研究思路体现为：首先，科学界定混合所有制改革广义和狭义的概念，从理论上对世界一流企业进行科学定义，在此基础上，结合实践，分析和归纳出世界一流企业具有的共同特征和相关要素，总结出世界一流企业的标准和相关规律；其次，结合中国国有企业混合所有制改革的演进历程与发展趋势，对国有企业成长为世界一流企业的现状进行定性和定量分析，主要从公平竞争环境、全要素生产率（Total Factor Productivity，TFP）、公司治理效率和创新效率四个方面展开分析；最后，结合具有全球竞争力的世界一流企业的标准，从中国国有企业改革的实践出发，对比分析发现差距和不足，通过实证研究得出国有企业混合所有制改革取得的成效，提出相应的策略和方法，为培育一批国有企业成长为具有全球竞争力的世界一流企业提供支撑。

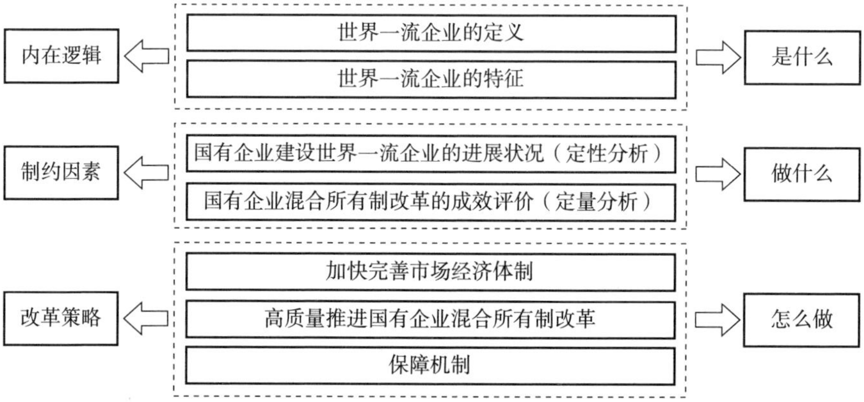

图 1-2　研究思路框架

第二章　具有全球竞争力的世界一流企业的内涵与规律

一、世界一流企业的内涵

表 2-1 为世界一流企业的定义汇总。

（一）世界一流企业的定义

表 2-1　世界一流企业的定义

文献作者	定义
彼得·德鲁克（Peter Drucker，1954）①	卓越企业存在的价值和意义是能够创造顾客，并能聚焦客户需求从而创造价值的企业
迈克尔·波特（Michael Porter，1985）②	从竞争优势的视角看待卓越企业，认为是能够调整和优化企业的内部价值链，使得企业能够在激烈的市场竞争中脱颖而出
黄群慧等（2017）③	从企业管理的角度诠释了世界一流企业的定义和标准，认为其标准包括以下四个方面的内容：世界一流企业应有清晰的价值导向，具备良好的资源基础，具备动态处理问题的能力，其战略具备柔性和灵活性

① DRUCKER P. Innovation and Entrepreneurship [M]. New York: Harper & Row, 1954.

② PORTER M E. Competitive Advantage: Creating and Sustaining Superior Performance [M]. New York: Free Press, 1985.

③ 黄群慧，余菁，王涛. 培育世界一流企业：国际经验与中国情境 [J]. 中国工业经济，2017 (11): 5-25.

续表

文献作者	定义
董福贵，吴南南，杨尚东，等（2018）①	世界一流企业指其在所在行业领域具有稳定和极强的市场竞争力，能够成为行业及其他行业的标杆，能充分发挥表率作用，能开展跨国业务，能进行国际化经营管理，具有较强的国际影响力，在社会上拥有较好的声誉
曾宪奎（2020）②	在全球范围内与同行业企业比较，拥有全球顶尖的技术能力，企业规模大，经营能力卓越，同时具备良好的企业形象，高度重视企业的正外部性，社会责任感极强
王丹，刘泉红（2021）③	指企业具有较大的规模，且实力强大，具有不可替代的企业核心竞争力，拥有较高的国际化程度，企业的经营管理能力和水平突出。具备世界一流的技术水平，品牌影响力大，国际化管理水平高，拥有一流的人才队伍和独特的企业文化，能够在国际资源配置中发挥不可替代的作用，在所在的产业和领域拥有较强的影响力，拥有较强的话语权，能够成为世界一流的企业

资料来源：根据相关文献整理得出。

国外学者最早使用“卓越企业”（excellence enterprise）一词，后来使用“世界级企业”，这与世界一流企业（world class company）的翻译较为接近。世界一流企业不是一个规范的学术概念，而是一个应用于实践情境下的定义，是一种主观的评价。目前中国国有企业改革和发展的目标定位是成为具有全球竞争力的世界一流企业，而关于世界一流企业的评价标准，则体现为具有全球竞争力。学者们很早就开始对世界级企业进行研究，通过对上述文献的整理和归纳，笔者界定世界一流企业是能够成为世界级、国际化企业的卓越企业，在其所在的关键领域、产业和所处行业发展过程中能够长期可持续地具备和保持全球领先的市场竞争力，具有较强的综合实力、影响力和号召力。

① 董福贵，吴南南，杨尚东，等．具有全球竞争力的世界一流企业的特征及培育路径——以电网企业为例［J］．现代经济探讨，2018（3）：97-104.

② 曾宪奎．高质量发展背景下我国国有企业创建世界一流企业问题研究［J］．宁夏社会科学，2020（1）：81-88.

③ 王丹，刘泉红．加快建设世界一流企业促进形成新发展格局［J］．宏观经济管理，2021（5）：14-27.

（二）世界一流企业的特征

表 2-2 为世界一流企业的要素和特征。

表 2-2 世界一流企业的要素和特征

文献作者	世界一流企业的要素和特征
科利斯（Collis，1994）①	“价值理念”“使命”和“愿景”
纽曼（Newman）和陈（1999）②	企业拥有合理的规模，产品优质，能够给客户提供高水平的服务，具备柔性管理等特征。遵守国际和国内市场秩序，能够进行国际化经营管理，企业具有较强的核心竞争力，能够参与国际化竞争
麦肯锡（2012）③	以“三标准”来测量是否具备世界一流企业的特征：规模做大，拥有较好的产品，具备较好的品牌价值和不俗的业绩；在公司的企业文化、愿景、使命、管控体系和公司治理方面能够做到基业长青；战略导向清晰，执行能力和进取能力强
德勤华永会计师事务所（2013）④	构建了包含企业的战略决策，领导者领导力，公司治理，企业运营管理，企业的国际化影响力，企业人才队伍建设，企业品牌管理与运营，顾客、创新与成长和企业绩效“九要素”的科学评价体系
罗兰贝格（2017）⑤	世界一流企业的特征主要包括能够进行跨国经营和利润分配、拥有较高的海外收入份额、一支专业的海外管理团队、独特的企业发展战略、拥有良好的企业品牌、能够树立口碑较好的品牌形象、具有较强的全球品牌影响力、拥有全球顶尖的技术、拥有国际化的公司治理模式和良好跨国合作的合作伙伴等

① COLLIS D J. Research Note: How Valuable are Organizational Capabilities [J]. Strategic Management Journal, 1994, 15 (S1): 143-152.

② NEWMAN W H, CHEN M J. World-Class Enterprises: Resource Conversion and Balanced Integration, Challenges for Global Enterprise in the 21st Century [R]. Academy of Management National Meetings, 1999.

③ 麦肯锡. 完善系统对标，推动管理转型，打造世界一流企业 [R]. 纽约：麦肯锡公司，2012.

④ 德勤华永会计师事务所. 对标具有全球竞争力的世界一流企业 [M]. 北京：中国经济出版社，2013：16.

⑤ 罗兰贝格. 中国如何造就全球龙头企业 [J]. 中国工业评论，2017（7）：18-25.

续表

文献作者	世界一流企业的要素和特征
波士顿公司（2017）	拥有充足的资本，资本流通较好，跨行业信息洞察能力强，能够进行跨国人才储备，企业品牌价值高
黄群慧，余菁，王涛（2017）①	世界一流企业的特征：拥有良好的企业文化，树立以人为本的企业文化氛围，具有强烈的社会责任感和优秀的企业家精神，企业具有长远的战略目标和长期价值，企业品牌价值和形象好

资料来源：根据相关文献整理得出。

综合上述文献来看，世界一流企业的核心特征指能够具备其他企业无法复制和难以超越的竞争优势，且在全球范围内、产业和行业环境中具有独一无二的企业竞争力。企业的核心竞争力指以技术创新为核心，在企业内部形成一种其竞争对手难以模仿和超越的能力组合，企业的核心竞争力的评价指标是以结果为导向，能够综合反映企业在市场竞争中的能力和影响力（曾宪奎，2018）。② 具有全球竞争力指该企业以科技创新为核心，在全球范围内形成技术领先、竞争对手难以超越的各种能力的最优组合。由于对世界一流企业的评价没有统一的标准，国外学者大多以世界级企业为研究对象，分别从不同的角度对世界级企业的评价标准进行诠释，主要代表性观点如下：Schonberger（1986）③ 提出世界级企业的标准是包含企业管理，产品设计、生产与研发，企业人力资源，质量管控，企业运营、信息维护与安全，企业核心能力，营销策略与推广七个方面，在这些方面都力求做到最好。世界级企业的评价体系应包含：企业产品、提供的客户和产品服务、企业成本、对市场的敏感度和市场反应、企业组织能力和企业社会责任（Debra，2006）。④ Steve

① 黄群慧，余菁，王涛．培育世界一流企业：国际经验与中国情境［J］．中国工业经济，2017（11）：5-25.

② 曾宪奎．我国经济发展核心竞争力导向问题研究［J］．福建论坛（人文社会科学版），2018（7）：27-35.

③ SCHONBERGER R J. World class manufacturing：the lessons of simplicity applied［M］. New York：Free Press，1986.

④ DEBRA H. Getting to world - class supply chain measurement［J］. Supply Chain Management Review，2006，10（7）：18-24.

(1995)① 一直坚信世界级企业应拥有在世界范围内进行资源整合的能力，从而扩大企业在市场占有率、品牌形象和品牌管理、独特的企业文化、企业供应链和运营管理方面的影响力。Ferreira 等（2012)② 则从生产过程对世界级制造业绩效进行分析，主要从财务、质量和生产过程三个方面进行。根据国务院国有资产监督管理委员会（2013）下发的《中央企业做强做优、培育具有国际竞争力的世界一流企业要素指引》（简称《要素指引》，要素包含：规范健全的法人治理结构；主业突出，具有较强的核心竞争力；自主创新能力足以发展战略性新兴产业；国际化经营能力与运作能力强，跨国指数高；拥有国际知名品牌，具有合理的规模经济和较强的盈利能力；内部改革适应国际竞争要求，激励约束机制健全；集中有效的集团管控模式；风险管理体系完善，拥有较强的风险管控能力；管理信息化水平高；重视领导力建设，建立起学习型组织；具有先进独特的企业文化和较强的社会责任感），把“公司治理、人才开发与企业文化、业务结构、自主研发、自主品牌、管理与商业模式、集团管控、风险管理、信息化、并购重组、国际化、社会责任、绩效衡量与管理”确定为具有国际竞争力的世界一流企业应具备的 13 个要素。③《关于中央企业创建世界一流示范企业有关事项的通知》（2019）提出了“三个领军”，主要是强调在国际资源配置中的主导地位、全球行业发展的技术引领作用和在全球产业发展中具有较强话语权和影响力；“三个领先”指在生产效率指标（主要包括全要素生产率和劳动生产率等）、收益率指标（主要包括净资产收益率和资本保值增值等）和产品、服务的质量等方面领先；“三个典范”强调企业在新发展理念、履行社会责任、建设全球知名品牌形象等方面成为典范。

二、具有全球竞争力的世界一流企业的成长规律与路径

（一）世界一流企业的成长阶段

任何一个世界一流企业都只有在纷繁复杂的市场环境中，经过不断动态演

---

① STEVE S. World-Class competitiveness [J]. Managing Service Quality, 1995, 5 (5): 36-42.

② FERREIRA C F, COSTA S E G D, OLIVEIRA A L G D, et al. A new proposal to classify a world class manufacturing [C]. Proceedings of the 2012 Industrial and Systems Engineering Research Conference, 2012.

③ 国务院国有资产监督管理委员会. 中央企业做强做优、培育具有国际竞争力的世界一流企业要素指引 [R]. 2013.

进的过程之后才可能炼成。在其发展的不同阶段和时期，企业会随着环境的变化不断进行变革以应对挑战，从而引发企业核心要素的调整与整合。可见世界一流企业的成长具备一定的经验和规律可循，都会历经企业发展必经的阶段，从企业的初创阶段、快速成长、稳定发展到国际化发展、转型发展和创新变革等。李伯溪（2012）从跨国公司的发展历程和规模的视角来看世界一流企业的发展，他将其成长阶段分为成为跨国公司、进入中层次的跨国公司、晋升最高层次的跨国公司、适应或引领时代变革4个阶段。① 黄群慧等（2017）通过对壳牌（Shell）、国际商业机器公司（IBM）、通用电气（GE）和丰田（Toyota）等企业的发展历程进行分析和经验总结，发现它们共同的成长规律是企业发展都经过了创业、成长、转型和超越。

笔者借鉴 Greiner（1972）② 对企业生命周期理论的诠释，结合学者们的研究，将世界一流企业的成长历程分为以下5个阶段：初创、发展、转型、创新和持续改进阶段（见图2-1）。持续改进始终贯穿于世界一流企业的成长历程中，其中国际化是成长为世界一流企业必经的阶段。

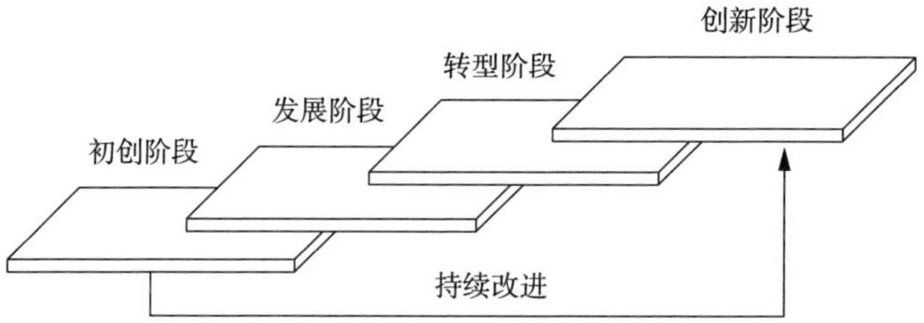

图2-1 世界一流企业的成长历程

（二）具有全球竞争力的世界一流企业的成长规律

对于具有全球竞争力的世界一流企业的成长规律，学者们从不同的角度进行了总结，得出了不同的结论。一些学者从企业内部经营管理来分析和研究世界一流企业的特征，探索其成长的内在规律。IBM 对全球1000家跨国企业的调研表明，世界一流企业在追求变革、让创新超乎客户想象、全球整合、

① 李伯溪．世界一流企业发展思考［J］．经济研究参考，2012（10）：25-37.

② GREINER L. Evolution and revolution as organizations grow［J］. Harvard Business Review，1972，(50)：37-46.

颠覆性业务创新和承担社会责任等方面具有鲜明的特征（李伯溪，2012）。另外，黄群慧等（2017）提出 8 个典型特征，详情见表 2-2。有的学者从外部的角度分析了世界一流企业的竞争力测评。金碚（2003）[①] 提出 16 个指标组成了企业竞争力测评的指标体系。谢康（2004）[②] 从关系经济效率和管理的四个指标——经营管理、制度环境、资本市场和“跨国经营”——对企业国际竞争力进行评价。此外，崔新健、欧阳慧敏（2020）[③] 从规模、效益、创新、国际化和品牌五个维度对中国培育具有全球竞争力的世界一流企业展开研究。根据上述学者的研究，笔者结合国有企业混合所有制改革的特点，从全要素生产率、创新效率、公司治理效率和硬化软约束四个方面对将国有企业建设成为世界一流企业的现状展开深入的分析，为下一步策略提供分析依据。

（三）具有全球竞争力的世界一流企业的成长路径

笔者经过系统地梳理和总结，发现当前对于世界一流企业的成长路径研究主要体现在以下三个方面：

（1）具有全球竞争力的世界一流企业的成长路径在其不同的发展阶段都具有一定的共性和经验。Helfat 等学者（2003）[④] 认为世界一流企业发展到成熟阶段时，依然能够通过企业战略转型、持续性改进和科技创新实现未来的发展。黄群慧等（2017）则从企业成长理论的方面分析了壳牌、IBM、通用电气和丰田 4 家世界一流企业，总结出其成长路径为创业阶段、成长阶段、转型阶段和超越阶段。

（2）有学者将世界一流企业分为领先企业和后发赶超企业，分别研究它们不同的成长路径。他们认为领先企业往往在其所处的领域具有一定的竞争优势，并居于领先地位，能够凭借其拥有的竞争优势快速提升核心竞争力，并扩大企业的经营规模，发展为世界一流企业，这类企业的典型代

① 金碚．企业竞争力测评的理论与方法［J］．中国工业经济，2003（3）：5-13.

② 谢康．经济效率：中国企业国际竞争力的核心和本质——兼论企业国际竞争力指标体系设计［J］．世界经济研究，2004（11）：4-10.

③ 崔新健，欧阳慧敏．中国培育具有全球竞争力的世界一流企业：进展、差距和策略［J］．经济学动态，2020（5）：28-40.

④ HELFAT C E，PETERAF M A. The dynamic resource-based view：capability lifecycles［J］. Strategic management journal，2003，24（10）：997-1010.

表以欧美企业为主（Daniel，2004）。[①] 而后发赶超企业则处于其所在领域发展的落后位次，竞争优势尚未凸显，该类企业为了能够在行业竞争中取胜，必须通过最初的模仿创新，采用技术追赶的方式，并实施差异化战略，走一条后发赶超之路，不断缩小差距，最后实现赶超，这种类型的企业典型代表以日韩企业居多（Stonebreaker 和 Leong，1994）。[②] Hobday（2004）[③] 认为后发企业的追赶路径是：吸收—消化—再创新。

（3）实施最优管理是企业获得竞争优势并成为世界一流企业的重要途径。笔者发现围绕管理方面的研究是最丰富的，有众多学者的研究聚焦在制造业的管理领域，例如世界级制造（World Class Manufacturing，WCM），主要包含准时制生产（JIT）和制造资源计划（MRP）（Stephen，1989）[④]、全面质量管理（TQM）（Juran，1995）[⑤] 以及 6S 质量管理（Yudi 和 Hiroshi，2010）[⑥] 等先进的管理模式。

对于中国的经济发展来说，国有企业和民营企业同样重要。本书的研究重点是国有企业，帮助国有企业建设成为世界一流企业，需要分析其自身所处的阶段，并结合现阶段的特点，通过建立中国特色现代企业制度、运用符合国际市场规范的公司治理模式，借鉴和参考世界一流企业的管理经验和成长规律。由于对世界一流企业的评价标准并不统一，综合学者们的研究，本书将世界一流企业的评价标准拟定为：效益、创新、规模、绿色及和谐（后面关于国有企业如何实现成长为世界一流企业这一目标，也将围绕这五个方面展开论述）。①效益，即通过衡量企业的市场占有率和盈利能力，分析企业的综合经营绩效，评价企业是否具有较强的市场竞争力，能否在世界同行业的竞争中取胜，对应指标体现为全要素生产率。②创新指企业具备的科技研

① DANIEL F B. Q&A：World-Class manufacturing ［J］. Surface Mount Technology，2004，18（1）：23.

② STONEBREAKER P W，LEONG G K. Operations strategy：focusing competitive excellence ［M］. Boston：Allyn and Bacon，1994.

③ HOBDAY M. East asian latecomer firms：learning the technology of electronics ［J］. World development，2004，23（7）：1171-1193.

④ STEPHEN M. Just-In-Time for World Class ［J］. Logistics Information Management，1989，2（3）：161-164.

⑤ JURAN J M. Managerial Breakthrough ［M］. New York：McGraw-Hill，1995.

⑥ YUDI A，HIROSHI O. Innovation in Management System by Six Sigma：An Empirical Study of World-Class Companies ［J］. International Journal of Learn Six Sigma，2010，1（3）：172-190.

发、资源配置和创新能力。分析企业能否可持续性发展，需要对其能否运用和配置全球生产要素的能力进行评价，从而对其能否引领同行业乃至成为世界一流企业发展的风向标，能否成为跨国企业或全球性企业进行评价，对应指标为创新效率，体现了企业的核心竞争力。③规模，就是从企业的经营收入规模和资产规模进行评价，评价企业能否在经营规模上进入世界前列，对应指标体现为公司治理效率。④绿色，主要就是衡量企业的能源消耗和碳排放，着重分析企业所承担的社会责任，评价企业能否将营业收入与能源消耗、污染排放和碳中和等指标挂钩，是否形成企业的绿色竞争力，在绿色环保发展方面是否进入世界前列，对应指标为全要素生产率、创新效率、公司治理效率和硬化软约束的综合体现。⑤和谐，是衡量企业的公益性指标，体现在企业对社会公共服务、国家公共财政和创造就业方面作出的贡献，体现了企业的正外部性，能否与世界同行进行比较（胡鞍钢等，2013），对应指标体现为硬化软约束。①

硬化软约束作为保障效率，确保国有企业处于公平竞争的市场环境，市场主体受到公平、公正的对待，保障全要素生产率、创新效率和公司治理效率能够实现，创新效率体现了国有企业的核心竞争力，如图 2-2 所示。

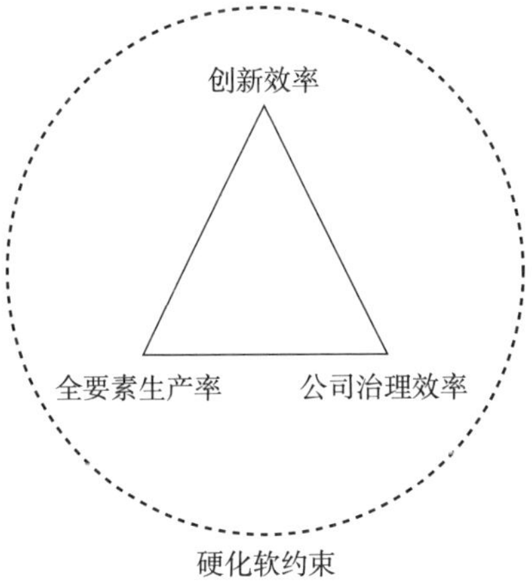

图 2-2　全要素生产率、创新效率、公司治理效率和硬化软约束之间的关系

① 胡鞍钢，魏星，高宇宁．中国国有企业竞争力评价（2003—2011）：世界 500 强的视角［J］．清华大学学报（哲学社会科学版），2013（1）：72-83.

公平竞争的市场环境可以为市场竞争主体企业提供公平的营商环境，让不同属性的企业在一个充分公平、公正的竞争环境中，享有合理的要素分配权，能有效投入生产，以此说明“和谐”和“绿色”这一特征。而全要素生产率是除企业投入的劳动和资本以外的因素带来企业产出提高的那一部分，可以用来说明“效益”，同时，由于全要素生产率的增长主要是因为技术进步，因此可以在很大程度上说明企业以不变的资源投入带来更多产出的增加情况，在一定程度上可以说明企业的环保生产能力，表明其“绿色”程度。公司治理效率指企业各种内部治理结构和决策最后带给公司效益的提升和规模的扩大，笔者选择了净资产收益率和总市值的平均数来说明公司治理效率，净资产收益率可以说明效益的层面，而总市值可以说明企业规模的情况，因此公司治理效率在一定程度上可以同时说明“效益”和“规模”，最终也可以体现“绿色”。创新效率是对企业创新相关资源的投入和创新成果产出情况的说明，可以用来表示“创新”，企业提高创新效率的同时可以减少资源的耗费，为环保作出显著贡献，因此也可以说明“绿色”问题(见图2-3)。

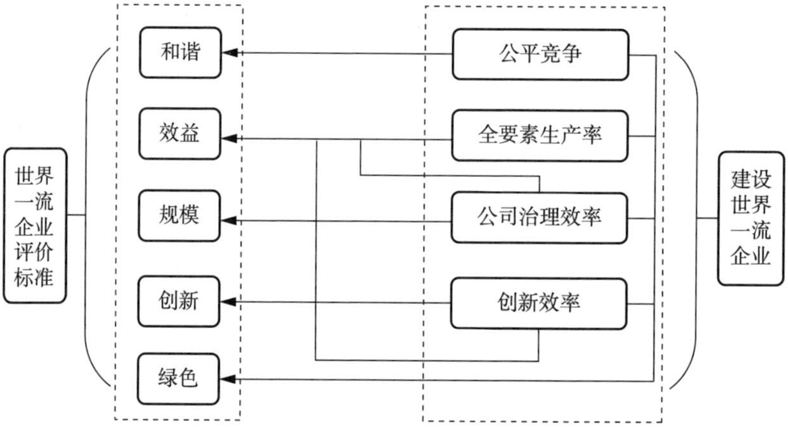

图2-3　世界一流企业评价标准与建设世界一流企业的关系逻辑图

三、混合所有制改革的定义

混合所有制经济，从宏观方面理解，是一国或地区的不同所有制成分共存的经济形态；从微观理解，则体现为不同性质的产权主体所构成的企业经济形态；从实践方面理解，应区分清楚中国的混合所有制经济与西方国家的混合经济的本质区别，以免陷入不必要的思维陷阱和错误。西方国家称作混合经济，是以资本主义社会为基础的私人资本主义经济与社会化经济的混合，是以国家干预和私人经济为基础的市场经济。中国的混合所有制经济一般以股份制作为资产组织形式和运营形式，是马克思主义中国化的表现。发展混合所有制经济的目的是进一步解放和发展生产力，巩固公有制的主体地位，搞活国有经济，突出以国有经济为主的主导作用，其战略总目标是发展和完善中国特色社会主义（刘长庚和张磊，2016）。①

故混合所有制改革的定义也有广义和狭义的区分，广义的混合所有制改革就是公有制经济与非公有制经济的共同发展，狭义的混合所有制改革就是通过引入各种所有制资本积极参与国有企业改革，使得各类所有制资本能够相互取长补短和协同发展，并切实保护各类出资人的产权权益，杜绝国有资产流失。

四、中国国有企业成长为世界一流企业的价值与意义

（一）国有企业混合所有制改革的演进历程

1978—1992 年，初步建立了以市场化改革为方向，通过一系列以经济建设为中心的改革，从高度计划经济走向“放权让利”“承包制”，沿着渐进式的制度变迁路径，经历了从早期以“放权让利”为核心特征的扩权让利试点、经济责任制、利改税、承包经营责任制、租赁制试点等系列改革，国有企业从国有国营、垄断市场走向有计划的社会主义商品经济，通过扩大经营自主权，将部分收益支配权让渡给企业，中国经济体制从高度计划经济逐步演变为“计划经济为主，市场调节为辅”的经济，进行市场经济体制改革，建设国有企业现代企业制度。如表 2-3 所示，这个阶段为 1993 年正式开始的中国国有企业混合所有制改革奠定了基础和条件。本书将混合所有制改革的演进历程分为 3 个阶段，分别是启动阶段、提升阶段和攻克阶段。

---

① 刘长庚，张磊．理解“混合所有制经济”：一个文献综述［J］．政治经济学评论，2016（6）：25-41.

表 2-3　中国特色社会主义所有制理论的政策演进

时间	主要内容
党的十二大	明确提出“生产资料公有制是中国经济的基本制度”“社会主义国营经济处于主导地位，个体经济是公有制经济必要且有益的补充”
党的十三大	提出“要坚持以公有制为主体，同时发展多种经济成分”
党的十四大	提出“要坚持以公有制为主体，个体经济、私营经济、外资经济等多种经济成分为补充和长期共同发展”
党的十五大	“公有制为主体、多种所有制经济共同发展”确立为我国的基本经济制度，明确提出“非公有制经济是我国社会主义市场经济的重要组成部分”。明确指出股份制是公有制的主要实现形式，公有制经济不仅包括国有经济和集体经济，还包括混合所有制经济中的国有成分和集体成分
党的十六大	两个“必须毫不动摇”：“必须毫不动摇地巩固和发展公有制经济”“必须毫不动摇地鼓励、支持和引导非公有制经济发展”
党的十七大	坚持“两个毫不动摇”：“毫不动摇地巩固和发展公有制经济”“毫不动摇鼓励、支持、引导非公有制经济发展” “以现代产权制度为基础，发展混合所有制经济”，在《中共中央关于实现全面深化改革若干重大问题的决定》中明确提出了混合所有制“是基本经济制度的重要实现形式”，并强调国有资本、集体资本、非公有资本等交叉持股、相互融合的混合所有制经济，是基本经济制度的实现形式，有利于国有资产放大功能、保值增值、提高竞争力
党的十八大	毫不动摇鼓励、支持、引导非公有制经济发展，保证各种所有制经济依法平等使用生产要素、公平参与市场竞争、同等受到法律保护
党的十八届三中全会	公有制经济和非公有制经济都是社会主义市场经济的重要组成部分，都是中国经济社会发展的重要基础
党的十九届四中全会	第一次从所有制结构、分配制度、资源配置方式等方面阐述了我国基本经济制度的内涵

资料来源：根据政府工作报告整理。

启动阶段（1993—2002 年）。这个阶段明确了国有企业改革的目标就是现代企业制度建设。党的十四大明确了中国经济体制改革的目标是建立社会主义市场经济。党的十四届三中全会提出了国有企业改革的方向是建立适应社会主义市场经济要求的现代企业制度，即以公有制为主体的“产权清晰，权责明确，政企分开，管理科学”的现代企业制度，并首次提出了“财产混合所有”的概念，正式拉开了产权层面的混合所有制改革序幕。紧接着党的十四大和十五届四中全会确立了发展混合所有制经济的战略，党的十五大报告将“公有制为主体、多种所有制经济共同发展”确立为中国的基本经济制度，明确提出“非公有制经济是我国社会主义市场经济的重要组成部分”。重点是通过“抓大放小”、推动产权清晰、实行公司制改造，积极探索国有资产管理的有效形式，单一的国家所有权出现了松动。党的十六大报告进一步提出“毫不动摇地巩固和发展公有制经济”“毫不动摇地鼓励、支持和引导非公有制经济发展”。

提升阶段（2003—2012 年）。2003 年，党的十六届三中全会明确了产权的内涵，强调了建立归属清晰、权责明确、保护严格、流转顺畅的现代产权制度以巩固公有制经济的主体地位，对促进混合所有制经济发展具有重要意义，并确立了产权改革在国有企业改革中的核心地位，通过推进股份制改革，促使其成为公有制的实现形式。2005 年 2 月国务院颁布了“非公经济 36 条”，2010 年 5 月国务院颁布了“新非公经济 36 条”，鼓励和引导民营资本进入法律法规未明确禁止准入的行业和领域，逐步为民营企业拓宽准入领域和范围，以期破解民营企业市场准入的“堵点”，为民营企业创造公平竞争的市场环境。

攻克阶段（2013 年至今）。这个阶段是国有企业混合所有制改革的整体推进阶段，通过强化顶层设计，全面推进和完善中国特色现代国有企业制度建设，以混合所有制改革和国有资产管理体制改革为着力点，开始进行新一轮的国有企业改革，使得国有企业能够充分发挥市场主体的地位，能够真正实现政企分开，摆脱所有者（政府）的影响，体现企业的本质和功能。党的十八届三中全会通过的《中共中央关于全面深化改革若干重大问题的决定》提出：“国家保护各种所有制经济产权和合法利益，保证各种所有制经济依法平等使用生产要素、公开公平公正参与市场竞争、同等受到法律保护，依法监管各种所有制经济。”党的十九大报告指出：“全面实施市场准入负面清单制度，清理废除妨碍统一市场和公平竞争的各种规定和做法，支持民营企业发展，激发各类市场主体活力。”这一系列政策的日的在于为各类经营主体的发展营造公平的市场环境。至此，中国进入了市场经济体制改革的全面深化阶段，改革的重心是调整政府和市场之间的关系，充分发挥有为政府和有效市场的积极作用，既要使市场在资源配置中起决定性作用，又要充分体现政府的作用，改革的重点是不断完善产权制度，实现要素市场化配置。改革分别从宏观和微观两个层面进行，在宏观层面，要对授权经营体制进行改革，通过加快企业战略性重组，从而调整国有经济结构和实现国有经济布局的优化；在微观层面，应高质量地推进国有企业混合所有制改革，在公平竞争的市场环境中引入非国有资本，加快形成混合所有制企业。

具体来说，在宏观层面，《中共中央关于全面深化改革若干重大问题的决定》把以往市场在资源配置中“基础性作用”的提法改为“决定性作用”，并明确指出新时代国有企业改革的方向：积极发展混合所有制经济，以管资本为主加强国有资产监管，推动国有企业完善现代企业制度。在混合所有制改革方面，中共中央、国务院强调稳步推进国有企业的分类改革与分类治理。2015 年 8 月，《中共中央、国务院关于深化国有企业改革的指导意见》明确提出了国有企业分类改革战略，即根据国有资本的战略定位和发展目标，结合不同国有企业在经济社会发展中的作用、现状和发展需要，将国有企业分为商业类和公益类。根据国有企业的双重属性，清晰地界定国有企业的功能和定位，根据功能和定位进行不同类别的区分，根据类别对国有企业进行分类改革，从而实现分类管理、分类监管、分类定责和分类考核。对属于自然垄断行业的国有企业，应充分思考如何将国有企业的经济效益和社会效益进行有机结合，着重凸显其社会效益，如何优化并提升其市场化水平，优化和完善其治理结构；针对处于公益类的国有企业，采取国有独资的形式或投资主体多元化的方式，并相应地建立与之匹配的公司法人治理结构，而非国有企业参与必须在公平、公正的市场环境下进行，可以通过购买服务、特许经营、委托代理等方式参与经营，但不作为投资者持有股份和参与公司治理，而是通过信息对称、公开透明的方式，强化外部监督的职能，如接受社会监督等手段。在国资监管架构方面，通常分为直接授权和间接授权两种方式，直接授权采用“政府—国有资本投资、运营公司/企业集团—国有企业”的模式，而间接授权采用“政府—国资监管机构—国有资本投资、运营公司/企业集团—国有企业”的模式（朱玮等，2022）。[①]

由上可以看出，中国国有企业改革的制度演进是内生、自发的，是“适应性进化”的选择和结果，是在公有制经济和非公有制经济两者的关系上不断进行深化的。从最初的“恢复发展”到“必要的有益的补充”，从“共同发展”到“基本经济制度”，从“两个毫不动摇”到“两个都是”，开启了中国国有企业改革的探索之路，逐步形成了具有中国特色社会主义的国有企业理论体系，取得了举世瞩目的成就。

（二）价值与意义

党的十九大报告明确提出“培育具有全球竞争力的世界一流企业”，这对中国国有企业通过深化改革发展成为世界一流企业提出了要求和方向，通过引导具备条件的一批国有企业向世界一流企业发展，促进国有企业改革和国有经济保值增值，促进国有企业提升全球竞争力，从而提高国有经济对经济发展的作用。党的十九届五中全会提出“加快建设世界一流企业”，为建设世界一流企业明确了方法和路径，即以混合所有制改革为路径，着力推动国有企业建设并逐步发展成为具有全球竞争力的世界一流企业。国有企业在创建世界一流企业方面有着较好的基础和条件，尤其是中央企业，具有规模大、资金实力雄厚和国际影响力较强等特点。全球的国有企业改革面临的共同难题是：如何在公平竞争的外部环境下和不享有垄断优势的条件下，提升国有企业的效率和竞争力。因此，在新一轮的国有企业改革进程中，混合所有制改革和相应的国有资本管理体制改革成为工作的核心，通过国有资本和非国有资本的有机融合和交叉持股，以及创新管资本的国资监管体制，设置国有资产投资和运营的公司（它们不直接从事实体的经营管理），重新建构国有企业的运营和监管模式，从而提升国有资产经营效率，推进和加快国有企业迈向世界一流企业的行列。

于是，培育具有全球竞争力的世界一流企业，就必须全方位地梳理出制约国有企业成长为世界一流企业的因素和造成国有企业经营效率低下的原因，并想办法将这些制约因素和障碍剔除。这些制约因素在短时间内可以通过政

① 朱玮，李伟健，綦好东．中国国有资产监管体制演进的主要历程与基本特征［J］．经济学家，2022（2）：97-108.

府补贴与扶持、政策支持等帮助国有企业达到相应的要求，但是从长远来看很难保持长期的竞争优势。采用混合所有制改革，可以从根本上解决制约国有企业发展为具有全球竞争力的世界一流企业的难点。因此，高质量地推进国有企业混合所有制改革，有助于更多的国有企业逐步成长为世界一流企业，确保国有资本的保值增值。中国国有企业应在这个过程中，通过学习具有全球竞争力的世界一流企业的成长规律与经验，结合自身实际情况，不断提高国有企业的经营效率，稳步向世界一流企业进军，并最终成长为在全球范围内具有较强影响力的世界一流企业，这是新时代中国特色社会主义市场经济发展的内核要求，是现代化经济体系的重要组成部分，也是在经济全球化背景下构建全球价值链、提升中国国际竞争力和综合实力的表现。

（三）挑战与机遇

当前，将中国国有企业培育为具有全球竞争力的世界一流企业面临着诸多挑战与机遇，主要包括如下五个方面：

一是国有企业的经济效益和社会效益双重属性所带来目标的冲突。中国的国有企业具有双重属性，即社会性和经济性，因此国有企业的目标就必须兼顾公平与效率，这会在一定程度上成为创建世界一流企业的制约因素之一。“社会性”是国有企业的公有性本质，具有超越经济利益从事社会性活动的特点，与国有企业的“经济性”特征背离，“经济性”是企业的主动性行为。因此，要创建具有全球竞争力的世界一流企业，必须通过国有企业混合所有制改革解决这个难题，实现公平与效率的双重目标。

二是国有企业在生产、服务和经营上是否具有较高的效率和质量，能否达到世界一流企业的目标。虽然改革开放 40 多年来，国有企业改革取得了不俗的成绩，经营效率得到一定的提升，与改革开放初期相比发生了翻天覆地的变化，但是国有企业生产服务质量和效率低下的问题尚未解决。当前中国有部分试点企业或有潜力的企业在创建世界一流企业，它们虽然具有一定的国际竞争力，但是在日益严峻的国际竞争中，能否将生产服务的效率达到世界一流企业的水平，是目前面临的巨大挑战之一。

三是技术自主创新能力是制约中国国有企业培育世界一流企业的最大瓶颈和障碍。技术创新是具有全球竞争力的世界一流企业最有力的支撑，它能否取得突破性的进展是最核心的要素。虽然当前我国选出的 10 家试点企业在技术创新领域有着得天独厚的优势，但是我国技术自主创新能力仍然和美国等发达国家存在较大差距，在许多关键领域还未获得核心技术的突破。要让更多的国有企业创建世界一流企业，就必须在相关核心领域取得技术创新的重大突破。但是，实现技术自主创新难度非常大，且周期漫长。

四是风云变幻的国际经济环境问题。这种环境不确定性的变化，将对中国国有企业创建世界一流企业构成更多的障碍和风险。

五是这对国有企业而言是难得的机遇，是国有企业走向世界、参与国际竞争、充分展示实力的契机。国有企业应该抓住窗口期，尽快提升全球竞争力。

第三章 国有企业成长为世界一流企业的进展状况分析

上一章分析了世界一流企业的内涵，介绍了世界一流企业的核心特征，就是在全球竞争中具有突出的核心竞争力，具有其他企业难以模仿也难以超越的独特的长期竞争优势，还根据世界一流企业的成长规律总结了世界一流企业的成长路径。本章将在界定世界一流企业内涵与规律的基础上，分别从国有企业面临的公平竞争环境、全要素生产率、公司治理效率以及企业创新效率四个方面刻画我国国有企业成长为世界一流企业的进展状况。

一、国有企业面临的公平竞争环境现状

培育一批世界一流企业必须具备公平竞争的外部环境，而国有企业改革的关键就在于构建公平竞争环境。在转轨经济时期，国有企业在维持就业稳定、实现工业化等各类政策方面承担着相当大的政治负担（林毅夫，刘明兴，章奇，2004）。因此，地方政府向国有企业提供特别补贴，以弥补经济优势的损失，故而导致预算软约束（soft budget constraints）的产生（Berglöf E 和 Roland G，1997）[①]，如优惠贷款、价格控制和软税收等情况。改革开放以来，作为国有企业历史遗留问题的预算软约束从两个方面损坏了国内企业的公平竞争环境：一是对国有企业而言，国有企业政治负担较重，而这种负担必然导致企业盈利能力下降、产出效率降低；二是因为国有企业存在预算软约束，阻碍了国有企业市场竞争力的提高，导致其参与市场竞争的动机（Berglöf E 和 Roland G，1997）减弱，间接降低了国有企业的生产率。因此，笔者将从

① BERGLÖF E，ROLAND G. Soft budget constraints and credit crunches in financial transition [J]. European Economic Review，1997，41 (3)：807-817.

政策性负担和预算软约束两方面探究国有企业面临的公平竞争现状。

（一）政策性负担

1. 政策性负担的定义及历史进程

基于康奈尔和谢弗的研究，林毅夫首次提出了政策性负担理论。根据科尔奈的垂直关系理论，国有企业在履行社会属性时，即按照政府政策完成增加就业岗位、维护社会稳定、促进经济发展等任务时，会获得政府资助，同时在提供资源时也会倾向于国有企业。Sheifer 和 Vishny 对企业进行探究，发现国有企业承担着较重的政治负担，并对该行为进行了全面分析。

在中国经济体制从计划经济向市场经济过渡的过程中，国有企业在促进就业、稳定经济发展等社会属性方面都发挥着重要作用，所以国有企业承担着一定程度上的政策性负担。在计划经济体制下，这些社会保障体系最初由经济分工承担，在公司重组后，这些成本由公司承担。同时，在社会稳定的状态下，虽然公司在发生亏损时需要辞退员工，却不允许裁减多余的员工，因此企业承担着社会性负担。政府将对由政策性负担给企业造成的损害给予补贴。由于各方持有的信息不同，企业内部信息较多，政府无法区分企业损失是经营损失还是由政策性负担造成的，只能提供全额赔偿，导致企业预算软约束。该理论补充了先前学者对预算软约束形成原因的解释。

2. 政策性负担的相关研究

林毅夫和李志赟（2004）① 通过研究企业的预算软约束问题发现，该问题是因企业承受的政策性负担所导致的，与产权属性无关；在同样的负担下，民营企业更容易产生预算软约束。黄新飞和张娜（2005）发现政策性负担不仅导致预算软约束问题，同时也导致信息不对称加剧，灰色收入增加，削弱了经营者的努力。张宇峰和王长江（2006）通过研究认为，政企不分、内部人控制是导致预算软约束的主要原因，因此，若要实现政企分开，必须同时建立有效的激励机制，才能解决该问题。除了企业内部问题，良好的、公平竞争的外部环境也至关重要。首先，国有企业如果拥有一个良好的、公平竞争的外部环境，

① 林毅夫，李志赟．政策性负担、道德风险与预算软约束［J］．经济研究，2004（2）：17-27.

其经营能力逐渐增强，达到可以自己负责盈利和亏损状态，那么就不会依赖于政府给予的税收优惠。其次，良好的营商环境对企业发展十分重要，比如它可以促进企业研发创新投入增加（徐浩和张美莎，2019），相应的研发产出也增多，不仅如此，还能提高资源配置效率。而在营商环境较差的地方，区域保护主义相对严重，因此这些地方的资源配置效率较低，企业承担的政策性负担也比较重。

如果国有企业所处地区外部环境较好，则该地区政府干预企业税收政策的空间较小，企业就可以更透明地获得税收优惠，这会导致国有企业能得到的税收优惠减少。因此，采取优化营商环境的政策，可以促进创新产出、创新效率提高。付东和钱爱民（2022）认为营商环境优化政策应有之义就是改善营商环境。解维敏（2019）认为该政策也可以促进政府加大创新投入，提高创新绩效，同时提高资本配置效率，帮助企业解决投资相关问题，如过度投资和投资不足。

笔者认为国有企业比民营企业承担了更多的政策性负担，政策性负担产生预算软约束，同时也加剧了信息不对称。而政策性负担主要体现在社会责任负担和税收负担两个方面。

3. 社会责任负担

第一，由于我国国有企业具有共同的社会或政府目标，当企业破产时，政府可以提供支持或援助，这进一步加剧了管理者的代理问题，因此，管理者对企业管理的责任被削弱，绩效信息在评估管理者过程中的作用被削弱（Lin 等，1998）。[①] 政府对国有企业管理者经营管理权下放，但由于信息不对称和体制问题的影响，政府很难掌握所有与管理和经营决策有关的信息，也很难对其经营状况进行透彻的分析和追究。如果国有企业出现项目亏损，政府会重新检查该国有企业项目在实施之前是否进行项目审查，如果政府确定该国有企业投资通过了项目审查，则会同意企业继续投资亏损的项目，并且鼓励它们进行审查（张宇峰和王长江，2006）。[②]

---

① LIN J Y, CAI F, LI Z. Competition, policy burdens, and state - owned enterprise reform [J]. American Economic Review, 1998 (88): 422-427.

② 张宇峰，王长江．“内部人控制”与预算软约束：一个理论假说 [J]．南京大学学报（哲学·人文科学·社会科学版），2006 (6): 127-133.

第二，由于国有企业属于人民所有，由政府以人民的名义实施，因此它们承担着不同的政治负担。然而，林毅夫和李志赟（2004）却发现预算软约束与企业所有权性质无关，因为只要企业承担政策性负担并遭受政策性损失，它们就会面临预算软约束，不仅是国有企业存在预算软约束，民营企业也存在该问题，甚至可能比国有企业更为严重。

在我国市场经济制度下，国有企业承担的社会责任众多，除了企业必须承担的依法纳税、合法经营等责任，还包括保护环境、建设公共产品与文化、维护社会公平、促进经济发展等 8 项责任（徐传谌和刘凌波，2010）①。国有企业掌握国家经济发展命脉，同时也享受国家政策支持和政府帮扶，因此，国有企业需要承担更多的社会责任，这也是一种义务。张绮梦（2019）② 和董淑兰（2017）③ 认为国有企业存在的重要价值体现就在于社会责任的履行。张建君（2013）④ 也认为国有企业履行社会责任可能是受到高管的影响。许罡（2020）⑤ 认为履行社会责任可以提高企业的口碑，企业拥有一个好的口碑可以增加企业商誉，减缓商誉值下降。贾兴平和刘益（2014）⑥ 通过研究总结了企业履行社会责任的三个动机，分别是：经济利益、外部环境以及利他主义。企业出于促进自身发展及经济利益需要，会选择主动履行社会责任，此外，就是由于一定的动机能带来利益并且满足合法以及利他主义。而外部环境如道德舆论、媒体公众监督、供应商压力、降低企业融资成本等，使得企业会选择履行社会责任。Porter 等（1995）⑦ 认为随着市场竞争程度增加，企业为了提高竞争力，会更为主动认真地履行社会责任。但是贾兴平和刘益（2014）却认为，竞争和企业履行社会责任并不是简单的线性关系，而是呈现“倒 U 形”特征。

---

① 徐传谌，刘凌波．我国国有企业特殊社会责任研究［J］．经济管理，2010，32（10）：163-168.

② 张绮梦．国有企业履行社会责任研究［D］．太原：山西大学，2019.

③ 董淑兰．企业社会责任与绩效关系中制度环境的调节作用［J］．会计之友，2017（9）：2-8.

④ 张建君．竞争—承诺—服从：中国企业慈善捐款的动机［J］．管理世界，2013（9）：118-129，143.

⑤ 许罡．企业社会责任履行抑制商誉泡沫吗？［J］．审计与经济研究，2020（1）：90-99.

⑥ 贾兴平，刘益．外部环境、内部资源与企业社会责任［J］．南开管理评论，2014，17（6）：13-18，52.

⑦ PORTER M E，LINDE C V D. Green and competitive：Breaking the stalemate［J］．Harvard business review，1995，73（5）：120-133.

根据学者徐换歌和陈波（2022）①、张多蕾等（2022）②、洪功翔和黄月（2021）③ 的相关研究，笔者采用社会责任指标 CSR 来对社会责任负担进行衡量，社会责任指标数据来源于和讯网。该数据主要从股东责任、员工责任、环境责任、社会责任以及供应商、客户和消费者权益责任这五方面来评估企业的社会责任，综合反映了企业在促进社会稳定、经济发展、自身长期发展等方面的表现。表 3-1 是 2010—2020 年国有企业和民营企业社会责任均值，通过表 3-1 发现国有企业社会责任均值较高，说明国有企业承担着更多的社会责任，因为对于国有企业而言，企业和政府的政治关联较为密切，因此国有企业更容易从政府处获得政策优惠和资源，这种优待体现在税收优惠政策、政府补贴、资源信息提供等多方面。因此，国有企业承担的社会责任更多。2016 年国务院国资委发布相关文件，要求国有企业积极履行社会责任，实现经济、社会和环境的综合价值最大化。作为市场经济的骨干，国有企业全民所有的性质使其生产经营活动涉及经济社会的重要方面，人们自然对其有更高的要求和期望。综上所述，笔者认为，由于国有企业在我国经济发展中的重要地位，同时也因为国有企业在很多方面都享受了优惠，因此国有企业承担着更多的社会责任。不仅如此，由于国有企业与政府联系紧密，其经营决策也会受到政府的影响。

表 3-1　2010—2020 年国有企业和民营企业社会责任均值

年份	社会责任均值	
	国有企业	民营企业
2010	5.819	5.118
2011	5.899	5.181
2012	5.375	4.891
2013	6.213	5.041
2014	4.814	4.345

① 徐换歌，陈波．城市声誉促进了企业社会责任履行吗？——来自文明城市评选的自然实验［J］．南京财经大学学报，2022（4）：66-76.

② 张多蕾，许少山，薛菲，等．战略激进度与企业社会责任履行——基于资源获取的视角［J］．中国软科学，2022（6）：111-123.

③ 洪功翔，黄月．国有企业与民营企业公平竞争指标体系的构建与评价［J］．上海经济研究，2021（1）：66-77.

续表

年份	社会责任均值	
	国有企业	民营企业
2015	4.900	4.327
2016	5.284	4.477
2017	4.898	4.284
2018	5.080	3.995
2019	5.084	3.931
2020	5.148	3.963

资料来源：和讯网。

4. 税收负担

郑红霞和韩梅芳（2008）通过研究不同股权上市公司的税收筹划行为发现，国有企业更容易采取保守的税收筹划，也就是说国有企业避税动机较弱，这就导致了国有企业税收负担较高。吴联生（2009）研究国有股权、税收优惠与公司税负发现，税收是国有股权影响公司价值的一个重要途径，如果企业的国有股权比例高，那么实际税率就会更高，同时导致企业税收负担会更重。蔡昌和李蓓蕾（2017）[①] 发现，国有企业虽然盈利能力低于民营企业，但是所承担的税收负担远高于民营企业，这是由不同所有制企业的大小规模、委托代理关系、避税动机等因素导致的。彭韶兵和王伟（2011）[②] 认为导致国有企业税收负担高的原因是政府干预：首先，政府会干预企业的经营决策，这极有可能偏离企业利润最大化的目标；其次，民营企业以利润最大化为目标，且没有政府干预，因此，民营企业的税收负担低于国有企业。除此之外，还有不少学者也得出这样的结论，如常远（2014）、薛爽等（2012）都认为国有企业税收负担高于民营企业。因此，笔者认为，国有企业基于政府干预、委托代理问题、避税动机、社会责任等因素，会承担更重的税收负担。

根据学者洪功翔和黄月（2021）[③] 的研究，笔者发现体现税收负担的指

① 蔡昌，李蓓蕾．我国不同所有制企业实际税负比较研究［J］．南方经济，2017（11）：57-68.

② 彭韶兵，王伟．上市公司“出身”与税收规避［J］．宏观经济研究，2011（1）：41-49.

③ 洪功翔，黄月．国有企业与民营企业公平竞争指标体系的构建与评价［J］．上海经济研究，2021（1）：66-77.

标主要有税收强度和实际税负两个变量。税收强度与实际税负具体的计算公式为：税收强度=（营业税金及附加+所得税费用）/营业收入；实际税负=（当年支付的各项税费-当年的税费返还）/营业收入。各指标数据均来源于CSMAR数据库。表3-2是2004—2020年国有企业和民营企业税收强度均值，2004—2011年民营企业税收强度均值略高于国有企业税收强度均值，但是2012年后，国有企业的税收强度逐渐高于民营企业，这可能是因为国有企业进行了混改。从表3-3国有企业和民营企业实际税负均值来看，整体上国有企业的实际税负均值高于民营企业。这可能是因为国有企业数量众多，在经济发展中占据重要地位，政府为了促进地区经济发展会对国有企业实施优待政策，但同时也会对国有企业经济决策进行一定程度的干预，所以说国有企业天然存在预算软约束问题。除此之外，由于国有企业在中国经济发展中的重要地位，以及政府对国有企业的期待等因素，因此要求这类企业承担更多的社会责任与政策性负担，也就导致了政府在税收、补贴等政策方面对国有企业倾斜。地方政府对国有企业实施政府补贴、税收优惠等政策，此时国有企业的税收负担就会下降。但是，正是由于预算软约束削弱了管理层的利润动机及企业减轻税收负担动机，有助于管理不善和效率低下的企业避免被退出市场的竞争机制之外。

笔者认为，首先，企业的国有股比例越高，企业税收负担越重，并且国有企业受到干预较多；其次，国有企业不以利润最大化为主要目标，缺乏避税动机。因此，国有企业的税收负担高于民营企业税收负担。

表3-2 2004—2020年国有企业和民营企业税收强度均值

年份	税收强度均值	
	国有企业	民营企业
2004	0.0344	0.0346
2005	0.0326	0.0327
2006	0.0360	0.0371
2007	0.0438	0.0695
2008	0.0341	0.0376
2009	0.0398	0.0458
2010	0.0418	0.0539

续表

年份	税收强度均值	
	国有企业	民营企业
2011	0. 0405	0. 0425
2012	0. 0399	0. 0370
2013	0. 0403	0. 0390
2014	0. 0407	0. 0367
2015	0. 0411	0. 0356
2016	0. 0438	0. 0365
2017	0. 0410	0. 0359
2018	0. 0405	0. 0311
2019	0. 0374	-0. 0139
2020	0. 0402	0. 0304

表 3-3 2004—2020 年国有企业和民营企业实际税负均值

年份	实际税负均值	
	国有企业	民营企业
2004	0. 463	0. 404
2005	0. 449	0. 361
2006	0. 354	0. 296
2007	0. 416	0. 382
2008	0. 393	0. 414
2009	0. 466	0. 29
2010	0. 632	0. 272
2011	0. 537	0. 284
2012	0. 494	0. 310
2013	0. 387	0. 319
2014	0. 254	0. 287
2015	0. 891	0. 194
2016	0. 471	0. 232

续表

年份	实际税负均值	
	国有企业	民营企业
2017	-0. 069	0. 087
2018	0. 408	-0. 129
2019	0. 512	0. 269
2020	0. 435	0. 273

资料来源：CSMAR 数据库。

（二）预算软约束

1. 预算软约束产生的历史进程

国有企业为国家所有，但国家作为所有者并不直接参与企业的经营，而是委托经理人员来经营，因此，和任何大型企业一样，国有企业可能会产生激励不相容和信息不对称的问题。而在计划经济的宏观政策环境下，一个企业盈亏并不反映其经营状况，计划取代了市场，企业之间不再有竞争，一个企业到底该盈利多少或亏损多少，也没有一个参考的标准。在这种状况下，如果企业经理享有经营自主权，可能会产生增加在职消费、职工福利等损公肥私的“道德风险”行为。为了保证国家的产业发展意图不至于被国有企业经理人员的自利行为影响，国家就要控制国有企业在“人、财、物、产、供、销”上的一切经营自主权。企业的职能仅在于实施上级下达的生产计划、投资计划。但是，由于计划协调问题，政府所做的有关投资和生产的决策往往是错误的，并且不能及时为企业提供原材料和投入品，这就导致了在传统的计划经济中政府必须对企业的投资、经营失败负责。因此，政府只能追加信贷和提供其他援助给国有企业，以便完成投资和生产，这就是在改革前预算软约束产生的原因。

中国改革开放 40 多年来，为硬化国有企业预算软约束、改善国有企业经营绩效，已经进行了一系列改革，推行了承包制、股份制，完善现代企业制度以及对上市公司进行的各种制度设计，其目的都是硬化国有企业的预算软约束。但是，预算软约束的问题仍然存在，其原因在于国有企业的预算软约束内生于政策性负担，上述改革虽然在一定程度上缓解了政策性负担问题，但是还需要更加持续性深入探索。在企业的预算无法硬化的情况下，任何给予企业更多自主权的公司治理或是对产权结构的改革都是对计划经济剥夺企业人财物产供销自主权的“次优”制度安排的背离，从国家作为所有者的角度来说，这只会是更糟糕的而不会是更好的。东欧和苏联的实践就证明了这一点。

2. 预算软约束相关理论研究

微观经济学中的“预算约束”，指公司的支出受到其财务资源和收入的限制。在此限制下，实体制订其财务计划以限制其经济行为。在这个预算软约束理论中，有两个组织：预算约束体和预算支持体。预算约束体指面临亏损和破产的个人或组织，而预算支持体指可以向预算约束体提供帮助的个体或组织。Kornai（1980）将预算软约束现象解释为政府通过财政支持和其他拯救国有企业的措施，使这些国有企业不会因亏损而关闭，避免因市场竞争而被淘汰。这个概念用来说明政府用各种形式“补偿”国有企业的损失或破产的普遍现象，这种补偿形式有很多，比如增加对企业的贷款、实行税收优惠或免税，以及给予财政补贴，通过各种选择，如拨款等，尽量避免最初的预算限制。这个理论后来也用于研究中国各级政府间和政府与国有企业之间的关系，在分析地方政府财政收支时，形成了预算约束理论。由于中国不允许地方政府破产，中国地方政府的预算软约束主要体现在缺乏有效的民主监督。部分地方政府为了最大限度地扩大其利益和发展前景，试图突破现有预算，以获得更多的权力和财政支持，从而导致地方政府规模过大，存在不理性的借贷和支出行为（郑华，2011）。地方政府收入和公共支出的外部限制机制已经失效，预算机制不足以限制地方政府的过度支出和过度借贷（陈志勇和陈思霞，2014）。

预算软约束的出现，是由社会主义制度本身所具有的责任与爱心造成的（Kornai，1980）。因此，当国有企业遭受损失时，政府一定会对国有企业进行帮助，进而减少国有企业所受损失。在这种理论基础上，预算软约束会增加企业对资源的需求，进而导致经济短缺现象，尤其是在社会主义经济中（Goldfeld 等，1988）①。但是我国的学者对此种解释具有不同的

① GOLDFELD S M，QUANDT R E. Budget constraints，bailouts，and the firm under central planning［J］. Journal of Comparative Economics，1988（12）.

观点，林毅夫和李志赟（2004）认为造成社会主义国家预算软约束问题的主要原因之一是社会主义国家以及政府具有强烈的责任感。此外，周黎安（2004）① 认为，20 世纪初期的财政分权制度导致了预算软约束的产生，这是因为我国政府每年都会制订年度预算收支计划，但是该计划并没有对政府使用资金的行为形成约束力。地方政府为了达到高绩效，会想尽办法，那么在选择项目的时候就会倾向于高产出、高投入的项目，进而出现过度投资。但傅勇和张晏（2007）② 发现中国政府通常首先执行预算，然后再进行调查和批准。这种方法很容易导致预算资源的截留及挪用和挤占预算资金，有些预算资源无法用于特定的地方项目或部门。结果，地方政府任意突破预算计划的限制，导致政府预算支出增加和冲动投资，也导致了预算赤字。因此，政府预算的收支计划不能有效地约束地方政府和有关部门的行为。

随着财政分权体制的到来，中国财政管理体制中的预算软约束问题日益紧迫。中央和地方政府之间的事权责任和支出分配明确，建立了相对稳定规范的财务管理体系。同时，也带来了一些重要影响，特别在以下方面：首先，钱海刚（2009）③ 认为，在国民经济发展中起到加强激励作用主要是在于财政分权和促进性激励，地方政府为自身经济利益积极争取资源和要素，出于政治动机会主动寻找预算外的资源，甚至用借来的资金摆脱预算约束。因此增加了“道德风险”和腐败的风险，这也导致了地方预算的缺乏。其次，白景明与张鹏（2010）④ 指出中国税制改革不彻底也导致了中央和地方政府在商业和金融领域的不平衡，因为职能、责任和体制结构高度一致导致地方政府间的“二次供资”，以至地方政府在自己的预算内克服财政限制来寻求额外的预算收入。地方政府由于产权与产权之间的严重不平衡，为了避免出现严重的财政问题，就要从预算中寻找资源，包括土地开发、财政转移、

---

① 周黎安．晋升博弈中政府官员的激励与合作——兼论我国地方保护主义和重复建设问题长期存在的原因［J］．经济研究，2004（6）：33-40.

② 傅勇，张晏．中国式分权与财政支出结构偏向：为增长而竞争的代价［J］．管理世界，2007（3）：4-12，22.

③ 钱海刚．财政分权、预算软约束与地方政府恶性竞争［J］．财政研究，2009（3）：17-19.

④ 白景明，张鹏．公共财政相约上海世博会［J］．中国财政，2010（9）：19-20.

地方债务收入和其他收入来源等（吴群和李永乐，2010）①。在金融监管松懈的情况下，金融约束被削弱也可能是由于地方政府采取保护主义行为所造成的，这同样也为地方政府吸引外国投资和发展地方经济提供了强大的动力。由于国家资金的强大流动性约束，民营经济的内部效率低，信贷资金的限制无法支持地方经济发展。因此，地方政府更依赖外国公司的投资（沈曦桐和林艳，2013）②。但是在该过程中，地方政府越来越依赖转移支付、非预算资源和银行贷款，尽管这类投资可能会优化资源配置效率，但同时也导致过度竞争、重复投资等现象，加剧了市场竞争程度。在此过程中，地方政府治理和监管不善有可能加速地方投资风险的增长，导致地方债务存量增加，从而将地方政府债务风险提升到更高的金融风险水平（陈志勇和陈思霞，2014）③。笔者认为，有关预算软约束的相关理论研究主要是从预算软约束的概念、形成及出现的原因、导致的后果这三个方面来进行的。

3. 预算软约束现状分析

匈牙利学者认为社会主义国家对其控制的企业具有“父爱主义”。因此，国有企业受到经济损失时政府会主动帮助其渡过难关，具体来说政府以增加投资资源的形式对企业进行投资，这种对国有企业的额外政府保护或援助就是“预算软约束”。预算软约束最重要的后果是：受预算约束的个体行为发生了变化，即它们的生存方式和产出制度发生了变化，从而改变了经济的自然选择。如果财政紧缩持续很长时间，唯一的选择就是退出市场。同时，利用预算软约束并在赞助者的帮助下，很有可能受预算约束者的行为会被扭曲，无法发挥更有效的作用，导致资源分配效率降低和社会福利下降。首先，预算软约束会促进国有企业的过度投资行为，导致国有企业产出效率低下；其次，预算软约束产生的资金分配不平衡导致国有企业负债增加。张春霖（2003）④ 认为可以通过实现预算硬约束来提高国有企业效率，并给出恢复所有权的排他性、通过政治体制明确国有企业的经营目标这两条途径来实现硬

---

① 吴群，李永乐．财政分权、地方政府竞争与土地财政［J］．财贸经济，2010（7）：51-59.

② 沈曦桐，林艳．预算软约束与政府关联性实证研究［J］．南方金融，2013（3）：35-37.

③ 陈志勇，陈思霞．制度环境、地方政府投资冲动与财政预算软约束［J］．经济研究，2014，49（3）：76-87.

④ 张春霖．国家所有者的商业化：模仿机构所有者［J］．国际经济评论，2003（5）：40-43.

化预算软约束。

众多学者都对企业预算软约束程度大小如何衡量进行了探索，大部分学者都认同张蕊（2017）的衡量方式。她认为该指标主要反映在地方政府对中央政府转移支付预期、地方政府非规范性财政收支行为等方面。因此，笔者选取地方政府本级预算支出减去本级政府决算收入作为地方政府预算软约束的主要代理变量来衡量预算软约束。预算软约束数据来源于《中国统计年鉴》，表 3-4 是 2009—2015 年国有企业和民营企业预算软约束均值（由于企业部分数据指标不全面，部分公司并未完全更新相关指标，导致企业缺失数据值较多，因此笔者计算了 2009—2015 年不同所有制企业的预算软约束，数据可靠度、真实度更高）。可以看到国有企业预算软约束均值高于民营企业。一般认为，预算软约束会导致国有企业的低效率。其原因是预知外部救援存在，那么企业就可能等着救援，从而企业不用为经营状况担忧，也不会想着改变经营方式或者制度等，因此会导致出现效率降低现象，而这种现象通常表现在投入产出结构上。在这种结构下，国有企业希望拥有更多的资源或者投资进入，因此企业约束力下降。国有企业往往通过吸引大量投资、大型投资项目，扩充企业现金流，但是它们极少关注项目投资成功后的结果，如项目管理、后续资金处理、项目实施等问题。因为企业认为只要确定该项目已经拿下，那么后续资金自然不用愁。因此，如果没有随后的资金紧缩，企业往往会扩大投资并产生过度需求。由于在有限的预算约束范围内缺乏工作动机，企业的生产效率低下，而且并非所有资源都用于生产过程。因此，笔者认为，在预算软约束存在的情况下，国有企业生产效率不高，处于高投入低产出的低效率状态。

表 3-4 2009—2015 年国有企业和民营企业预算软约束均值

年份	预算软约束均值	
	国有企业（亿元）	民营企业（亿元）
2009	1034	794
2010	1063	828
2011	1381	1052
2012	1588	1360

续表

年份	预算软约束均值	
	国有企业（亿元）	民营企业（亿元）
2013	1839	1588
2014	1882	1411
2015	2048	1627

资料来源：《中国统计年鉴》。

救助预算约束体有价格补贴、贷款担保等方法。从前面相关研究中可以知道，预算软约束主要通过强化外部援助力度来改变预算约束体的预期结果，因此，笔者将预算软约束的表征归纳为如下两个方面：

一方面体现在政府直接补助上，政府补助一般由政府直接承担，这类补助包括免费补贴、额外投资、社会捐赠、税收返还等，这是富裕实体自由现金流的重要来源；另一方面是信贷环境，国有企业与中小企业在融资难度上相比，因其偿付能力的提高、承诺的充分保证和较高的声誉水平，从而加大了国有企业信用体系的强度。笔者发现预算软约束的形成和政府对国有企业的救助关系密切，同时也与债务融资环境相关。基于此，接下来将从政府补贴与债务融资两个方面对预算软约束进行分析。

4. 政府补贴

19 世纪末，随着政府对市场经济作为一种特殊形式的财政支出期望的加深，政府补贴已开始得到世界各国政府的广泛认可。政府补贴能支持特定地区或行业的发展，促进社会基础设施项目建设，政府会给企业提供现金或者非货币的资源，该类帮助即为政府补贴。弥补市场失灵时常用手段之一就是对企业实行政府补贴，该手段可以调节利益再分配，是一种经济杠杆。它与价格杠杆一起协调各种经济活动，帮助创造就业机会、促进技术创新、促进经济发展、保证供求平衡、调整生产结构等，同时也可以使资源倾向于特定的行业，帮助特定行业发展。政府补贴是国家财政转移支付成本的一部分，属于转移支付范畴，反映了政府的非市场再分配。总之，政府补贴不仅是政府参与和干预市场经济的直接手段，也是一种制度协议，政府为实现其既定的政治经济目标所做出的努力，也是政府与企业之间政治联系的外在表现。

那么为什么政府会给予企业补贴呢？一方面，政府补贴的主要目标是重新分配资源，优化资源配置，达到资源利用高效率，保证供求平衡，促进经济稳定发展；另一方面，政府使用补贴手段频率高，也能直接调控市场经济分配、维护经济稳定。近年来，关于政府补贴动机的研究成果很多，研究结论也大相径庭。笔者从政治动机与经济动机两个方面进行了总结。

第一，政治动机。众所周知，在衡量地方绩效时，采用较多的指标是就业率。而就业问题本身也是政府工作重点，就业问题与社会民生稳定息息相关。如果企业可以创造许多就业机会，那么就可以帮助解决社会负担问题，政府相应地也会给予这类企业财政补贴与税收优惠政策。在经济低迷时期，外部市场环境受到严重冲击，政府不希望失业率上升，同时也会采取措施来提高就业率，这是一种政治动机的体现。因此，政府会提供资金补贴，让企业实现良好运转，这样企业不会因为资金困难而裁员。建立了企业管理与政府之间的动态博弈模型后发现：如果政府对企业进行过度控制，那么会导致企业绩效降低，而那些在政府控制管理下的国有企业在招聘时可能会雇用尽量多的员工，企业管理成本就会显著增加。由于地方企业对就业率有显著影响，因此地方企业的盈亏与当地居民的就业情况密切相关。为了保持区域经济的稳定和增加就业，地方政府会向当地有竞争力的企业提供财政补贴。笔者把政府补贴的动机分为了五类：①推动地方经济发展；②国家政策的号召；③推动科技创新，优化产业结构；④促进就业；⑤树立地方政府的良好形象，吸引机构投资。

第二，经济动机。上市公司可控性经济利益的净流入来源于国家补贴，对会计成本有重大影响。政府补贴是上市公司和政府之间的新型纽带和桥梁，是政府向上市公司提供资金支持的典型体现。其中，由于各种补贴的政治约束，接受公共补贴的公司往往会减少利润和盈余。管理人员影响与控制薪酬的动机有如下几点：首先，为了确保公司的业绩，从公司层面管理人员会进行权衡，如所得税、净资产回报率等，以证明其经营能力；其次，经济收入和收入税赋是影响企业管理层领导决策的重要因素。经济收入体现在绝对工资的增加和保持工资相对稳定，并更加重视对收入进行征税。地方收入大部分来自税收，在政府和公司共同的影响下，地方政府积极参与上市公司的收入管理并与之合作，研究表明，盈利能力低但地方税高的公司通常会获得政府补贴。但是，政府补贴虽然在短时间可以解决企业资金问题，从长远来看，该补贴行为却有可能导致企业生存能力下降，很大原因是企业会过度依赖政府补贴，而丧失自我努力的意愿。在我国社会主义制度下的资本市场中，政府有着多重角色，政府和公司之间存在许多利益冲突和联系，中央政府制定了确保市场经济稳定发展的政策，但在预算分散的情况下，由于上市公司的利益与积极参与企业收入管理的地方政府的利益相联系，地方政府正在争夺资本，以迎合和规避市场管制。唐清泉和罗党论（2007）① 认为由于政策变化，公众支持的动机不限于向上市公司分配资本市场份额。由于一次性损益政策标准的实施，地方政府补贴在上市公司配股资格中的作用受到限制，国家补贴也随之发生了变化。然而，地方政府向上市公司提供的补贴有效地维持了当地上市公司的存续，避免了被排除在名单之外，由于我国经济发展的特殊阶段和证券市场的诞生，公司可以获得公共补贴，以满足融资、分配、许可和反向的目标。政府补贴已经成为市场竞争中管理收入的常用工具。随着会计准则在中国的不断进化、完善和推进，政府补贴动机也随会计准则变化而变化。

了解政府补贴的动机后，笔者接下来分析国有企业和非国有企业政府补贴现状。受到计划经济影响，大部分国有企业都以中国的支柱行业作为主营产业，如石油化工、钢铁等行业。国家为了维持经济稳定发展，一直向国有企业提供大量的资金补贴，以保护国有企业，增强国有企业竞争力。财政补贴的直接作用是帮助企业降低生产成本，这很容易扭曲企业的市场价格，不利于国有企业和民营企业之间的公平竞争。万德数据库显示，获得政府补贴的大部分上市公司都是国有企业，而获得政府补贴排名靠前的企业也以国有企业居多，这也从数据角度验证了国有企业更容易获得政府补贴。为了更好地分析政府补贴现状，根据洪功翔和黄月（2021）的研究可以知道，补贴中性主要反映企业获得政府补贴是否公平，在该研究中把补贴中性分为补贴强度和实际补贴，基于此，本书也将采用这两个指标来对政府补贴进行衡量。其具体计算公式为：

① 唐清泉，罗党论．政府补贴动机及其效果的实证研究——来自中国上市公司的经验证据［J］．金融研究，2007（6）：149-163.

补贴强度=政府补贴/总资产；实际补贴=政府补贴/营业收入。其具体细分指标数据均来源于CSMAR数据库，分别计算出2004—2020年国有企业和民营企业的补贴强度和实际补贴年平均值，如表3-5和表3-6所示。从补贴强度来看，2004—2006年国有企业的补贴强度均高于民营企业，然而2016年后为促进民营企业发展，解决民营企业融资难、融资贵的问题，实行享受暂免征收增值税优惠再继续、扩大免征有关政府性基金范围，以及增值税减税、增值税留抵退税等针对民营企业的减税降费税收优惠政策，使得民营企业2017—2020年获得的补贴强度增加。但总体来说，民营企业补贴强度与国有企业补贴强度相差不大，国有企业仍然更容易获得政府补贴。

表3-5　2004—2020年国有企业和民营企业补贴强度均值

年份	补贴强度均值	
	国有企业	民营企业
2004	0.00438	0.00182
2005	0.00974	0.00436
2006	0.00267	0.00233
2007	0.00705	0.00767
2008	0.00607	0.00776
2009	0.00679	0.00583
2010	0.0115	0.00667
2011	0.00607	0.00727
2012	0.00719	0.00740
2013	0.00626	0.00673
2014	0.00607	0.00607
2015	0.00739	0.00613
2016	0.00616	0.00603
2017	0.00332	0.00424
2018	0.00302	0.00460
2019	0.00345	0.00507
2020	0.00337	0.00524

表 3-6 2004—2020 年国有企业和民营企业实际补贴均值

年份	实际补贴均值	
	国有企业	民营企业
2004	0.0084	0.0039
2005	0.0091	0.0209
2006	0.0047	0.0081
2007	0.0147	0.0262
2008	0.0126	0.0154
2009	0.0111	0.0135
2010	0.0120	0.0429
2011	0.0347	0.0171
2012	0.0195	0.0246
2013	0.0145	0.0225
2014	0.0151	0.0147
2015	0.0354	0.0163
2016	0.0162	0.0166
2017	0.0082	0.0153
2018	0.0076	0.0118
2019	0.0094	0.0160
2020	0.0088	0.0148

资料来源：CSMAR 数据库。

笔者认为，政府补贴是政府弥补市场失灵的重要工具。通过分析发现，国有企业和民营企业相比，国有企业更容易获得政府补贴，其原因一方面是国有企业不可或缺的重要地位，同时也承担了较重的社会责任；而另一方面可能是方便政府对资源进行再分配，提高资源配置效率。政府补贴也可以影响企业的投资。一般来说，获得政府补助的企业会减少对外投资，而加大对固定资产的投资，以此来为地方经济增长提供保障。此外，政府补贴可以稳定物价、优化资源配置以及促进产业结构转型升级。值得注意的是，政府补贴也会带来负面效应，可能会不利于未受到补贴的企业的市场竞争，进而影响市场秩序。由此，建议扬长避短，避免政府补贴带来的负面效应。

5. 债务融资环境

中国企业良好的发展不仅有利于经济增长，也能促进科技创新，但是大部分企业长期以来受到资金有限和融资成本高的影响。要促进企业良好发展，首先需要改善金融营商环境，其目的是降低企业融资成本，让企业更容易获得融资，缓解融资难、融资贵的问题，充分发挥金融市场在有效配置资源方面的作用。大部分学者认为债务融资是一种不完全契约行为，为了降低债务违约风险，债权人在选择债务人时十分谨慎。如果一个国有企业和民营企业各方面能力均差异不大，但是由于国家或者政府的干预，总体而言国有企业开展债务融资更具有优势。笔者主要从信息不对称理论、委托代理理论、寻租理论三个方面进行描述和解释。

第一，信息不对称理论。在信贷市场中，政府往往在宏观经济层面拥有更全面的信息。当市场受到金融危机影响时，政府必须首先采取一定的宏观经济措施，以确保社会经济的稳定发展。在中央政府的统一领导下，中央银行及时启动积极的货币政策，刺激了经济快速发展。一般来说，当经济衰退需要刺激时，央行可以通过增加货币供应量、降低贷款利率、提高信贷收益和限制通货膨胀来迅速恢复国家的经济水平。在央行的货币政策中，对企业的债务融资影响较大的是货币供给和实际利率。在货币供给方面，央行增加货币供应量，国有企业由于自身与政府政治关联密切，极有可能优先获得资金支持，这将有助于国有企业的发展；而在微观层面上，鉴于信息不对称，政府亦应介入。例如，在信贷市场，国有企业和非国有企业均可以用公开财务报表形式，向外界传递自身经营状况、财务状况等信息，企业经营、财务状况较好的企业将会更容易取得资金提供者的信任和支持。由于国有企业的特殊所有权地位，国有企业仍然在信息获得上占据优势，它们可以在寻找资金方面获得各种政府机构的支持和帮助，也使得信贷市场上的资金提供者能够更便捷地获得更多关于国有企业的信息，以帮助国有企业渡过金融危机。

第二，委托代理理论。该理论推崇企业保留监督权和剩余权益获得权，然后把管理权交由职业经理人。国有企业是市场经济中地方政府的代理人，这不仅要求它们从市场角度制定适当的决策，而且还需要宏观考虑，以帮助政府稳定价格和创造就业机会。此外，为了维持其业务，政府人员还将要求国有企业支持政府所做的决定，这可能会给国有企业造成一定的损失。除了直接补贴国有企业，最重要的途径是扩大国有企业的债务融资来源。与使用基于市场的工具来实现某些目标相比，国有企业的这种政治负担是低效的，因为在外部干预的情况下，真正的企业管理者更愿意投入较多的资金来弥补他们在正常业务过程中的损失和资源浪费。例如，国有企业设立了许多部门或分支机构来确保社会就业。虽然它们不能为企业带来利润，但是它们的存在至关重要，尤其是在失业率高的地区。

第三，寻租理论。克鲁格在研究地区保护主义政策形成时，提出该理论。其主要内容是部分政府机构运用权力去干扰正常市场经济中的参与者，从而阻碍市场经济发展。在商业活动中，如果没有外界干预，也就是说政府不插手企业融资，或者不干扰市场经济运行，那么此时银行在进行放贷时会选择较为熟悉的客户，或者比较容易全方位了解该企业的经营情况，并且发展前景较好的客户。如果企业贷款金额巨大，那么银行就不仅是了解企业的经营状况，还需要从其他方面进行深入了解。企业的客户数目亦是银行开展业务的一个准则，因为在业务相对集中的情况下，意味着公司的业务风险非常高，银行需要更多资料，以决定是否做出借贷决定。相反，如果业务相对分散，意味着客户比较广泛，公司不会因为少数客户离开而蒙受重大损失。但国有企业与政府政治关联密切，国有企业遇到难以解决的困难都可以与政府协商，政府可以选择是否援助企业，如果政府不及时援助企业，则该企业就有可能成为经济衰退甚至破产的牺牲品。这极有可能造成巨大损失，因此企业试图鼓励政府干预信贷市场，进而利于国有企业获取资金，以保护其利益。

国有企业债务融资的优势体现在三方面。一是融资规模。债务融资题中之义是融资，融资具体体现在融资规模。一个企业的融资能力如何衡量？大部分学者均采用融资数量来衡量，众所周知，国有企业由于具有多方面优势，自然融资能力较好。如何提高融资能力？首先可以通过增加融资数量来改善资金链，进而增加企业抵御风险的能力，同时企业也可以拥有足够的资源来实现其目标。二是融资成本。债务融资成本优势体现在利息成本与债务催收的效率上。债权人可以通过对债务人收缴利息费用或者施加各种限制等方式，来保证自己的利益，不让企业破产。不仅如此，债权人还可通过各种方式间接增加债务人的负担，如提取存款、支付贷款、提前偿还利息等。信息不对称原则要求债务人向债权人展示其实力和发展前景，拥有强大的实力和良好发展前景的企业更容易获得债权人的信任以及资金支持。据研究，国有股权有较强议价能力，行政干预等手段可能会使得国有企业债务成本降低约 10 个百分点，增加企业利润，减少企业成本，为国有企业带来巨大利益。三是融资结构。从财务费用、资金供给的持续稳定性、现金流动性等角度来考虑，企业更愿意选择长期借款来保证企业资金充足，而债权人面临短期贷款破产风险较低，这可能会降低自我监督的成本。在短期贷款到期后，债权人可采用重新评估公司特征等措施确定该企业是否值得继续贷款，由此提高其风险控制能力，从而减少债务人违约发生。因为国有企业容易受到政府影响，因此，当国有企业遇到危机时，政府对企业提供帮助的概率较大，债权人愿意提供长期借款给国有企业，国有企业资金链能够得到补充。据中国证监会统计，国有企业融资获得的金融支持比非国有企业的支持更长、更稳定。

万德数据库数据显示，2019 年 1—9 月我国 A 股上市公司融资总额中，占比排名从高到低依次是信贷融资、债券融资、股票融资，其中信贷融资占了 80%。除此之外，在融资额排名前 50 位的企业中，国有企业占了 88%。从表 3-8中可以发现，银行更愿意贷款给国有企业，主要方式是信贷融资。为什么银行贷款时更愿意选择国有企业呢？原因有两个方面：一方面，中国国有企业的自然优势。与民营企业相比，政府往往会给予国有企业一些隐性担保，因此导致了国有企业具有更强的风险规避能力，那么国有企业的信用水平自然也较高。另一方面，中国的信用担保体系不完善，担保机构的运作所需的市场环境有一定的优化空间。因此，国有企业在融资过程中似乎比民营企业更有优势。

基于上述分析以及根据洪功翔和黄月（2021）的研究，债务融资环境主要体现在债务中性上，债务中性具体可以通过债务融资成本、融资能力和贷款环境三个指标进行衡量，各指标的具体计算公式为：债务融资成本＝净财务费用/期末总负债；融资能力＝（发行债券收到的现金+取得借款所收到的现金）/总资产；贷款环境＝长期负债/流动负债。各指标数据均来源于 CSMAR 数据库，年平均值如表 3-7 至表 3-9 所示。从 2004—2020 年的债务融资成本均值中可以看到，国有企业的债务融资成本均值基本上高于民营企业。而从融资能力均值来看，国有企业的融资能力均值基本上高于民营企业融资能力均值，原因可能是国有企业本身的优势，因此，国有企业融资能力更强。从贷款环境来看，国有企业的贷款环境均值都高于民营企业贷款环境均值，说明国有企业比民营企业更容易获得贷款。综上所述，国有企业面临的贷款环境更好，除此之外国有企业鉴于政府帮助、银行信任、企业地位等因素，融资能力也较高。

笔者认为，债务融资环境对企业发展至关重要，良好的债务融资环境有助企业实现健康发展。国有企业债务融资环境较好，其优势主要体现在融资规模、融资成本以及结构优势三个方面，融资数量大、融资成本低、融资风险低。因此，国有企业在融资过程中更容易显出融资优势。除此之外，债务融资环境也会对企业产生负面影响，造成影子银行的出现，企业投资效率降低，出现过度投资情况。

表 3-7 2004—2020 年国有企业与民营企业债务融资成本均值

年份	债务融资成本均值	
	国有企业	民营企业
2004	0.0179	0.0221
2005	0.0195	0.0229
2006	0.0253	0.0251
2007	0.0241	0.0276
2008	0.0275	0.0441
2009	0.0167	0.0154
2010	0.0166	0.0147
2011	0.0200	0.0122
2012	0.0224	0.0150
2013	0.0148	0.0085
2014	0.0160	0.0032
2015	0.0147	0.0042
2016	0.0156	0.0020

续表

年份	债务融资成本均值	
	国有企业	民营企业
2017	0. 0135	0. 0142
2018	0. 0108	0. 0063
2019	0. 0106	0. 0077
2020	0. 0102	0. 0083

表 3-8　2004—2020 年国有企业与民营企业融资能力均值

年份	融资能力均值	
	国有企业	民营企业
2004	0. 494	0. 427
2005	0. 506	0. 481
2006	0. 573	0. 519
2007	0. 238	0. 235
2008	0. 266	0. 242
2009	0. 260	0. 226
2010	0. 224	0. 175
2011	0. 224	0. 170
2012	0. 227	0. 178
2013	0. 218	0. 180
2014	0. 214	0. 179
2015	0. 212	0. 180
2016	0. 257	0. 210
2017	0. 278	0. 289
2018	0. 271	0. 298

续表

年份	融资能力均值	
	国有企业	民营企业
2019	0.243	0.231
2020	0.238	0.245

表 3-9 2004—2020 年国有企业与民营企业贷款环境均值

年份	贷款环境均值	
	国有企业	民营企业
2004	0.278	0.169
2005	0.275	0.149
2006	0.310	0.139
2007	0.281	0.141
2008	0.281	0.154
2009	0.368	0.189
2010	0.357	0.182
2011	0.353	0.157
2012	0.384	0.174
2013	0.381	0.190
2014	0.397	0.178
2015	0.399	0.171
2016	0.386	0.201
2017	0.446	0.311
2018	0.418	0.272
2019	0.409	0.284
2020	0.412	0.294

资料来源：CSMAR 数据库。

二、国有企业的全要素生产率评价

（一）全要素生产率的含义

从经济增长的方面来看，生产力、资本、劳动力等因素都对经济增长有一定贡献。笔者认为，全要素生产率这个指标一般用于衡量生产效率。[①] 从本质上讲，全要素生产率说明了一个国家（地区）在一定时期内脱离贫困落后和推动经济发展的能力，它充分展现了技术进步对于经济发展的作用，全要素生产率主要有三个来源：技术进步、效率的提升和规模效应。在计算中，它是一种“剩余价值”，体现为除去劳动力、资本等因素的投入后的剩余量。

全要素生产率可以为我国国有企业建设世界一流企业提供高效有力支持，能够较好地体现和说明我国国有企业效益和绿色发展的情况。

（二）全要素生产率研究的历史进程

全要素生产率的测算提出及具体测量经历了长期的发展，大致可分为如下阶段：

第一阶段是全要素生产率概念的奠基阶段。柯布-道格拉斯生产函数（C-D 生产函数）创建于 20 世纪 20 年代，从此经济界开始研究经济增长率与生产率之间的定量关系。全要素生产率的概念在 1942 年由丁伯根首次提出，全要素生产率的概念对影响生产率增长的诸多因素进行了综合考虑，把时间变量加入含有劳动、资本要素的“效率”水平函数，再对生产效率增长进行估计测算，并用它来比较不同国家的生产力水平。[②] 然而，丁伯根提出的全要素生产率的概念也存在局限性，只考虑了资本和劳动力在生产中的投入，忽略了生产率增长中技术进步和知识进步等无形因素造成的影响。[③]

第二阶段是全要素生产率概念的提出阶段。斯蒂格勒于 1947 年独立界定了 TFP 的概念，并对其使用严密的生产函数进行计算。1951 年，肯德里克明

---

① 姚凤民，徐皓南，郭欣仪，等．碳排放约束下的农业绿色全要素生产率研究——基于广东省面板数据的实证分析［J］．广东农业科学，2022，49（3）：163-172.

② 邓学平．我国物流企业生产率研究与分析［D］．重庆：重庆大学，2008.

③ 郭根龙，杨慧芳．全要素生产率能解释中国服务业增加值增长吗［J］．未来与发展，2015，39（10）：31-36.

确指出，生产率是以产出和要素投入相比得出的比率，阐述了全要素生产率和单要素生产率的区别，指出应综合考虑所有生产要素的投入成效。1954 年，海勒姆·戴维斯提出全要素生产率的估算不应单单涉及部分要素，而应针对所有生产要素进行估算，包括资本、劳动等。

第三阶段是全要素生产率测算方法的探索阶段，可分为两个小阶段：一是初步探索阶段。1956 年，艾布拉姆威兹将全要素生产率按一定比例来表示，并将其命名为代数指数法，这种方法的优势在于它展现出了全要素生产率的内在意义，但缺陷是需要假设资本要素与劳动力要素可以完全被替代，而这个假设并不符合实际状况，因此未能得到广泛应用。1957 年，罗伯特·M. 索洛又将技术因素引入，他在发表的论文中提出经济增长模型，认为要得到总产出增长率，要将技术增长率（即全要素生产率）、资本增长率以及劳动增长率三者叠加，求出其他三项增长率之后，就可以算出全要素增长率，所以又称“索洛余值法”。[①] 二是深入探索阶段，在本阶段的研究过程中需要做出两种假设才能进一步开展。第一种假设是技术足够有效，这忽略了技术效率提高对全要素生产率升高的作用，其代表性的方法是乔根森在 1980 年提出的基于索洛模型的超越对数生产函数法。[②] 第二种假设考虑到技术效率低下的存在，具有代表性的方法是 1957 年法雷尔提出的边界生产函数法，但它的缺点是估计产出值，从而导致全要素生产率估计测算出现误差。

第四阶段是全要素生产率测算方法的完善阶段。在提出了索洛余量之后，经济学家调整了研究的侧重点，将精力放在了如何更准确地衡量全要素生产率水平上。Aigner（1977）使用随机前沿模型来衡量全要素生产率，将全要素生产率的研究从理论转向了应用。[③] Charnes 等（1978）与 Banker（1984）在全要素生产率的研究中首先引入了数学规划分析法，提出了 CCR 模型和 BCC 模型。此后，越来越多的经济学家和数学家运用现代数学方法对全要素生产

---

① 谢富胜，张天啸，张俊夫．总量生产函数的恒等式性质——兼论全要素生产率的实际含义［J］．中国人民大学学报，2019，33（6）：52-65.

② 许冬兰，李丰云，吕朵．绿色全要素生产率的测算方法及应用［J］．青岛科技大学学报（社会科学版），2016，32（4）：30-35.

③ 邓宇洋，陈师．中国区域全要素生产率的增长率分解和资源配置效率研究［J］．统计与决策，2022，38（13）：117-122.

率的测算方法进行改进，使其测算的结果更加准确。[①] Olley 与 Pakes（1996）提出 OP 法，此方法就是著名的半参数估计法。[②] 此模型在综合考虑企业当前的生产情况后做出决策，在该法中，当前企业的投资决策被视为不可观测变量，对于 OLS 法的同时性偏差利用 OP 法可以在一定程度上改善。[③] 此外，为了能够更进一步处理选择性偏差问题，有学者考虑添加一个新的控制变量，进入或退出该行业的公司利用这个变量可以对模型的准确性产生很好的效果。由于 OP 法对 OLS 模型中的两个偏差性问题进行了弥补，因此自提出以来，就得到了广泛的应用。尽管如此，要使用 OP 法必须满足一个前提条件，即当前公司投资必须都为正，所以使用该模型的范围仍有一定局限性，因为现实中并不是所有企业的投资额都为正，而且还常常出现负。LP 法是由 Levinsohn 和 Petrin（2003）提出的一种半参数估计方法，LP 法主要是改善 OP 法存在问题的限制。[④] LP 法与 OP 法的主要区别在于：LP 法的代理变量是中间产品或服务，以避免造成 OP 法缺失数据的问题，其他的估计步骤则与 OP 法相同。在基于 OP 法和 LP 法前提下，Ackerberg、Caves 和 Frazer（2006）研究指出投入决策应以资本为优先，其他生产要素的投入再做考量，并基于 LP 法将中间投入作为代理变量，他们在中间投入函数中引入劳动投入，以达到更准确估计结果的目的。

国内学者在已有的基础上针对我国基本国情进行了改良测量全要素生产率。全要素生产率指不包括资本和劳动力的技术进步对国内生产总值的影响。林毅夫与任若恩（2007）的研究认为，全要素生产率是经济总产出与各系数估计 GDP 之间的差值。[⑤] 蔡昉（2013）也有相似观点，认为在劳动要素和资本要素积累到相当水平时产生的额外生产效率就是全要素生产率。[⑥] Gatto 等

---

① 苏丽 . DEA-CCR 模型下技术创新对全要素生产率的影响［J］. 科技与创新，2018（20）：22-24，26.

② OLLEY G S，PAKES A. The dynamics of productivity in the telecommunications equipment industry［J］. Econometrica，1996，64（6）：1263-1297.

③ 朱沛华，陈林 . 工业增加值与全要素生产率估计——基于中国制造业的拟蒙特卡洛实验［J］. 中国工业经济，2020（7）：24-42.

④ LEVINSOHN J，PETRIN A. Estimating production functions using inputs to control for unobservables［J］. The Review of Economic Studies，2003，70（2）：317-341.

⑤ 林毅夫，任若恩 . 东亚经济增长模式相关争论的再探讨［J］. 经济研究，2007（8）：4-12，57.

⑥ 蔡昉 . 中国经济增长如何转向全要素生产率驱动型［J］. 中国社会科学，2013（1）：56-71，206.

（2011）认为TFP是总剩余且来自总产出中无法由投入所决定的部分；[①] 鲁晓东和连玉君（2012）的观点为TFP主要反映非生产性投入对产出增加的影响，代表了生产过程中投入化为产出的总效率[②]；郑美华（2019）认为在劳动、资本等生产要素的投入不变的条件下能获得更多的总产出量当处于较高的TFP水平。[③] 随着研究方法的不断进步以及企业各项数据的完备，TFP在衡量企业资源使用和配置效率方面起着越来越重要的作用，该指标起初被普遍应用于研究国家和地区的经济增长。

（三）全要素生产率的测算方法介绍

Olley（1996）提出了一种半参数，把影响产出的已知和未知因素同时纳入测算模型TFP度量——OP法；Levinsohn和Petrin（2003）提出用中间投入替代投资指标作为代理变量，形成了测度TFP的LP法；鲁晓东和连玉君（2012）通过实际测算分析发现微观企业领域用OP法测算结果更准确，并对宏观和微观两种不同研究领域区分适用的TFP核算方法；[④] 黄贤环和王瑶（2020）持不同观点，他认为OLS方法比TFP准确。[⑤]

1. OLS法

全要素生产率的测定学者们最初采用了宏观数据，OLS法比较适应宏观数据的测定，采用了一些国家或者地区的投资和就业人数等数据来进行估计。随着研究的不断深入和扩大，宏观数据已经不能说明很多问题，从而全要素生产率更多朝着应用微观数据进行测量的方向发展。OLS测量方法的原理是对柯布-道格拉斯生产函数的改进：

$$Y_{it}=A_{it}K_{it}^{\alpha}L_{it}^{\beta} \tag{3-1}$$

公式（3-1）中产出为Y，K为资本投入，L为劳动投入，A表示全要素

---

① GATTO M D, LIBERTO A D, PETRAGLIA C. Measuring productivity [J]. Journal of Economic Surveys, 2011, 25 (5): 952-1008.

② 鲁晓东，连玉君. 中国工业企业全要素生产率估计：1999—2007 [J]. 经济学（季刊），2012，11（2）：541-558.

③ 郑美华. 论混合所有制的高效率增长 [J]. 财贸研究，2019，30（3）：52-59.

④ 鲁晓东，连玉君. 中国工业企业全要素生产率估计：1999—2007 [J]. 经济学（季刊），2012，11（2）：541-558.

⑤ 黄贤环，王瑶. 国有企业限薪抑制了全要素生产率的提升吗 [J]. 上海财经大学学报，2020，22（1）：34-50.

生产率。将等式（3-1）两边取对数，变形后如下式：

$$\ln Y_{it}=\alpha\ln K_{it}+\beta\ln L_{it}+\mu_{it} \tag{3-2}$$

通过 OLS 法式（3-2）测量出的残差，就是上述意义上的全要素生产率。

尽管 OLS 法能够比较简捷地测出全要素生产率，但是该法存在不可避免的弱点。

第一，OLS 法存在样本选择性偏差。因为在市场经济中，要适应市场发展并同时抵抗来自外部环境的冲击，一般资本存量大的企业比小的企业更具备显著优势。而且存量大的企业更可能对未来保持积极乐观态度，它们更有实力赚取市场利润，所以有更加强烈的意愿留在市场。因此，企业拥有的资本越多，则企业退出市场的概率越低。当不同的企业处于同样的不利环境时，就很可能导致模型（3-2）中代表资本投入（K_{it}）前的系数 α 被一定程度低估，最终可能无法比较精准衡量全要素生产率的值。

第二，OLS 法存在同时性偏差，能够提前被公司了解的某些影响全要素生产率的因素，如次品率、可预测的外部因素等，由于上式中的残差很可能与解释变量存在显著相关性，从而造成不能精准测量全要素生产率的值，其原因为企业可能会根据这些因素对资本与劳动进行调整。

2. 固定效应法

该方法最主要的优点是对 OLS 法中的同时性偏差在一定程度上起到了纠正作用，利用了柯布-道格拉斯生产函数，与 OLS 法估计全要素生产率的原理一样，两种测量方式最明显的区别在于，个体固定效应被考虑进入固定效应模型。其模型展示如下：

$$\ln Y_{it}=\alpha\ln K_{it}+\beta\ln L_{it}+\lambda_{it}+\varepsilon_{it} \tag{3-3}$$

模型中，个体固定效应为 λ_{it}，残差以 ε_{it} 表示。影响全要素生产率的因素能够提前被企业预测是固定效应模型能够解决同时性偏差问题的关键，这是由各个企业不同的特质所造成的。由于不同的企业在公司现实运营过程中面对不同的内外部环境等因素的影响，会采取不同的应对措施和经营决策，由此也带来了实际运行过程中做出的不同应对策略而产生的个体效应。[①] 固定效

① 史常亮，朱俊峰，揭昌亮．中国农业全要素生产率增长地区差异及收敛性分析——基于固定效应 SFA 模型和面板单位根方法［J］．经济问题探索，2016（4）：134-141.

应被引入模型后，由于可预知因素造成资本与劳动的改变，被包含在固定效应里面，最后使得模型的回归估计结果是无偏的。

同时性偏差问题在 OLS 法中处理得不太好，固定效应法则可以改善这个问题，但也存在一定问题：一是样本自选择问题并未得到真正解决；二是使用固定效应模型需要较高质量的数据，通常需要使用到面板数据，如果不能找到很好的数据供应，则此法的优势将大打折扣；三是固定效应模型无法照顾到时间变化过程中单个企业表现出来的影响，究其原因主要是没有显现出随时间变化的消息，固定效应模型只反映了个体之间的差异。时间变化对变量造成的影响是十分普遍的，如果不考虑这个因素会带来模型系数估计的偏误。

3. Olley-Pakes 法（OP 法）

Olley 与 Pakes（1996）提出了一种现在依旧非常流行的半参数估计法，也称作 OP 法。在这个模型中，对企业的生产状况充分考虑后做出决策，在本法中以当期企业投资决策为不可观测变量，可以在一定程度上改善 OLS 法的同时性偏差。此外，为更深一步处理选择性偏差问题，考虑了增加一个控制变量，而企业进入或者退出行业可以起到很好的效果。由于 OLS 模型不能解决的两个难题在 OP 法中得到了妥善解决，于是该法自产生以后就被学术界广泛采用。第一步，OLS 模型的残差其实包含较负责的成分，将其处理为两个层面：

$$\mu_{it}=\omega_{it}+\varepsilon_{it} \tag{3-4}$$

将式（3-4）代入式（3-2）则有：

$$\ln Y_{it}=\alpha\ln K_{it}+\beta\ln L_{it}+\omega_{it}+\varepsilon_{it} \tag{3-5}$$

ω_{it}表示的是可以被观测的且对全要素生产率存在作用的因素，ε_{it}代表估计残差，也就是通过以上模型测量得出的全要素生产率估计量。

不仅如此，Olley 与 Pakes 还进一步梳理了资本存量与增量之间的联系：

$$K_{it+1}=(1-\delta)K_{it}+I_{it} \tag{3-6}$$

K_{it+1}代表资本存量的滞后一期量，K_{it}为当期资本存量，I_{it}为当期投资量，δ 表示折旧率。在此基础上，可以构造最优投资函数如下：

$$i_{it}=i_t(\omega,\ k_{it}) \tag{3-7}$$

最优投资函数的反函数为：

$$\omega_{it}=f_{it}(i_{it},\ k_{it}) \tag{3-8}$$

将式（3-8）代入式（3-5）有：

$$y_{it}=\alpha l_{it}+\beta k_{it}+f_t(i_{it},\ k_{it})+\varepsilon_{it} \tag{3-9}$$

式（3-9）中 αl_{it} 表示产出受劳动投入量的影响，$\beta k_{it}+f_t(i_{it},\ k_{it})$ 表示产出受资本投入量的影响。接下来再设：

$$\phi_{it}=\beta k_{it}+f_t(i_{it},\ k_{it}) \tag{3-10}$$

对上式进行回归后得到 ϕ_{it} 的估计值 ϕ_t，于是式（3-9）变为：

$$y_{it}=\alpha l_{it}+\phi_t+\varepsilon_{it} \tag{3-11}$$

通过式（3-11）可以估计在劳动投入前的系数 α 的值 $\widehat{\alpha}$，假设 $V_{it}=y_{it}-\widehat{\alpha}I_{it}$，变换后再对以下方程估计：

$$V_{it}=\beta k_{it}+g(\phi_{t-1}-\beta k_{it-1})+\mu_{it}+\varepsilon_{it} \tag{3-12}$$

最后利用式（3-12），可以通过估计生产函数的相应系数值来获得全要素生产率的估计值。

虽然 OP 法可以解决 OLS 方法的两个偏差问题，但 OP 法的应用必须基于一个重要的前提——只有在当前投资量为正时才能使用，而现实中是存在有的企业投资额都为负的情况，因此该模型使用范围有限。

4. LP 法

LP 法是 Levinsohn 和 Petrin（2003）提出的一种半参数估计方法，LP 法主要改善 OP 法存在问题的限制。LP 法与 OP 法的主要区别在于，LP 法的代理变量是中间产品或服务，可以很好地规避 OP 法因为数据缺失无法应用的问题，除此之外的估计过程基本与 OP 法一致。以下就是用 LP 法测算全要素生产率的模型：

$$\ln Y_{it}=\beta_0+\beta_l\ln L_{it}+\beta_k\ln K_{it}+\beta_m\ln M_{it}+\varepsilon_{it} \tag{3-13}$$

上式中，Y 表示产出，L 表示劳动投入，K 表示资本投入，M 表示中间投入，如表 3-10 所示：

表 3-10　LP 法计算全要素生产率的投入—产出变量表

变量名称	变量符号	变量定义
产出	Y	主营业务收入
劳动投入	L	员工人数
资本投入	K	固定资产净额
中间投入	M	购入商品与劳务金额

5. ACF 法

在基于 OP 法和 LP 法前提下，Ackerberg、Caves 和 Frazer（2006）研究指出投入决策应以资本为优先，其他生产要素的投入再做考量，并基于 LP 法将中间投入作为代理变量，他们在中间投入函数中引入劳动投入，以达到更准确估计结果的目的。①

综合以上各种全要素生产率的测量方法，LP 法可以在很大程度上规避其他方法存在的样本选择性偏差或同时性偏差问题，对于样本数据缺失的情况也比较包容，因此本研究在测算上市国有企业全要素生产率时选择 LP 法。②

（四）国有企业全要素生产率现状

1957 年首次提出了全要素生产率的概念，全要素生产率在促进实体经济增长方面起着重要的源泉作用，因此在经济研究中被广大学者采用。随着研究方法的日渐成熟和完善，学术界对全要素生产率的探讨热度有增不减，20 世纪 80 年代国外学者在研究中国国有企业改革效果的评价中就曾广泛应用。③ 实际上，全要素生产率概念也一直备受国内学者青睐，自 1978 年改革开放时期国有企业改革序幕拉开，就把该指标作为衡量国有企业改革进展程度以及企业生产效率的重要指标。④ 国有企业改革的成效被诸多学者从各个不同的视角评价，其中使用经验分析法来衡量国有企业改革对国有企业效率的影响是一个十分重要的研究组成部分，在众多衡量指标中，全要素生产率显得异常耀眼。

1. 国有企业全要素生产率的横向研究现状

自 20 世纪 80 年代以来，学界就开始越来越多关注有关国有企业效率的问题，并且经常将国有企业和民营企业的效率进行对比，得出截然不同的研究结论。概括来讲，主要结论可归纳为三类：一类为国有企业绩差论，二类

---

① ACKERBERG D A，CAVES K，FRAZER G. Structural identifucation of production functions [R]. UCLA Working Paper，2006.

② 鲁晓东，连玉君．中国工业企业全要素生产率估计：1999—2007 [J]. 经济学（季刊），2012，11（2）：541-558.

③ 刘晔，张训常，蓝晓燕．国有企业混合所有制改革对全要素生产率的影响——基于 PSM-DID 方法的实证研究 [J]. 财政研究，2016（10）：63-75.

④ 周晓艳，韩朝华．中国各地区生产效率与全要素生产率增长率分解（1990—2006）[J]. 南开经济研究，2009（5）：26-48.

为国有企业绩优论，三类为产权中性论。

近年来，学者们深入研究了国有企业的效率，并且大多数学者都侧重从全要素生产率角度开展研究。学者们特别热衷于对国有企业全要素生产率的研究，进行了多角度、多层次的研究，对不同所有制企业全要素生产率的对比研究成果比较丰富。学者们认为，国有企业全要素生产率的发展在与非国有企业的对比上，还存在一定不足，与非国有企业相比还存在一定差距，并且有许多文献印证了这一观点。Shleifer 和 Vishny（1997）的研究是国有企业绩差论的典型代表，其核心观点认为由于国有企业所有权的国有属性和国有企业制度本身会使资源配置效率低下。① Lo（1999）研究了 1980—1996 年的数据，通过测算得出了此期间各类不同企业 C-D 生产函数，同时对国有企业与乡镇企业生产率进行了对比分析，研究结论显示乡镇企业生产率改善显著高于国有企业。② Jefferson 等（2003）研究了 1994—1999 年中国 22000 家工业企业的微观数据，计算了各种所有制企业每年的效率后再进行对比，得到了国有企业效率弱于其他所有制企业的结论。③ 刘小玄（2004）认为，在所有工业企业中，国有企业的生产效率改善需要得到进一步重视；④ 周黎安等（2007）以中国制造业 1998—2004 年的微观企业数据为样本，发现国有企业的平均生产率弱于其他所有制企业；⑤ 张文魁（2013）表示在过去 30 年民营企业 TFP 的年均增长率达到了 4.5%，而国有企业仅为 1.5%；⑥ Brandt 等（2011）研究表明中国国有企业的生产率水平较非国有企业低大概 27%，生产率的增速与非国有企业比较低 4.6%；⑦ 杨汝岱（2015）对中国制造业企业的

① SHLEIFER A, VISHNY R W. A survey of corporate governance [J]. The Journal of Finance, 1997, 52 (2): 737-783.

② LO D. Reappraising the performance of China's state-owned industrial enterprises: 1980—1996 [J]. Cambridge Journal of Economics, 1999 (23): 693-781.

③ JEFFERSON G, ALBERT G Z. Ownership, performance and innovation in China's large and medium-size industrial enterprise sector [J]. China Economic Review, 2003 (14): 89-113.

④ 刘小玄. 民营化改制对中国产业效率的效果分析——2001 年全国普查工业数据的分析 [J]. 经济研究，2004 (8): 16-26.

⑤ 周黎安，张维迎，顾全林，等. 企业生产率的代际效应和年龄效应 [J]. 经济学（季刊），2007 (4): 1297-1318.

⑥ 张文魁. 国企需要新一轮改革 [J]. 中国经济报告，2013 (1): 50-53.

⑦ BRANDT L, BIESEBROECK J V, ZHANG Y F. Creative accounting or creative destruction? Firm-level productivity growth in Chinese manufacturing [J]. Journal of Development Economics, 2011, 97 (2): 339-351.

TFP 测算，发现国有企业的 TFP 水平明显低于民企和外企，不过它们之间差距在伴随着国有企业改革的同时已经呈现不断缩小的态势。[①] 龚关等（2015）认为企业平均生产率以及资源配置效率的差异是国有企业总 TFP 低于非国有企业的主要原因。[②] 叶刘刚和黄静波（2016）的研究显示民营企业和外资企业在加总全要素生产率水平上明显优于国有企业的结论。[③] 来自不同经济学领域的学者对于国有企业全要素生产率较低的原因分别给出了各自的研究结论：公共经济学家植草益（1994）认为，国有企业低效运行的主要因素，是受到预算和最终制度僵化、政府保护过度、欠缺自主权以及行业垄断等的影响；[④] 此外，产权经济学家文明（2000）则提出，不完善的激励和监督机制、欠完备的企业管理与约束机制、超负荷的代理成本等，是导致国有企业效率相较于其他企业低下的重要原因；[⑤] 再有，部分国有企业因为产权属性的问题带来的政企不分的现象也会造成国有企业管理效率不理想。

国有企业绩优论也承认国有企业可能存在经营上低效率的情况，而作为国有企业的属性，其能带来的效应很可能表现在非经济方面，而这类效益可能短期来看效率低下，但是长期来看并非如此。国有企业绩优论的代表是 Richard（1972），其认为分配效率及技术效率是国有企业效率的两个主要组成部分，分配效率指企业的规模效率和定价合理性等特征，技术效率指企业生产过程中的效率表现。[⑥] 他研究了英国在国有化趋势后，企业表现出的两个明显特点：一是国有企业相比于民营企业在技术创新效率方面更优；二是比较生产过程经济绩效变量发现，民营企业并未明显优于国有企业。范金、严斌剑和梁洁（2008）运用 Malmquist 指数法，通过对南京市不同所有制类型的工业企业全要素生产率进行测算，认为国有工业企业全要素生产率增长速度显著高于私营。[⑦] 郑志国（2012）、张营为和王磊（2013）的研究结果也表明国

① 杨汝岱．中国制造业企业全要素生产率研究［J］．经济研究，2015，50（2）：61-74.

② 龚关，胡关亮，陈磊．国有与非国有制造业全要素生产率差异分析——基于资源配置效率与平均生产率［J］．产业经济研究，2015（1）：93-100.

③ 叶刘刚，黄静波．国有企业“抓大放小”改革与加总全要素生产率的变化分解［J］．产经评论，2016，7（5）：100-114.

④ 植草益．日本公企业的民营化及其启示［J］．中国工业经济研究，1994（6）：22-29.

⑤ 文明．论国有企业效率低下的体制根源［J］．当代财经，2000（3）：12-16.

⑥ RICHARD P. Public enterprise in practice［M］. New York：St. Martin's Press，1972.

⑦ 范金，严斌剑，梁洁．不同所有制工业企业全要素生产率的动态比较研究——以南京为例［J］．南京社会科学，2008（1）：113-121.

有企业的绩效一般是明显优于其他企业的。①② 任毅和丁黄艳（2014）运用 DEA 模型和 Malmquist 指数法，通过对我国工业企业数据的分析，发现国有及国有控股工业企业在规模效率层面显著优于民营企业。③ 刘晔、张训常和蓝晓燕（2016）认为国有企业改革后全要素生产率（TFP）显著提高，且国有控股型混合所有制改革效果还略高于其他形式的改革方案。④ 辛慧玲和魏峰（2018）通过对我国国有企业退出情况的研究，测算不同年份不同所有制工业企业全要素生产率的加权均值，数据证实，前期国有企业效率在总体上可能低于民营和外商企业，但随着时间推移在后期表现出明显赶超态势。⑤

产权中性论观点典型学者是 Demsetz 和 Lehn（1985）⑥、Vining 和 Boardman（1989）⑦。之所以在不同条件下，国有企业和民营企业效率都有高低的变动，且与企业产权属性没有必然联系，是因为影响企业效率的因素具有复杂性，这是它的核心观点。Vickers 和 Yarrow（1991）⑧ 的研究也认为，企业所有权属性并非影响企业效率的最重要的原因，而影响企业效率最重要的因素无非是市场竞争效应和政府政策影响两方面。休·史卓顿和莱昂内尔·奥查德（2011）不支持国有企业绩差论并提出了质疑，他们认为将国有企业与民营企业进行效率的直接对比并不合理，因为两类企业生产的产品及生产条件一般都存在很大差异。⑨ 除此以外，他们认为垄断性质才是国有企业低效的原因，而不在其产权本身，国有企业的效率不一定要比民营企业低。

---

① 郑志国．国有企业的真实绩效分析——与天则经济研究所课题组商榷［J］．管理学刊，2012，25（3）：5-16.

② 张营为，王磊．我国 2005—2010 年不同所有制工业企业效率的度量和比较［J］．湖北经济学院学报，2013，11（4）：47-52.

③ 任毅，丁黄艳．我国不同所有制工业企业经济效率的比较研究——基于规模效率、管理水平和技术创新视角［J］．产业经济研究，2014（1）：103-110.

④ 刘晔，张训常，蓝晓燕．国有企业混合所有制改革对全要素生产率的影响——基于 PSM-DID 方法的实证研究［J］．财政研究，2016（10）：63-75.

⑤ 辛慧玲，魏峰．不同所有制工业企业效率比较——基于企业退出视角［J］．产业与科技论坛，2018，17（6）：87-89.

⑥ DEMSETZ H，LEHN K. The structure of corporate ownership：Causes and consequences［J］. Journal of Political Economy，1985，93（6）.

⑦ VINING A E，BOARDMAN A R. Ownership and performance in competitive environments［J］. Journal of Law and Economies，1989（32）.

⑧ VICKERS J，YARROW G. Economic perspectives on privatization［J］. Journal of Economic perspectives，1991（5）：111-132.

⑨ 休·史卓顿，莱昂内尔·奥查德．公共物品、公共企业和公共选择［M］．北京：经济科学出版社，2011.

2008—2020 年中国上市国有企业和非国有企业比较全要素生产率发展如图 3-1 所示，发现非国有企业全要素生产率总体水平高于国有企业，它表明中国的国有企业要建成世界一流的企业，必须先厘清差距并缩小与国内非国有企业的差距。首先要在国内起到领头的作用，在享受比非国有企业更多的资源和政治优势的前提下，必须做到全要素生产率发展水平的相匹配，然后才能有底气去冲击世界一流企业的地位。从图 3-1 可以看出，在 2011—2014 年国有企业全要素生产率经历了一个明显的下降阶段，但是在 2014 年混合所有制改革后，国有企业全要素生产率水平迅速回升，并且和非国有企业全要素生产率水平差距在逐步缩小，这表明我国国有企业采取的混合所有制改革政策是正确的、效果是显著的。

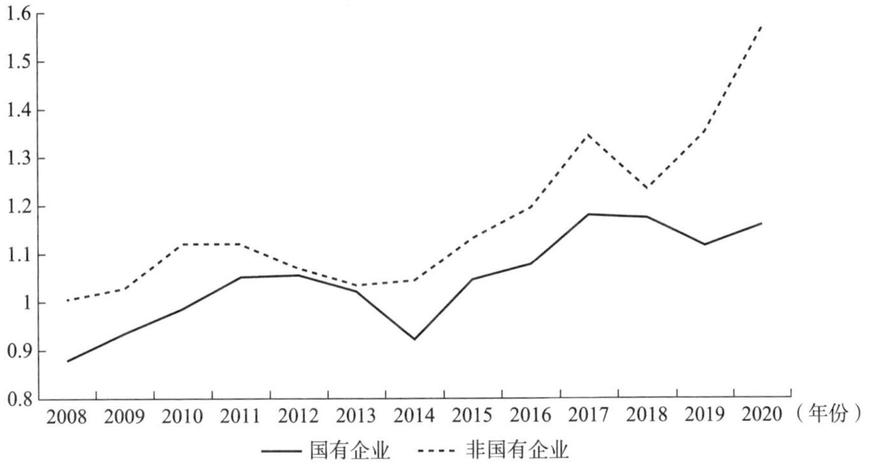

图 3-1 2008—2020 年我国国有企业和非国有企业 TFP 对比

资料来源：国泰安数据库。

2. 国有企业全要素生产率纵向研究现状

基于我国国家统计局发布的数据，Chan 等（1988）采用 293 个城市中的投入产出时间序列数据为例测算了全要素生产率，这是最早研究我国改革因素对全要素生产率作用的文献。[①] 大量国内外学者在此之后开始转变研究角度，基于全要素生产率开展对国有企业改革效果的评估。

---

① CHAN K，WANG H C，ZHENG Y X，et al. Productivity change in Chinese industry：1953—1985［J］. Journal of Comparative Economics，1988（12）：570-591.

在对于国有企业全要素生产率的影响方面，许多学者发现国有企业改革的过程同时也是改善国有企业全要素生产率的过程。①②③ 尽管关于全要素生产率增长率的研究结论存在不一致的情况，但从全要素生产率的角度进行评价，我国国有企业政策的改革成效通过了大多数研究的检验，表明是成功的。郝大明（2006）以2001年山东省第二次基层普查工业企业数据为研究样本，采用实证方法对国有企业改革前后的效率变化进行测度和分析，研究表明改革可以显著提高企业的经营效率。④

较之20世纪90年代，近年来关于国有企业全要素生产率变动的研究还不够深入，数量也较少。马荣（2011）以2003—2008年国有及国有控股工业企业为样本，采用Malmquist指数法对国有企业全要素生产率进行了测度，实证结果表明国有企业全要素生产率在近年来呈现较快增长。⑤ 同时研究还指出，技术效率和规模效率这两方面因素，是提高国有企业全要素生产率的关键。截至目前，国有企业还有较大的改善余地，因为国内企业的全要素生产率相对于外商投资和行业的一般水平来说还处于较低水平。除此之外，牟俊霖（2012）以2002—2008年中国国有企业为样本，采用索洛余值法对生产效率进行了测算，结果表明国有企业的生产效率得到了显著提高，与其他所有制企业的生产效率差距也在逐渐缩小。⑥

与此同时，也有一些研究持反对意见，认为全要素生产率没有通过国有企业的改革而得到显著改善。Thye等（1994）以1984—1988年国有企业为样本，测算了其全要素生产率，结果表明样本国有企业的全要素生产率并没有明显提高，甚至部分行业出现了倒退。⑦ 此外，该研究也指出，由于最终产值估计数值

① GARY J, THOMAS R, ZHENG Y X. Chinese industrial productivity: Trends, measurement issues and recent developments [J]. Journal of Comparative Economics, 1996, 23 (2): 146-180.

② LI W. The impact of economic reform on the performance of Chinese state enterprises: 1980—1989 [J]. Journal of Political Economics, 1997, 105 (5): 1080-1106.

③ GARY J, THOMAS R, LI W, et al. Ownership, productivity change, and financial performance in Chinese industry [J]. Journal of Comparative Economics, 2000, 28 (4): 786-813.

④ 郝大明．国有企业公司制改革效率的实证分析［J］．经济研究，2006（7）：61-72.

⑤ 马荣．中国国有企业效率研究——基于全要素生产率增长及分解因素的分析［J］．上海经济研究，2011（2）：20-28.

⑥ 牟俊霖．国有与非国有工业企业生产效率差异研究——基于2008年第二次经济普查数据［J］．经济经纬，2012（3）：55-59.

⑦ THYE W W, HAI W, JIN Y B, et al. How successful has Chinese enterprise reform been? Pitfalls in opposite biases and focus [J]. Journal of Comparative Economics, 1994, 18 (3): 410-437.

偏高的原因，全要素生产率的估计值会略高于一部分学者估计的实际情况，这是因为在估算增加值的同时因过度缩减中间产品的投入量而导致了这一结果。

一些学者也从具体的改革措施中验证了其对国有企业全要素生产率的影响。Li Wei（1997）针对激励措施对全要素生产率的影响开展了研究，发现企业可以通过提高产出和利润的自主性以及提高对企业工人激励的方式，来提高全要素生产率。① Liu 等（1996）通过研究表明，一个可以显著地提高企业技术效率的方法就是把员工的工资薪酬与他们的绩效挂钩，这个方法可以显著地提高企业的技术效率。② 此外，刘小玄（2005）针对建立现代公司制度对全要素生产率的影响开展研究，发现样本国有企业的全要素生产率可以随着企业的改制而显著地提高，特别是通过在国有企业中引入民营资本等手段来实现。③

学者们对关于如何提高国有企业全要素生产率，得出了不同的研究结论。对于一般情况，技术进步是国有企业全要素生产率改善的首要动力源泉，但还要考虑：组织管理、激励机制、资源配置和市场竞争等制度性因素。王珺（1996）认为国有企业全要素生产率增长的主要因素是宏观经济的增长和现代企业制度建设，其中还有一部分原因是技术改进。④ Li Wei 估算了 769 家国有企业在 1980—1989 年的数据，发现在国有企业全要素生产率有 4.68%的增长来源于资源的再配置、激励机制和市场化竞争的作用。⑤ Jefferson 等（2001）、刘小玄和吴延兵（2009）研究发现，改善国有企业全要素生产率促进企业的技术进步还是首要考虑因素；⑥⑦ 刘小玄（2001）研究认为国有企业全要素生产率提升可以部分来自宏观经济波动，因为员工及企业管理者被激励，从而

---

① LI W. The impact of economic reform on the performance of Chinese state-owned enterprises: 1980—1989 [J]. Journal of Political Economics, 1997, 105 (5): 1080-1106.

② LIU Z N, LIU S J. The efficiency impact of the Chinese industrial reform in the 1980s [J]. Journal of Comparative Economics, 1996, 23 (3): 237-255.

③ 刘小玄．产权改制对于企业效率影响的实证分析 [J]. 科学决策，2005 (7): 58-60.

④ 王珺．论国有企业改革的区域性试验 [J]. 开放时代，1996 (2): 56-61.

⑤ LI W. The impact of economic reform on the performance of Chinese state-owned enterprises: 1980—1989 [J]. Journal of Political Economics, 1997, 105 (5): 1080-1106.

⑥ JEFFERSON G H, RAWSKI T G. Enterprise reform in Chinese industry [M] //Growth Without Miracles: Readings on the Chinese Economy in the Era of Reform. Oxford: Oxford University Press, 2001: 244.

⑦ 刘小玄，吴延兵．企业生产率增长及来源：创新还是需求拉动 [J]. 经济研究，2009, 44 (7): 45-54.

产生了良好的激励效应，最重要的因素是企业制度性改革促进其成功。①

除上述外，Kornai（1998）在研究影响国有企业的全要素生产率的因素时，② 提出了完善企业管理层的激励结构目标，通过改变企业“预算软约束”的局面，或者在企业中引入竞争机制来达到目标，采纳这种方式在国有企业非私有化的前提背景下可以提升国有企业的效率。魏峰、荣兆梓（2012），洪功翔、董梅生（2012）实证发现并反驳了竞争性行业“国退民进”的观点。③④ 其分别以国有上市公司以及民营企业 2002—2009 年年报数据和工业企业 2000—2009 年面板数据为样本，通过 DEA 和 SFA 的方法分析竞争性行业中的国有企业，通过研究表明这类国有企业通过改制，在技术效率上与民营企业不分伯仲。

依据是否参与混合所有制改革将我国国有企业分为两类，经研究发现，2014 年以后的几年无论是否参与混改的国有企业都取得了全要素生产率的显著上升。但明显可以看出：自国有企业混合所有制改革政策于 2014 年实施后，积极实施混合所有制改革的国有企业全要素生产率改善程度明显优于未进行混合所有制改革的国有企业，这为国有企业混合所有制改革提供了积极的印证（见图 3-2）。

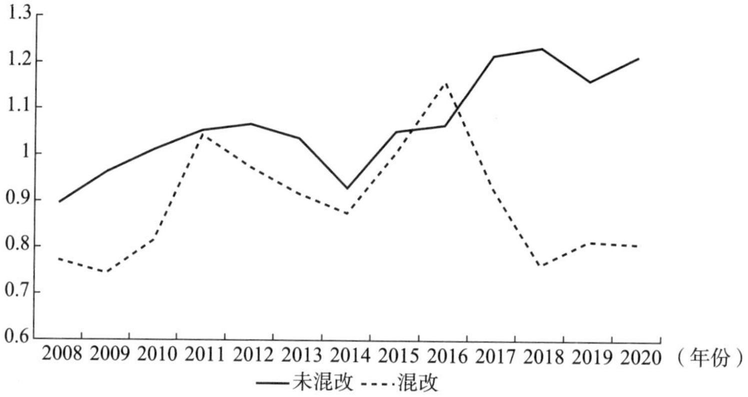

图 3-2　2008—2020 年我国混改与未混改国有企业全要素生产率对比

资料来源：国泰安数据库。

---

① 刘小玄．企业边界的重新确定：分立式的产权重组——大中型国有企业的一种改制模式［J］．经济研究，2001（4）：3-13+94.

② KORNAI J. The place of the soft budget constraint syndrome in economic theory［J］. Journal of Comparative Economics，1998（26）：11-17.

③ 魏峰，荣兆梓．国有企业与非国有企业技术效率的比较［J］．经济纵横，2012（2）：18-23.

④ 洪功翔，董梅生．国有企业一定低效率吗？——来自中国的实证研究与理论阐释［J］．教学与研究，2012（8）：40-48.

（五）国有企业全要素生产率测算结果分析

1. 国有企业全要素生产率测算指标

笔者利用微观数据测算我国上市国有企业全要素生产率，测算模型涉及的投入—产出变量如表 3-11 所示，使用 STATA 软件，采用 LP 法测算全要素生产率，对于测算中涉及的各投入和产出指标的统计描述特征详细结果展示如表 3-12 所示。

表 3-11　全要素生产率投入—产出变量表

变量	指标
产出 *Y*	上市公司增加值（职工薪酬+固定资产折旧+营业利润+税费）
劳动 *L*	上市公司职工人数
资本 *K*	固定资产净值
中间投入 *M*	购买商品、接受劳务支付的现金

表 3-12　全要素生产率投入—产出变量描述统计分析表

变量	样本量	平均值	标准差	最小值	最大值
劳动 *L*	14534	7791	27272	0	552810
资本 *K*	14534	6393018880	31979100160	0	732577000000
中间投入 *M*	14534	17144711168	116032086016	0	3220180000000
产出 *Y*	14534	2080548736	13703100416	0	436506984448

2. 国有企业全要素生产率分年份测算分析

如图 3-3 所示，从 2008—2020 年我国国有企业总体全要素生产率测算结果看，近年来国有企业整体全要素生产率呈现上升趋势。2012—2014 年有小幅下降，但从 2014 年开始，国有企业加总全要素生产率都明显表现出快速上升态势，最后保持平稳。说明 2014 年的国有企业混合所有制改革推动作用显著，印证了国有企业混合所有制改革方向的正确。

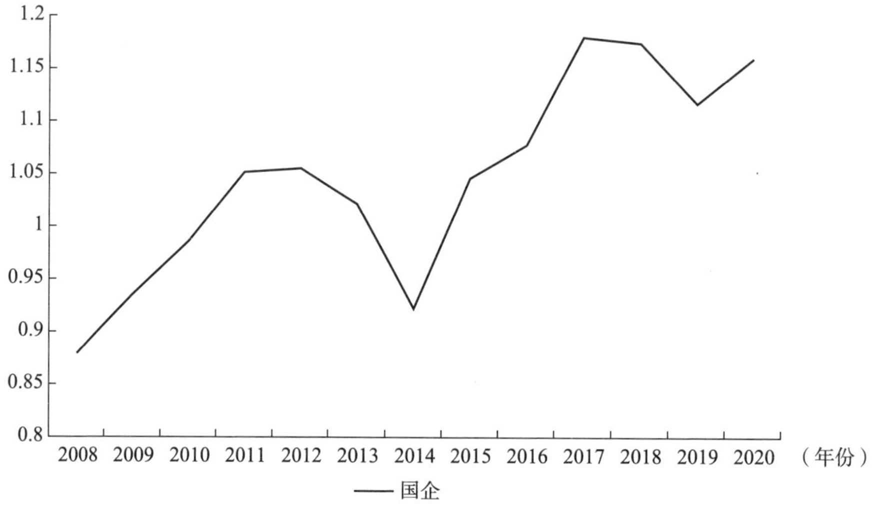

图 3-3 国有企业总体全要素生产率年份发展情况

3. 国有企业全要素生产率分行业测算分析

对部分国有企业分行业进行分析，所选企业的行业代码如表 3-13 所示。通过观察图 3-4，可以发现，农、林、牧、渔业 2011—2014 年全要素生产率显著下降，2014—2016 年下降趋势得到抑制，2016 年开始呈显著上升；采矿业 2011—2014 年全要素生产率持续显著下降，2014 年开始持续显著回升；制造业全要素生产率在 2014 年以前保持平稳且略有下降，从 2014 年开始逐步回升再到显著上升；电力、热力、燃气及水生产和供应业全要素生产率在 2014 年以前平稳中略有下降，从 2014 年开始有一个显著的上升过程；建筑业全要素生产率在 2014 年前增长趋势缓慢，2014 年以后增长趋势明显；批发和零售业全要素生产率在 2014 年以前发展平稳，从 2014 年开始发生了明显提升并保持平稳增长；住宿和餐饮业全要素生产率在 2014 年以前有小幅下降趋势，从 2014 年开始持续平稳回升；房地产业全要素生产率在 2014 年以前保持平稳态势，从 2014 年开始出现小幅度上升；租赁和商务服务业全要素生产率在 2013—2014 年呈现明显下降趋势，从 2014 年开始显著上升；水利、环境和公共设施管理业全要素生产率在 2014 年以前有下降趋势，从 2014 年开始小幅回升；文化、体育和娱乐业全要素生产率在 2014 年以前基本保持平稳，2014 年开始表现出小幅上升趋势。

可见，绝大多数国有企业行业自 2014 年混合所有制改革后，全要素生产率要么从原来的平稳发展变为显著上升，要么从原来的下降趋势扭转为上升趋势，尽管各个行业上升态势程度不同，但是总体看来都受益于国有企业混合所有制改革，全要素生产率基本得到明显改善，说明该项政策的有效性。

表 3-13 国有企业全要素生产率分行业代码

行业	代码
农、林、牧、渔业	A
采矿业	B
制造业	C
电力、热力、燃气及水生产和供应业	D
建筑业	E
批发和零售业	F
住宿和餐饮业	H
房地产业	K
租赁和商务服务业	L
水利、环境和公共设施管理业	N
文化、体育和娱乐业	R

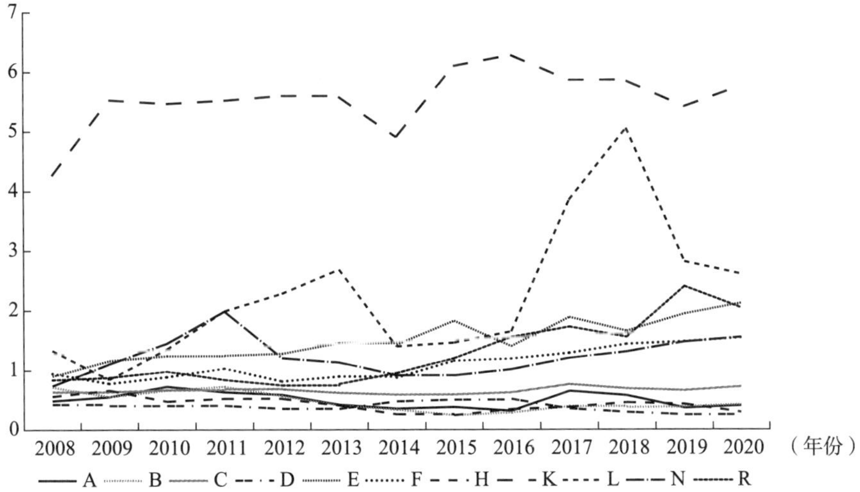

图 3-4 国有企业全要素生产率分行业年份发展情况

4. 国有企业全要素生产率分区域测算分析

如表 3-14 所示，基于营商环境的差异，按照城市所处区位不同，把各大城市区分为东部、中部、西部三个区域，以此来探讨不同区位国有企业全要素生产率的发展差异。根据图 3-5 可以看出来，由于营商环境差异，西部和中部地区国有企业全要素生产率发展水平一直落后于东部地区，西部地区 2013 年以前较中部区域水平略低。在 2014 年以后，中部地区整体水平虽有波动，但表现为上升趋势，西部地区从 2015 年开始显著回升并持续上升，而东部地区从 2014 年以前的下降趋势迅速回升，且上升趋势在三个区域表现最明显。这说明国有企业混合所有制改革对于三个区域国有企业全要素生产率增长有明显促进作用，但是由于不同区域自身营商环境的差异导致上升趋势不尽相同。

表 3-14 分区域城市划分

区域	省、区、市
东部	北京市、天津市、河北省、辽宁省、上海市、江苏省、浙江省、福建省、山东省、广东省、广西壮族自治区、海南省
中部	山西省、内蒙古自治区、吉林省、黑龙江省、安徽省、江西省、河南省、湖北省、湖南省
西部	重庆市、四川省、贵州省、云南省、西藏自治区、陕西省、甘肃省、宁夏回族自治区、青海省、新疆维吾尔自治区

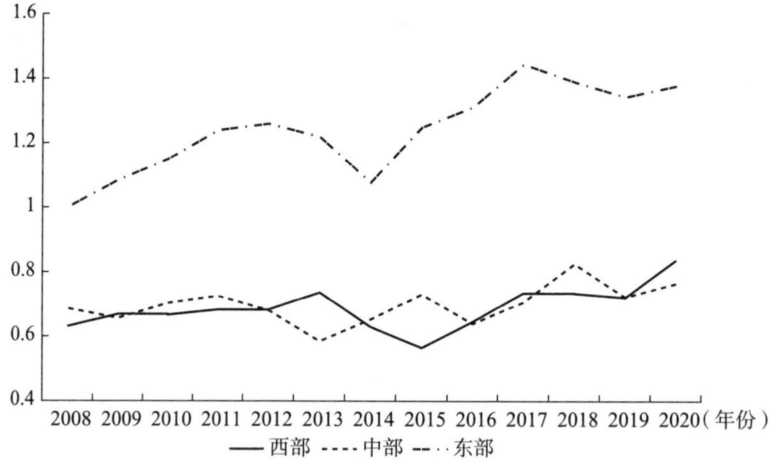

图 3-5 不同区域国有企业全要素生产率年份发展情况

（六）全要素生产率的国际对比分析

1. 发达国家全要素生产率分析

作为被众多国家研究分析的对象，作为发达国家的典型代表，美国拥有相对完备的产业体系，同时美国目前仍是经济发展质量及全要素生产率水平较高的国家之一，对美国进行研究并借鉴其经验和规避其教训对于我国国有企业创建世界一流企业有着积极意义。从 20 世纪 50 年代起，大量资本要素的投入成为美国经济增长的首要根源，而对经济增长来说，全要素生产率增长乏力并且其贡献度较小。从 20 世纪 80 年代到现在，持久的正向增长是美国的全要素生产率的常态。从 20 世纪 80 年代的经济滞后期开始，美国政府出台了一系列经济刺激政策，这些政策对专利与技术创新表现出极大的重视，从而也在一定程度上促进了科技创新对全要素生产率提升的积极作用。并且在与苏联的军备竞赛中，因其国家科技创新水平而受到巨大的震撼，不得不投入大批军事科研经费。从这之后，美国的经济增长的贡献程度日益受全要素生产率影响，而其在世界保持先进水平的原因是科技创新产业政策在美国长期存在，在其重要领域有着极高的政府主导与支持力度。①

在发达国家中，日本的全要素生产率水平较低，同时日本经济学家通过研究分析得出，日本制造业全要素生产率增长水平在近 30 年间非常低，甚至屡次呈现负值，但其全要素生产率仍旧保持在较高水平运转，在绝对值上高于我国的全要素生产率水平，这是因为日本的经济在“二战”之后的 20 年得到高速复兴和进展。② 而政府扶助力度削减和企业创新的经费扶助的不稳定是日本经济堕入实质性衰落的原因。经济增长受日本产业结构不合理的负面作用，导致日本这些年来全要素生产率保持在较低水平运行。日本政府在减少对企业创新扶助的同时，企业在自身投入和科技创新等方面出现下滑甚至是负增长，这些都是日本全要素生产率长时间增长乏力的原因。③

长久以来，经济与全要素生产率在韩国都维持着较为一致的增长趋势，

① 张长春，徐文舸，杜月．我国生产率研究：现状、问题与对策［J］．宏观经济研究，2018（1）：28-41，56.

② 张乃丽，欧家瑜．产业结构、生产率与经济增长“减速”：基于日本都道府县数据的实证分析［J］．山东大学学报（哲学社会科学版），2018（1）：102-110.

③ DALE W J，KAZUYUKI M. Information technology and the Japanese economy［J］．Journal of The Japanese and International Economies，2005，19（4）：460-481.

近几年来逐渐稳步提升，全要素生产率为其经济增长作出了重要贡献。在某种程度上对于其人力资本的存量起到了重要的促进作用，从而对于其企业全要素生产率的改善奠定了基础条件。这都是韩国对人力资本大举促进和提高的政策所带来的。全要素生产率的迅速成长与其不可分离，良好的人力资本也只有通过长久地对教育产业和人才训练的扶助才能实现。①

以 1978—2016 年的数据为例，笔者首先进行不同国家全要素生产率的横向对比，以美国为基准 1，将我国与美日韩等发达国家全要素生产率进行对比分析。如图 3-6 可以看出，中日韩对比美国，都存在显著差距，而我国相对于日本和韩国，也都存在明显差距。可以看出，我国在建设国有企业成长为世界一流企业的道路上，还要认清现实，找准差距，把握关键制约因素，在科技创新上精准发力，实现全要素生产率的大幅提升。

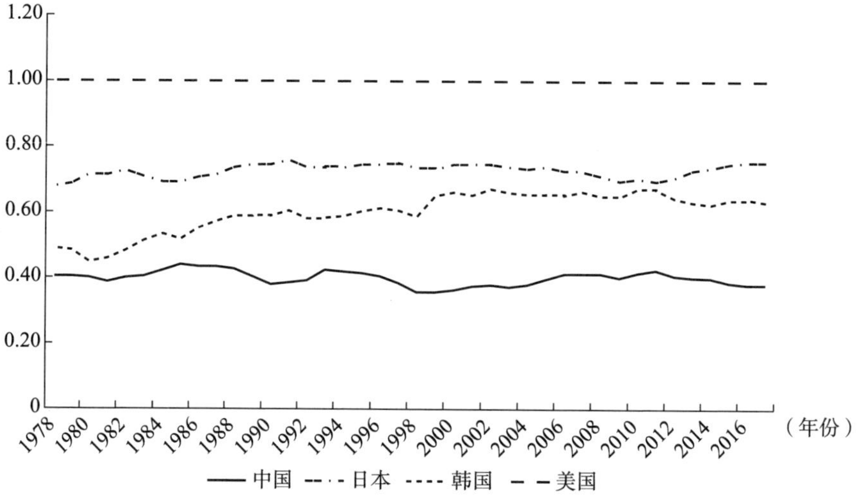

图 3-6　1978—2016 年中日韩美全要素生产率（以美国为基准）

资料来源：格罗宁根成长与发展中心。

将中日韩美等国进行时间纵向对比，如图 3-7 所示，以 2011 年全要素生产率水平为基准 1，对中日韩美 1978—2016 年全要素生产率进行对比分析。通过对比发现，2011 年以前，中国全要素生产率的增长速度是 4 个国家里最

① 田娜，郑明基. 韩国跨越“中等收入陷阱”的考察——基于全要素生产率的角度［J］. 世界经济研究，2013（7）：81-89.

快的，说明改革开放后我国的一系列政策确实起到了实效，促进了全要素生产率的快速增长，而在2011年以后增长速度放缓。由此可见，国有企业的改革，需要为我国全要素生产率的增长持续注入政策动力，保持一定速度的增长，才能实现创建世界一流企业的目标。

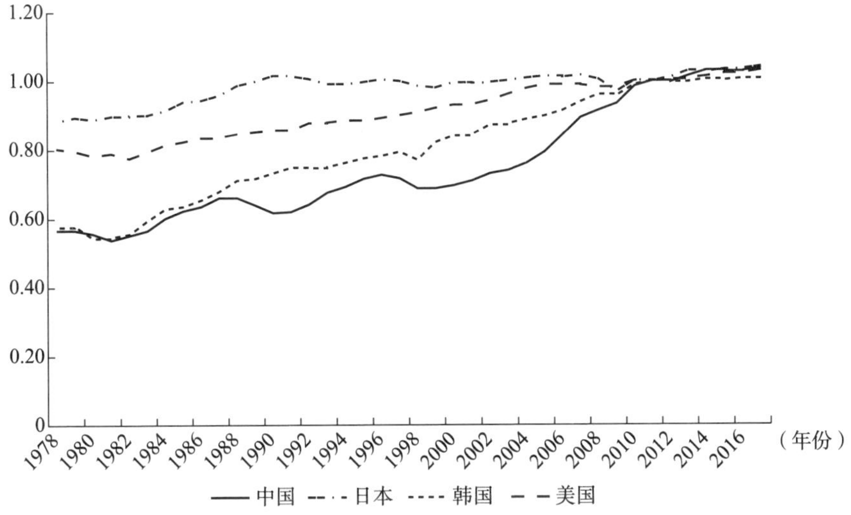

图3-7　1978—2016年中日韩美全要素生产率（以2011年为基准）

资料来源：格罗宁根成长与发展中心。

2. 金砖五国全要素生产率分析

金砖五国（巴西、俄罗斯、印度、中国、南非）的概念最初由美国高盛首席经济学家奥尼尔提出，用来指世界新兴市场，并认为金砖国家将是未来世界新的重大经济体，将影响世界的经济格局。图3-8、图3-9通过对1978—2016年中国全要素生产率水平进行描述，并通过将中国与其余金砖国家的全要素生产率变化水平相比较，可以得出以下推论：

首先，1978—2016年，从中国改革开放开始，制度创新效应与经济体制效应同时呈现，中国全要素生产率改变最大，也表示出在这一时间段中国在经济效率方面有了较大程度的提高。虽然在这一阶段，高投入、高增长的经济增长模式依旧是中国经济采取的措施，但与此同时全要素生产率也得到完善提高，经济增长模式已经从内部开始改变。

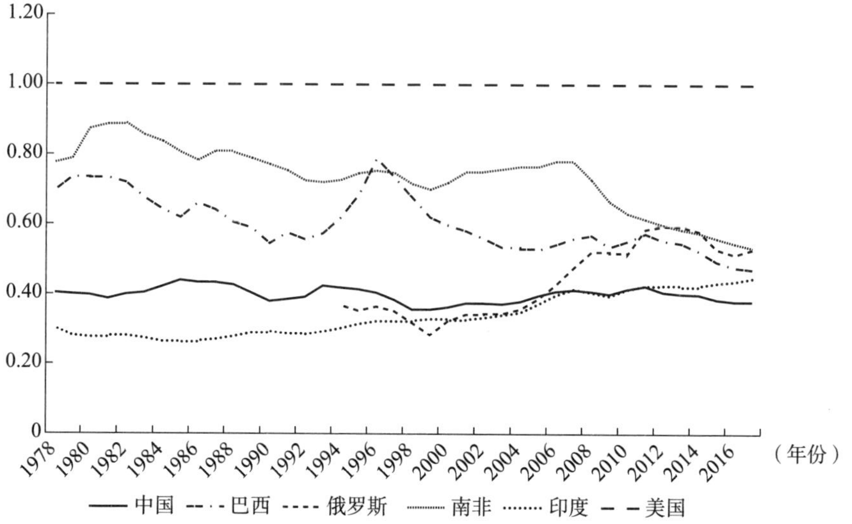

图 3-8　1978—2016 年金砖五国全要素生产率（以美国为基准）

资料来源：格罗宁根成长与发展中心。

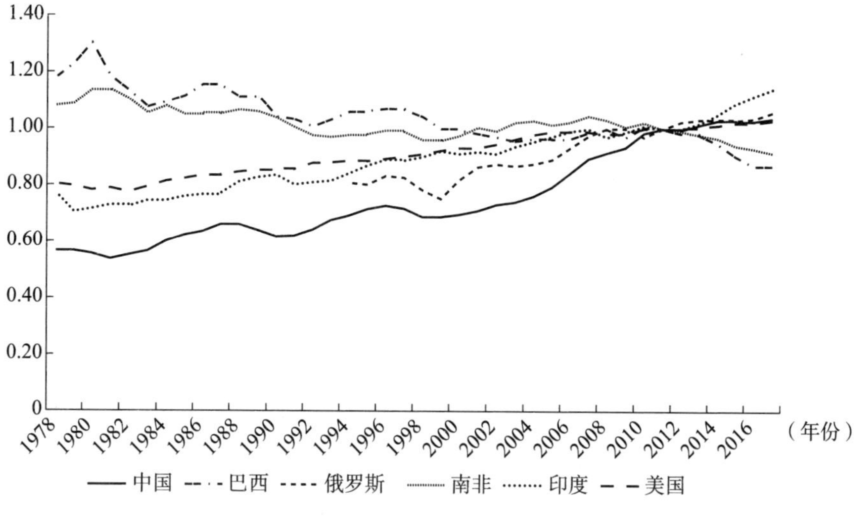

图 3-9　1978—2016 年金砖五国全要素生产率（以 2011 年为基准）

资料来源：格罗宁根成长与发展中心。

其次，2008—2016 年这个时间段，中国的全要素生产率几乎稳定不变。造成这种情况受多方面因素的影响：一是这一时段是发生全球金融危机后的经济恢复阶段，中国的经济也受世界经济的影响，处于复苏阶段；二是中国经济进入了一种新常态，高投入要素带来的经济增长也出现了一些弊端，其中最为显著的表现就是缺乏动力。这些情况加快了调整经济结构的速度并且让人们发现了存在的问题，开始转变经济增长的模式。

与美国相比较，不难看出金砖五国的全要素生产率相对较低，甚至在一段相对较长的时间里，巴西、南非等国的平均变化率出现了负数的情况。这也从侧面反映了金砖五国与世界上发达经济体的全要素生产率还存在较明显的差距。在世界经济的发展下，新兴经济体全要素生产率虽然取得了一定程度的进展，但在未来一段时期仍然面临机遇和挑战并存的外部环境。中国作为金砖五国之一，通过对数据的分析可知其全要素生产率提升速度较为平稳，在五个国家里处于中等水平，特别是在最近 10 年，中国的提升速度相较于印度和俄罗斯等国较为缓慢，值得引起注意。

三、国有企业的公司治理效率评价

（一）公司治理

1. 公司治理的含义

良好的公司治理对全要素生产率和创新效率都具有非常重要的促进作用。公司治理的英文表述是“corporate governance”，其字面意思是公司治理、公司监控、公司管治等。公司治理没有统一的定义，到现在为止都是学术界讨论的焦点。经济合作与发展组织（OECD）在公布的《公司治理结构原则》（1999 年提出，2004 年修改）当中，深入分析各利益相关者对公司治理产生的作用后，认为明确董事会职责，让信息披露的质量以及透明度得到一定的保证，才能相对公平地对待所有股东。2011 年，在亚洲公司治理会议上，OECD 提出应在公司治理的六个领域中强化改革力度，这六个领域分别是提高信息披露质量、改善董事会的运作效率、优化公共机构治理、保障非控股股东的利益、号召股东对公司业务发挥影响、完善公共部门各私营机构的公司治理。吴静（2013）关于我国的公司治理体制评价体系的研究，从福建省公司治理出发，针对董事会、经理层、监事会、公开信息披露、股东结构关联交易、激励约束机制提出了建议。李维安（2004）提出了关于切合中国市场需求的中国特色的公司治理体系制度的六个方面，分别是监事会的治理、信息的披露、利益相关者、股权的结构、董事会的治理、经理层的治理。

现代公司治理的出现是由于公司所有权和经营权的分离，这是关于公司运营过程中每种要素贡献者（或者利益相关者）得到的关于权力、责任、利益与风险彼此匹配的一种安排。这一体系由隐性制度（道德规范、不成文的市场竞争机制等）和显性制度（章程、法典化法律、合同等）组成。随着现代股份公司规模和数量的不断增加，股份公司在世界经济中的地位越来越重要，对公司治理的要求也越来越高。公司治理结构由所有者、董事会和高管组成，这种结构详细划分了三者的责任和权利，并相互依赖和约束。

在契约理论中，公司不是完全契约的组合，公司治理恰好起到补充的作用，从而产生协调和完善公司相关主体利益的效应。公司治理是一种组织制度安排，以期保证公司的管理机构能有条不紊地根据公司战略开展各项业务活动，才能实现以下功能：维护公司声誉、增强公司的向心力、承担与之有关的对个人或单位等发生的责任和义务等。

公司治理之所以诞生，最早是为了对现代公司制企业的经营权和所有权分离导致的各种问题进行协调化解，其中最突出的问题就是代理问题。随着公司治理理论和实践的发展，其在宏观层面也产生了深远的作用。在 20 世纪 90 年代，马克斯威尔传媒集团、信用与国际商业银行等知名企业倒闭，殃及不少上市公司，而上述公司其实都存在严重的公司治理问题，如虚假财务信息等。为了避免问题变得更严重而给社会带来连锁问题，安德里安·卡德伯里爵士（Adrian Cadbury）于 1991 年 5 月成立了专门的公司治理委员会，致力于强化投资者信心，改善公司治理问题。卡德伯里报告（Cadbury Report）提出的相关建议得到了行业的高度认可，是基于美国公司治理和英国经验的总结。报告指出公司的运营状况和管理效果，在很大程度上都会影响到国家经济的平稳顺利运行。在此期间，公司治理丑闻在美国也频频发生，而日本和德国公司的快速发展则对其地位造成了巨大的威胁。学者们通过对比美国、德国和日本的公司治理状况以及经济运行表现，认为日本与德国之所以表现良好，是因为两国公司治理模式的优越性。

1998 年的金融危机和 2008 年的次贷危机，通常都被认为在一定程度上归因于企业治理效果不佳。[1] 无论是不同国家的公司业务绩效差异，还是一个国家内部不同公司的业务绩效差异，都可以被其公司治理能力揭示。可以这样认为，金融危机发生的一个重要原因是公司治理普遍失去了作用。公司部门效率的低下就是公司治理水平不佳的结果，最后企业收益率也受到影响。同时，银行体系在越积越多的不良贷款影响下，也会变得逐渐衰弱，最后无法自救，从而爆发危机。对投资者采取保护，是公司治理的目的。在一个国家金融市场的发展中，公司治理对于其健康发展有着极其重要的意义。投资者清楚地了解自己没有办法得到充分的保护，在这样的金融市场环境中，往往有很高的交易成本，这是投资者保护自己的一种方式。而在公司治理不佳的环境中，低效率配置资源是金融市场当前情况下的反应，这种情况下，GDP增长率的下降迟早会表现出来。

目前，中国正处于迈向高质量发展的阶段，对于我国来说，决策者与公司利益相关者需要重点关注的问题在于改善公司治理问题、使公司治理的效率得到提高、获取经济绩效与竞争力几个方面。

基于以上分析，笔者对公司治理的概念采用李维安等（2019）的归纳，认为公司治理涉及治理结构和治理机制两个层面的问题，其目标是实现公司决策的科学化而非相互制衡。[2]

2. 公司治理的历史进程

我国国有企业诞生和改革的全过程伴随着我国的公司治理发展进程，国有企业的公司治理经历了不同阶段的治理改革，学界不断推进和深化相关公司治理问题的研究，大致可以分为以下五个阶段。

第一阶段开始于计划经济这个特殊的历史时期。中华人民共和国成立后，革命时期建立的“统购统销”制度广泛地使用在经济活动中。起点低、基础差、项目大、资金缺是当时我国企业的基本特征，因此需要政府使用强制性手段和高度集中管控，这种管理模式经过历史证明起到了积极作用。[3] 因此，当时我国经济制度的根本是国有企业制度，这些国营企业的公司治理具有鲜

---

① 鲁桐，党印．金融危机后公司治理研究的最新进展［J］．产经评论，2014，5（1）：136-149.

② 李维安，郝臣，崔光耀，等．公司治理研究40年：脉络与展望［J］．外国经济与管理，2019，41（12）：161-185.

③ 李维安．现代公司治理研究［M］．北京：中国人民大学出版社，2002.

明的共同特征，就是行政治理结构占主导地位，带来的影响就是对企业发展不利。另外，有企业从政府获得过度投资，利用信息不对称使得国有资产存在严重浪费现象。技术优势在这些企业中根本无法自己形成，公司治理能力也难以得到相应的锻炼，现今受到这一时期的影响，我国部分国有企业仍然存在受行政干预影响的情况。①

第二阶段开始于1978年党的十一届三中全会的召开，初步开始探索国有企业改革，重点任务是扩权让利。把企业的自主权扩大，将企业经营的好坏、企业的利益与员工的利益得失直接进行关联、分享，同时市场大环境将从计划经济转为以市场经济导向为主，承包制使得国有企业内部治理结构也过渡为企业经营制。② 宏观环境下同步进行价格机制、流通机制、投融资机制等政策改革，奠定国有企业公司治理改革的基础。这一阶段主要关注解决的是国有企业经理的内部人控制问题，从这一点上看，此阶段人们更多地关注如何缓和股东和经理人在利益上的矛盾冲突。

第三阶段开始于1993年党的十四届三中全会的召开。建立现代企业制度与妥善协调国有经济在国民经济中的地位与作用，这两点是国有企业此阶段治理的改革重点，具体表现为开始逐步推进股份制和公司制试点，混合所有制经济的雏形开始逐渐形成。经济学家吴敬琏（1999）认为，多元化的企业所有权可以通过国有企业进行公司化改造，以及建立公司治理结构的方式来促成。③ 钱颖一的研究从内部人控制切入，认为国有企业公司治理结构改革中，应该发挥银行以及非金融机构等的作用。④ 1997年，国务院发展研究中心《国有经济的战略性改组》课题组在国有企业效率改善的研究中，提出改善国有企业绩效的一个重要前提就是完善公司治理结构，而现实中不能建立起完善的内部治理结构的主要原因，就是国有企业的所有者不明和政企不分。⑤

第四阶段开始于2002年党的十六大的召开。深化国有企业改革已经成为

---

① 陆建新．从委托代理理论和视角看国有企业改革［J］．经济学家．1996（2）：34-45.

② 吴凡，卢阳春．我国国有企业公司治理存在的主要问题与对策［J］．经济体制改革，2010（5）：67-71.

③ 吴敬琏．国有经济的布局调整与国有企业的制度创新［J］．上海管理科学，1999（3）：4-5.

④ 钱颖一．中国经济改革的现代经济学分析［J］．上海管理科学，2002（6）：4-5.

⑤ 吴敬琏，张军扩，吕薇，等．实现国有经济的战略性改组——国有企业改革的一种思路［J］．改革，1997（5）：11-21.

我国的一项重大任务，越来越受到关注。随着资本市场在我国的建立和发展，上市公司的数量也如雨后春笋般逐渐增多，同时公司治理问题日渐突出，破产重组和控制权之争由于公司治理缺失而此起彼伏，引起了学术界对公司治理问题的高度重视。很多学者从多角度先后对国有企业公司治理开展研究，发表了较多公司治理相关学术文章，从此中国公司治理的问题研究开始展示在全世界的视线里。同时，国家先后提出“准确界定不同国有企业职能”“混合所有制经济是实现基本经济制度的重要形式”“国有企业改革进入深水区”“坚定不移深化国有企业改革，着力创新体制机制，加快建立现代企业制度”等一系列重要方针。[①][②] 在这一阶段，学者们充分对公司治理的内部和外部进行了深入研究探讨，并在借鉴国外公司治理机制的基础上对我国改革提出了很好的建议。例如，刘俊海（2014）系统总结归纳了国有企业公司治理改革应把握的六大核心价值观。[③] 孙光焰（2014）[④] 认为对董事和高管的考核，应当组建由国有企业的职工代表大会和监事会共同评价的机构，薪酬的制定应根据最终综合考核结果来定。鲁桐（2014）根据国际趋势全面总结了国有企业改革应抓住的四个方面：一是国有企业与民营企业要在公平前提下开展竞争；二是平衡政府监管与灵活性的关系；三是重视对中小股东的利益保护；四是着力进行公司治理对企业绩效的创造和促进机制研究。[⑤]

第五阶段以混合所有制改革为主要特征。关于公司治理的研究多集中于企业创新能力和成长能力两方面。张根林和段恬（2020）通过使用模型与Heckman分析法，得出对于民营企业而言，参与国有企业混改后其创新能力下降的结论。[⑥] 但对于国有企业而言，混改对其创新力的影响往往是积极正向的。王欣和黄速建（2021）在最新的研究中提出，改革和创新二者之间互相成

---

① 顾钰民．混合所有制经济是基本经济制度的重要实现形式［J］．毛泽东邓小平理论研究，2014（1）：35-39，92.

② 郭斌．国有企业产权制度改革的新视角［J］．特区经济，2004（10）：83-84.

③ 刘俊海．全面推进国有企业公司治理体系和治理能力现代化的思考与建议［J］．法学论坛，2014，29（2）：46-57.

④ 孙光焰．国企董事薪酬激励控制权的公司治理配置进路［J］．中南民族大学学报（人文社会科学版），2014，34（4）：120-124.

⑤ 鲁桐．国际公司治理发展趋势［J］．中国金融，2014（6）：58-60.

⑥ 张根林，段恬．国有资本、融资约束与民营企业技术创新——基于混合所有制改革背景［J］．会计之友，2020（2）：146-152.

就，是国有企业高质量发展的基本条件。[①] 杨运杰、毛宁和尹志锋（2018）通过分析1998—2007年工业企业数据，发现混合所有制改革通过提高公司治理水平，促进了国有企业的创新能力，影响方式主要有政府补贴和降低管理成本，这种影响在大型国有企业中的表现尤为突出。[②] 魏锋和梁洪壮（2012）通过实证分析，得出EVA可以用来衡量企业成长能力，实证显示它与企业成长指标的均值正相关。[③] 还有学者研究发现，公司成长性越高，其会计稳健性越差，但高质量的审计监督可起到很好的抑制作用。这恰好与公司治理的目标不谋而合。

3. 公司治理现状

（1）股权结构的变化。

国有企业混合所有制改革首先会对公司股权造成冲击，这对于混合所有制改革的进程来讲也是关键一步。尽管出于维护国家和人民权益的目的，国家对某些行业企业股权采取战略垄断的模式，但仍值得继续重视，这些企业在应对市场环境变化过程中的行动远小于意愿，导致企业在形成灵活经营机制的过程中困难加重。由于公有制经济的特殊性，造成国有企业所有者缺位的情况时有发生，个人或群体并未掌握企业的所有权，导致企业经营者与所有者之间产生更为严重的信息偏差，因此还需要关注委托代理问题。此外，企业的绝对控制权往往由国有企业的第一大股东掌握，他们比较倾向于利用职权来任命企业的监事会和董事会成员，造成了董事会和监事会的职能弱化，从而在一定程度上影响了企业的经营管理，这些问题都使公司股权结构的改善在混合所有制改革中显得越来越重要。由于公司外部战略投资者的参与会造成企业股权结构的分散，从而降低公司第一大股东持股比例，对于企业的股权集中度的改善起到积极作用，同时使得产权更加清晰，进一步起到制衡股东之间关系的作用。另外，从自身利益出发，在企业的日常经营决策过程中，新的股东一般都会积极参与其中，提出符合自身利益的建议和决策，逐

---

① 王欣，黄速建．公平竞争：深化国有企业改革的关键变量［J］．中国经济评论，2021（4）：53-57.

② 杨运杰，毛宁，尹志锋．我国国有企业创新偏好研究——基于2014年企业创新调查数据的分析［J］．商学研究，2018，25（2）：26-35.

③ 魏锋，梁洪壮．成长能力与绩效关系实证研究——以首批11家创业板上市公司为例［J］．中国证券期货，2012（2）：7-8.

渐缓解了所有者缺位的问题，也在一定程度上削弱了原控股股东的绝对话语权，有利于完善企业公司治理。此外，如果行业头部企业能被企业引进作为战略投资者，国有企业就更容易获得新股东的成功经验，对于企业的经营管理有利，从而实现在混改政策下突飞猛进的发展。在引入非国有资本后，在公司治理机制的推动下，国有企业可以更顺畅地加快市场化步伐，更快捷地建立起现代企业制度，转换经营机制，从而为国有企业公司治理效率改善注入源源不断的活力，同时原有国有股东可以继续为企业提供相关政策扶持，二者充分发挥自身优势，进而实现高质量发展。①

李文兴和汤一用（2021）提出在上市公司股权结构和企业业绩两者间存在着一种“U形”联系，同时在改进国有企业的股权结构时需要将市场结构、生产特征、产业属性等因素综合考虑，这是因为若想完全发挥各个资本的优势，则要使股权结构的设置更加科学化、合理化，并且在不同的行业之间也存在着显著的不同。② 白重恩等（2005）基于对我国各个上市企业的公司治理结构的实证研究，发现通过混合所有制改革可以形成合理的股权结构，进而实现股东之间的制衡，同时也会相应提高企业的公司治理水平。③ 张文魁（2017）则认为，股权结构作为公司治理的基石，在企业混合所有制改革中，股权结构变动是十分重要的一步，对于想要形成健全的公司治理机制和治理结构的企业来说，设置科学合理的股权结构比例将大有裨益。④ 佟健和宋小宁（2016）经过实证分析发现，为促进解决企业公司治理问题可以通过混改从而改变企业的所有权结构，另外，增资扩股可以引入非国有资本，进而使企业的股权结构出现一种多元化的形式，使其在股权结构分散之后变得更合理，增资扩股也是在国有企业改革中经常使用的一种手段。⑤

---

① 綦好东，郭骏超，朱炜．国有企业混合所有制改革：动力、阻力与实现路径［J］．管理世界，2017（10）：8-19.

② 李文兴，汤一用．分类改革视角下的国有企业股权比例优化研究——基于分行业的面板门限回归分析［J］．山东社会科学，2021（6）：144-151.

③ 白重恩，刘俏，陆洲，等．中国上市公司治理结构的实证研究［J］．经济研究，2005（2）：81-91.

④ 张文魁．混合所有制的股权结构与公司治理［J］．新视野，2017（4）：11-19.

⑤ 佟健，宋小宁．混合所有制改革与国有企业治理［J］．广东财经大学学报，2016，31（1）：45-51.

（2）公司治理结构的变化。

混改实施后，企业的股权结构发生了变化，同时公司控制权也发生了变化，由于新股东在企业的董事会和监事会任命了董事和监事，影响了公司的治理结构，完善的治理结构可以使治理机制更加健全。将治理机制和股权结构关联起来是治理结构最主要的一个作用。“三会一层”是以董事会、监事会、股东会和经理层为主体，实现公司正常经营的一个核心制度，提升公司治理效率的关键就在于能否有效发挥其作用。另外，不完善的治理结构也是企业治理机制不够健全的原因之一。通过实施国有企业股权结构多元化，明确企业产权，股东任命董事、监事进入企业，使董事会和监事会能够有效发挥其职能，让公司的治理结构得以有效完善，构成一种由股东任命董事、董事任命经理层的模式，即“委托代理结构”，并对经理层和董事会成员的权利和义务重新定义标准，采取职业经理人选拔制度，在各种权利主体之间形成制衡等，以确保“三会一层”相互独立，这是混改的重中之重。

林艳等（2021）通过研究发现了外部投资者无法实际影响企业的绩效，他们仅是持有国有企业的股票，但是，如果在企业的高层治理和完善企业治理结构这两个重要方面外部投资者也能参与其中，则能在极大程度上促使国有企业的混改绩效得到提高。① 杨红英等（2015）提出，国有企业混改不在于单纯引入非国有资本，其重点在以此为基础的情况下完善公司的内部治理，使“三会一层”这种治理结构得以相互独立，分散不同主体间的权力，从而达到有效的制衡。Fama 和 Jensen（1983）② 的观点是公司治理的关键在于董事会治理，董事会是一个公司重要的决策部门，其合理的架构与股东的利益密切相关，一个合理的董事会结构在企业做出决策方面如能做到更加科学，将引导企业走向正确的方向并蓬勃发展。Brick 等（2010）提出，在董事会会议过程中，公司董事对于沟通和协调的积极性，有助于让他们进一步了解企业当前的实际情况并做出正确的决策，另外，增加董事会召开会议的次数对

---

① 林艳，李梦媛，李炜．战略投资者及其控制权配置与国企混改绩效——基于股权结构和治理结构双视角［J］．财会通讯，2021（21）：65-69.

② FAMA E F，JENSEN M C. Separation of ownership and control［J］. Journal of Law & Economics，1983（26）：301-325.

于企业经营效率的提高也有显著的效果。[①] 叶蓓（2017）认为董事会的成员在职业和特长方面的差异，能够促进企业在发展过程中呈现多元化倾向，并对企业的价值促成产生积极作用。[②] 李锡元、徐闯（2015）通过深入分析职业经理人与公司治理两者间所存在的联系，提出在混合所有制改革实施之前，国有企业还存在着一系列的问题，如不健全的法律管理体系、过度的政府干预、不完善的公司治理架构等，这些问题直接导致了国有企业缺乏职业经理人机制。[③] 在实施混改之后，企业管理更趋于市场化，更多国有企业逐渐采用职业经理人聘用制度，由专业人员负责企业的经营管理，从而提高工作效率。Hermalin 和 Weisbach（1998）提出，当 CEO 的职权扩大时，董事会的办公效率会降低，董事会所具备的监督功能也会随之削弱。[④] 盛毅（2020）认为使国有资产的运行效率及合理配置能力得到提升，是国有企业混合所有制改革最主要的目标，通过提升企业的控制力度、抗压能力和影响力，能够促使企业目前的治理结构更加健全。[⑤] 另外，他还认为本次混合所有制改革的重点，是高效整理合并非国有资本，从而使国有资本的功能放大。

（3）公司治理机制的变化。

在国有企业混合所有制改革的过程中，有一个关键的目标是使公司的治理机制实现现代化。在过去公司经营的过程中，不健全的国有企业治理机制导致企业内部治理机制效率较低，因为无效的监督机制和决策机制很难使企业做出正确的决策，这种情况下就会影响企业的健康发展。缺乏有效的激励机制也会对企业产生负面影响，出现人才严重流失的情况，不利于企业吸引优质人才。企业混合所有制改革后，吸引战略投资者加入，在战略投资者入驻监事会董事会后可以提供更好的环境，使公司治理机制更加健全。为了避免由于“一股独大”所引起的公司治理机制不健全的问题，各个股东在基于自己利益的考量下会维护自身的话语权，在不同背景的股东之间形成制衡，

---

① BRICK I E, CHIDAMBRAN N K. Board meetings, committee structure, and firm value [J]. Journal of Corporate Finance, 2010, 16 (4): 533-553.

② 叶蓓．董事会异质性、多元化战略与企业价值［J］．华东经济管理，2017，31（3）：146-153.

③ 李锡元，徐闯．国企实施职业经理人制度的本质、核心和路径［J］．江汉论坛，2015（2）：11-15.

④ HERMALIN B E, WEISBACH M S. Endogenously Chosen Boards and Their Monitoring of the CEO [J]. American Economic Review, 1998, 88 (1): 96-118.

⑤ 盛毅．新一轮国有企业混合所有制改革的内涵与特定任务［J］．改革，2020（2）：125-137.

由于董事会成员之间具有更强的独立性，在这种情况下，战略投资者为了追求更大的利益，会促使董事会在决策企业重大事项的时候，将股东财富最大化放在首位。从影响公司的监督机制方面来看，外部投资者的参与使公司权力配置发生了变化，使外部监督更为有效，并帮助董事会提高了独立性。通过混合所有制改革，企业的激励机制发生了变化，主要体现在更符合市场化程序的高管委派方式。为了激励高管使其工作更加积极，企业将采取一系列的措施，如将高管薪酬和公司的绩效密切联系等。同时，为了提升公司的核心竞争力，企业在优秀人才的招聘以及激励方面将更加重视。

张慧敏等（2021）提出，通过优化非国有股东对企业的激励机制、监督机制和内部控制，无论是引入非国有股东还是外部股东加入公司的董事会，两者都会对企业资本结构的加速调节起到促进作用。[①] 沈红波等（2019）通过深入研究云南白药，发现治理机制通过混合所有制改革更加倾向于市场化，可以提高公司管理和运营效率，同时明显降低管理费用率，使现金流显著好转。[②] 蔡贵龙等（2018）认为，当外部非国有股东通过任命董事和高级管理人员，使其进入国有企业并参与国有企业的治理之后，会让管理层对其薪酬业绩更加敏感，从而显著抑制管理层的在职消费和超额薪酬。[③] 当企业的部分管理权限被非国有股东取得后，能够使国有企业对管理层在激励和监督方面的不足进行有效弥补（Megginson 和 Netter，2001；Gupta，2005），从而降低其机会主义的倾向，进而有效减少道德风险行为。马连福等（2015）发现国有企业在混合所有制改革后，效率提升的关键在于明确产权，以及对经理层的激励机制完善的结果。[④] 健全的高管薪酬激励制度能够促成经理层和股东的目标一致性，使经理层在努力使个人薪酬达到最大化的时候，也使企业的自身价值达到最大化（Jensen 和 Murphy，1990）。[⑤]

---

① 张慧敏，孙浩然，李琼．非国有股东治理与国有企业资本结构调整速度［J］．华东经济管理，2021，35（7）：97-107.

② 沈红波，张金清，张广婷．国有企业混合所有制改革中的控制权安排——基于云南白药混改的案例研究［J］．管理世界，2019，35（10）：206-217.

③ 蔡贵龙，柳建华，马新啸．非国有股东治理与国企高管薪酬激励［J］．管理世界，2018，34（5）：137-149.

④ 马连福，王丽丽，张琦．混合所有制的优序选择：市场的逻辑［J］．中国工业经济，2015（7）：5-20.

⑤ JENSEN M C，MURPHY K J. Performance pay and top-management incentives［J］. Journal of Political Economy，1990，98（2）：225-264.

（二）公司治理效率

1. 公司治理效率的含义

“企业的各种公司治理机制一同作用在企业的内部和外部的不同结构时所表现出的效用能力。它与企业的创造价值能力及未来发展能力都一同称作企业的核心能力。”这些是学术界广泛认同的公司治理效率观点，本书也认可这一论断。学术界最初对于公司治理效率的研究评价从两个维度，即“优”“劣”来具体地进行，并且分析其带给公司各大股东的影响。Shleifer、Vinshny（1997）提出，当企业的股东收益保持连续稳定的状态时，该企业的公司治理效率就被评估为“优”。William 等（2001）认为，良好的公司治理效率可以在很大程度上激励管理层，故而管理层更好地保障企业股东的利益。①

对于公司治理效率可以从两个角度加以分析：一个是治理机制的组合状况；另一个是治理收益与治理成本的比较。

王化成和胡国柳（2004）认为创建公司治理机制的本质目的，是通过夯实公司治理机制使得公司治理可以顺畅进行，从而带来公司治理效率的改善。② 不同治理机制互相结合、共同产生作用的结果就是从治理机制的组合与配置的角度上来看的公司治理机制。从现行法律、经济和市场环境来看，评估公司治理效率的关键是各类治理机制是不是已达成合理组合。假若以追求股东利益最大化（治理目标）作为一种效用目标，各种具体治理机制的函数则可以被用来体现公司治理体系的效用。但是，并非体系中各种治理机制简单地相加就可以体现公司治理体系的效用。因为在不一样的法律、经济及市场环境下，各种治理机制要素产生的作用以及贡献度是不同的，并且，在一些治理机制中还存在着冲突。所以，并非包含的治理机制越多，该公司的治理体系就越好。公司治理机制可用经济学中体现资源配置效率的概念“帕累托最优”来进行衡量，即在公司治理体系之中，可以改变各种治理机制要素组合，让某个利益相关主体的效用水平得以提高，并且又保证不会降低其他

① WILLIAM L M，JEFFRY M N. From state to market：A survey of empirical studies on privatization [J]. Journal of Economic Literature，2001（39）：321-389.

② 王化成，胡国柳 . 股权结构在公司治理中的作用及效率——文献回顾及基于中国上市公司的未来研究方向 [J]. 湖南大学学报（社会科学版），2004（3）：42-47.

的利益相关者主体效用水平。

相比之下，即使是治理系统的建设，其运行也是要付出成本的，当然，利润也是必须考虑的（例如，通过降低企业的代理成本，增加企业的价值等），这就是治理收益的含义。治理成本是公司治理体系下产生的一系列相关成本，如治理体系的代理成本、激励成本、决策成本、维护成本等，也常指公司治理活动的一切成本。所谓代理成本，就是委托代理关系中与委托人的监督支出、代理人的担保支出以及剩余损失相关的全部损失。剩余损失是由于代理的决策和客户的效用最大化目标之间的差异而导致的效用水平的下降。激励成本指代理人从客户处获得的货币报酬和非货币报酬的总和，包括薪酬、奖金和其他福利。决策成本指会议讨论和董事会议价的成本。维护治理系统的成本是维护公司治理所需的成本。当从成本与回报的角度考虑最优公司治理时，最佳的治理是用最小的治理成本实现的。在衡量公司治理效率时，可以看出效率越高，则治理成本与治理收益之比越低，反之则代表公司治理效率欠佳。国内学者研究公司治理效率热衷于从治理成本的角度来进行。根据吉林大学国有经济研究中心的学者宋冬林、徐怀礼（2002）研究描述，实现有效治理才是公司治理的最终目的。①公司治理效率包括公司应对市场环境变化的决策速度，以及公司治理结构应对市场环境变化的有效性。刘汉民（2002）建议，将治理成本纳入公司治理效率的研究范围，这是因为股东利益最大化也包含在治理效率的目标中。②桑士俊（2007）③发现，通过制度和资源配置实现生产价值最大化和治理成本最小化是可行的。同时，文章指出治理成本包括风险负担成本、代理成本、政府过度监管导致的公司外部治理环境的政治成本，以及市场竞争导致的市场成本等。

郑红亮和王凤彬（2000）认为，通过设置一系列行之有效的制度安排，在最大限度下降低公司的代理成本，改善公司股东有效制约与监管管理层的

---

① 宋冬林，徐怀礼．治理效率：一个深化公司治理的新视角［A］//吉林大学中国国有经济研究中心．国有经济论丛2002——“加入WTO后国有企业改革与发展国际学术研讨会”论文集［C］．吉林：吉林大学中国国有经济研究中心，2002：144-153.

② 刘汉民．所有制、制度环境与公司治理效率［J］．经济研究，2002（6）：63-68+95.

③ 桑士俊，吴德胜，吕斐适．公司治理机制与公司治理效率——基于公司治理成本的分析［J］．会计研究，2007（6）：83-85，96.

行为状况，这样即为有效率的公司治理。① 刘汉民和康丽群（2013）提出，有效率的公司治理不应该只是包含实现股东最大化价值目标的程度，还应该把治理的成本考虑进去。② 严若森和吏林山（2019）指出，有效率的公司治理更主要体现在：身处一定的制度之下，治理机制可以在什么程度下使得各种利益主体的治理成本有所降低，以便让这些主体在企业运营中获得自己应得的报酬，可知治理效率的本源就是治理成本。③ 以上观点都认为，一系列卓有成效的公司治理制度可以使得特定的主体收益最大化，并带来治理成本的最小化。因此，桑士俊等（2007）发现了一个对偶问题，即存在最小化公司的治理成本和最大化公司的价值，所以，不管从成本、收益抑或是价值角度出发，都可以把治理机制和公司绩效间的关系看成公司的治理效率。④

在经济学中，效率通常指能够带来最大限度满意度的经济资源的使用。若是将公司治理看作是各种制度或者是契约的集合，那么很明显的是，尽可能地使公司的人力资本、物质资源以及无形资产得到满足，这是一个更高效公司治理的最基本条件，换句话说，高效的公司治理更有能力使公司的一系列制度运作良好。郑红亮与王凤彬（2000）的理论成果认为，在国内的研究理论中，管理公司如何通过股东监督的机制，从而使公司运行过程产生的代理成本最小，是公司治理有效性的关键。⑤ 谢获宝和惠丽丽（2017）认为，有效的公司治理的关键是治理成本，但要使每个治理主体获得相应的报酬。⑥ 据此也可以看出，在评价公司治理效率中，研究治理成本是一个极其重要的问题。然而，由于治理成本的指标选择和数据计量存在一定困难，徐一丁和杜子芳（2012）提出，可以从公司价值或经营绩效的角度，以治理成本

① 郑红亮，王凤彬．中国公司治理结构改革研究：一个理论综述［J］．管理世界，2000（3）：119-125.

② 刘汉民，康丽群．公司治理的路径演化和路径选择［J］．中国工业经济，2013（12）：78-90.

③ 严若森，吏林山．党组织参与公司治理对国企高管隐性腐败的影响［J］．南开学报（哲学社会科学版），2019（1）：176-190.

④ 桑士俊，吴德胜，吕斐适．公司治理机制与公司治理效率——基于公司治理成本的分析［J］．会计研究，2007（6）：83-85+96.

⑤ 郑红亮，王凤彬．中国公司治理结构改革研究：一个理论综述［J］．管理世界，2000（3）：119-125.

⑥ 谢获宝，惠丽丽．成本粘性、公司治理与高管薪酬业绩敏感性——基于企业风险视角的经验证据［J］．管理评论，2017，29（3）：110-125.

为基础，以经营绩效或是公司价值这样一组双重问题，进而评估公司治理的效率。①

如上所述，可以看出公司绩效状况确实与公司治理效率之间存在某种程度的关联，但必须指明，绩效侧重说明企业在一个有限的经营期间，其经营状况、经营业绩及资本运营的效益状况，包含着十分广泛的内容。而公司治理效率则是一种度量公司治理结构或公司治理机制有效性的指标，在一个固定期内，用以量化企业的各个利益相关者的获益以及成本付出的关联情况，该指标更为侧重说明企业发挥治理功效的程度或实现治理目标的情况。目前，对于公司治理的功效问题或目标导向的相关内涵的梳理还存在一些困难，还涉及公司治理的受益者确定问题，应以股东利益优先还是以利益相关者优先需要进一步探讨。以股东利益至上看来，有效的治理机制可以降低阻碍股东利益的各种代理成本，并保证最大化的股东价值；而以利益相关者至上看来，对各个利益相关者做出相关制度的安排是设计治理结构或者治理机制的重要原则，这样一来便可寻求不同利益集团间的利益均衡。

2. 公司治理效率的评价原则

对于如何度量公司治理效率，学者的观点并不统一。刘汉民（2002）、严若森（2005）提出一个观点，他们认为公司治理效率的度量可以采用使治理成本达到最小的方式，也可以采用治理主体收益实现最大化的形式。②③ 王化成等（2008）提出三种度量公司治理效率的指标类别，即价值类、平衡类和利润类，其中最佳指标当属经济增加值，将其归属于价值类指标。④ 除此之外，有的学者如范林榜等（2008）通过使用数据包络分析法（DEA）衡量公司治理效率，通过把我国上市电力公司的独立董事比例、第一大股东持股与董事会规模三个变量作为投入部分，把托宾 Q 值和净资产收益率两个变量作

① 徐一丁，杜子芳. 公司治理结构对经营绩效的影响研究——基于分层线性模型的实证分析［J］. 现代管理科学，2012（12）：7-9+17.

② 刘汉民. 所有制、制度环境与公司治理效率［J］. 经济研究，2002（6）：63-68，95.

③ 严若森. 中国国有企业治理模式的选择与构建——基本原则与战略重点［J］. 财经问题研究，2005（9）：62-66.

④ 王化成，黄磊，杨景岩. 公司治理效率及其评价研究［J］. 中国人民大学学报，2008（4）：105-110.

为产出部分，来研究公司治理效率。[①] 刘文虎（2012）通过模型实证了上市公司的治理效率，并且评价了其差异，在计算过程中，他从代理成本的角度出发选取投入指标，将每股营业收入、总资产周转率等看作产出指标以此得出结果。[②] 同样，雷辉和龙辉（2016）采用 DEA 法，从投入产出的角度，进一步分析了影响国有企业和非国有企业的主要因素。[③] 郑明贵和曾健林（2020）研究了我国私营矿业企业，采用 DEA 评价模型和门槛模型对股权集中度作用于企业治理效率的效应进行研究。[④] 宋玉臣和李连伟（2017）、黄文青（2017）及张耀辉和尹一军（2020）认为利润类评价法能够更好地反映公司治理效率的结果，故把总资产收益率（ROA）或主营业务利润率作为公司治理效率的衡量指标。[⑤⑥⑦]

考虑到不同国家经济发展进程和市场经济环境存在差异，处于不同国家的企业在公司治理的过程中也会存在不同的问题。以下就经济合作与发展组织（简称“经合组织”）发布的与公司治理相关的原则、世界银行发布的公司治理框架以及中国上市公司的治理准则进行介绍。

（1）经合组织公司治理原则。

自 1997 年亚洲金融危机爆发以来，世界各国纷纷加强了对公司治理的关注程度，经合组织在 1999 年邀请各成员组成了特别小组，其成员包括：成员方政府、国际货币基金组织、各国证监会以及各国有关专家代表。特别小组组成的最终目的就是希望规范各成员方公司的治理，同时增强各国的投资者

---

① 范林榜，梁栋桢，聂锐．DEA 在电力业上市公司绩效分析中的应用［J］．企业经济，2008（2）：102-104.

② 刘文虎．基于数据包络分析法的公司治理及其效率评价研究［J］．证券市场导报，2012（11）：62-67.

③ 雷辉，龙辉．我国上市公司治理效率——基于 DEA 方法［J］．系统工程，2016，34（11）：17-23.

④ 郑明贵，曾健林．股权集中度与中国私营矿业公司治理效率［J］．黄金科学技术，2020，28（3）：380-390.

⑤ 宋玉臣，李连伟．股权激励对上市公司治理效率的影响测度［J］．山西财经大学学报，2017，39（3）：85-96.

⑥ 黄文青．境外股东异质性、企业性质与公司治理效率——基于中国上市公司的实证检验［J］．财经理论与实践，2017，38（1）：74-79.

⑦ 张耀辉，尹一军．企业内、外部能力平衡与公司治理效率研究［J］．暨南学报（哲学社会科学版），2020，42（1）：1-18.

对市场的信心。会谈确立了一套公司治理原则，这套公司治理原则不仅得到世界各国的广泛认可，同时也成为世界各地衡量一家公司治理是否合理的基础。经合组织主要从五个角度来说明公司治理原则：公司中的信息披露情况和信息的透明度如何；在公司治理中利益相关者是否发挥其作用；股东的权利是否得到有效保障；不同阶段的股东在各个方面是否享有平等待遇；董事会所负有的责任。据此，宁向东（2006）认为虽然该原则不具备法律效力，但不可否认的是，经合组织公司治理原则有优越性，表现在两个方面：一是引导各国上市公司、投资机构和证券交易所的自身行为，使其自身行为变得规范；二是在各个国家制定相关公司治理法和规章方面，为其提供了坚实的基础。①

（2）世界银行公司治理框架。

1999 年世界银行提出了一套新的公司治理架构，认为公司治理应该从公共政策和公司两个角度来考虑，这种说法也有另一种表述方式：外部治理机制和内部治理机制。世界银行提出：内部治理机制的关键是企业的董事会，董事会如果能高效运行，就可以尽可能做到利益相关者、管理层以及股东三者之间关系的平衡，对于公司的持续发展大有裨益。另外，世界银行认为股权分散程度也是影响公司治理的重要因素，对于股权分散的公司而言，可以通过充分发挥外部股东的监管作用来体现公司的治理机制，而对于股权集中的公司来说，在建立公司治理机制时，应考虑对中小股东权益的保护。为了实现公司治理的目的，内部治理机制和外部治理机制需结合起来使用，在这中间，外部治理机制对于建立规范的市场机制更看重，该机制包含保障利益相关者的权益、确定经理人合理范围内的薪酬以及所在的国家是否存在健全的法律制度。迄今为止，在各方面研究公司治理问题中，世界银行提出的公司治理框架都是作为一项重要的参考而存在。

（3）中国上市公司治理准则。

2002 年，中国证券监督管理委员会（CSRC）参考国际权威公司治理标准和中国相关法律法规，发布了《上市公司治理准则》。其目的是进一步提升我国上市公司的质量，使证券市场的行为规范，同时在投资者合法权益方面加

---

① 宁向东．上市公司治理现状［J］．IT 经理世界，2006（17）：120.

以保护。《上市公司治理准则》的颁布，为我国上市公司治理效率的完善和提高指明了方向，为公司治理结构的改善也提供了方法指导。施东晖和司徒大年（2004）对公司治理从六个方面提出了明确的标准：一是认为所有股东都具有平等的权益，应着力保护全部股东的合法权益；二是认为公司所有董事的勤勉和诚信义务意识应该增强；三是认为监事会的监管角色应充分发挥作用；四是提出建立并完善奖励约束机制和绩效评价；五是指出应采取措施有效保障利益相关者的正当权利；六是给出了进一步完善公司信息披露以及增强公司透明度的建议。① 在我国，行政权力往往成为公司治理准则的基础，虽然并不像法律法规那样具有强制性，但确实已经产生了一定程度的约束力。此外，考虑到中国资本结构的特点，该标准希望规范控股股东的行为，以保护中小股东和利益相关者的权益。这种思想与国外的公司治理原则出发点存在差异，国外公司治理原则只能起到指导作用，并不是建立在约束的前提下。

结合以上 3 种公司治理原则，总体来讲公司治理效率评价应遵循以下 2 个原则。

（1）客观性原则。

此原则着重说明公司治理效率评价能在多大程度上反映出上市公司真正的治理能力。在评价公司治理效率时，只有在秉持客观公正的前提下，才能使评价主体做出正确决策。因此，在进行评价工作时，应以中立的态度着手，保持客观性和公正性。在选取评价指标的时候，需要尽可能地以资料的客观和信息的准确为标准，还要考虑体现人为主观决策的相关指标。为了看它是否对公司治理有显著效应，可以不考虑那些影响较弱的要素，从而减少主观人为因素对评价结果的影响，使评价能够最大限度辩证地刻画公司治理的作用。

（2）可行性原则。

为了使公司治理评价结果能够广泛应用，首先应做到评价结果的通俗易懂，另外，为能够顺利完成上市公司治理效率的评价，必须确保评价方法可行性，然后就是研究对象的可比性。因为许多评价方法选择某些特定维度的

---

① 施东晖，司徒大年．中国上市公司治理水平及对绩效影响的经验研究［J］．世界经济，2004（5）：69-79.

指标组合，或者设计相关维度下的子指标组合，在挑选二级子指标时应挑选更有代表性和更具概况性的指标，尽可能删除不重要和量化存在难度的指标。

通过对不同企业的比较才能发现其短板，之所以对公司治理效率进行评价，最重要的原因在于发现公司治理过程中存在的不足，以便进行精准的调整改进，从而强化公司自身的治理能力，同时营造一个优良的市场氛围。因此，公司治理效率评价要能实现使不同主体的评分结果具有相比性，以及使同一主体不同时期的公司治理情况具有相比性。随着我国改革开放的不断深化和加快，我国国有企业也应追随国际化的趋势。在以国际化趋势对我国公司治理效率评价进行规范化的同时，要尽量参考借鉴国际化的共同标准，应该充分考虑计算公式、指标名称和测量范围等要素，这些都将有利于审视中国企业与一些国外先进企业的不足，从而分析差距、取长补短，为国有企业打造成为世界一流企业助力。

3. 公司治理效率的评价指标

公司治理效率的评价指标多种多样，主流的指标体系有财务与非财务指标体系、经济增加值体系和平衡计分卡等。每一种方法都只是基于某位学者的研究而得出的一种思想的表达或是一个衡量框架的构想，如平衡计分卡。没有一个指标体系可以精准无误用于所有情形，因此需要根据具体的情景来选择并加以完善。

（1）财务评价指标体系。

Carroll（1979）提出联合治理模型，认为凡是公司的利益相关者，都可以站在自己的角度，选取合适的指标对公司经营绩效进行评价，这样可以更加有效地对公司绩效进行反馈。① 以下对最常见的财务指标进行简要介绍。

①盈利指标。

盈利能力是所有公司发展甚至生存的基础，是用来评价公司绩效的重要指标之一。一个企业是否能够为利益相关者带来利润，企业是否能保持长久的发展，可以通过该指标来很好说明。盈利指标主要包括：销售净利润率、总资

---

① CARROLL A B. A Three-dimensional Conceptual Model of Corporate Social. Performance [J]. Academy of Management Review, 1979, 4 (4): 497-505.

产报酬率、净资产收益率、每股收益和每股经营净现金流量等（见表 3-15）。

表 3-15 盈利指标

指标名称	说明
销售净利润率	企业盈利能力越强和企业主营业务带来的净利润越多，则该指标值越大
总资产报酬率	公司的发展能力以及竞争实力
净资产收益率	公司盈利能力
每股收益	公司分配股利的能力
每股经营净现金流量	公司资本费用的耗用带来利润的能力

②债务指标。

债务指标主要包括资产负债表、负债现金流量比率、超速动比率及现金支付保障率等（见表 3-16）。

表 3-16 债务指标

指标名称	说明
资产负债率	负债的比例低，偿债的安全性高
负债现金流量比率	公司偿还流动负债的实际能力
超速动比率	公司短期偿债能力的程度和公司变现能力的强弱
现金支付保障率	公司实际可动用现金资源在特殊期间可以满足当期现金支付的水平

③资产管理指标。

资产管理指标包括总资产周转率、存货周转率及应收账款周转率等（见表 3-17）。

表 3-17 资产管理指标

指标名称	说明
总资产周转率	公司的销售能力越好，周转速度越快
存货周转率	存货周转得越快，那么存货转化为现金或者应收款的速度越快
应收账款周转率	应收账款周转率越高，表示应收账款回收速度越快

④成长指标。

从资产的总规模来看，衡量公司成长速度的重要依据是公司资产总量，公司产品市场规模的占有可以用主营业务收入来反映。公司的成长性需要足够重视并重点支持，而净利润增长率可以衡量公司的发展状况，另外该指标也是考察公司成长性非常重要的一个指标（见表3-18）。

表3-18 成长指标

指标名称	说明
总资产增长率	企业规模的发展速度
主营业务收入增长率	评价企业主营业务的发展情况
净利润增长率	企业的发展能力

⑤股本扩张能力指标。

股本扩张能力指标用来说明上市企业绩效增长水平（见表3-19）。

表3-19 股本扩张能力指标

指标名称	说明
每股净资产	每股普通股最低限度内在价值
每股公积金	公积金转化股本的能力
每股未分配利润	潜在的股本扩张能力

⑥经济增加值。

经济增加值（Economic Value Added，EVA）指标，指全部资本成本在扣除了股权成本后的剩余量（Epstein 等，2001）。该指标源自剩余收益的理念，其目的是对管理层的经营业绩进行评估，通过测量管理者在指定时段内生产的股东财富净增加值情况，以充分体现最大化股东价值为目标取向。EVA 通过对资产准备、研发费用等会计事项以及财务操纵余地的适当调整，去除企业投入资本的机会成本，刻画了企业创造价值方面的实际能力。EVA 值计算的主要来源是企业自身的财务数据，故可以广泛而全面地在各种管理活动和实际操作中得到应用，并且该指标可以在公司资本投资、战略、股东价值、经营决策之间构建清晰明确的内部逻辑关系，因而被公司在实务操作与治理理论研究中采用。

（2）非财务评价指标体系。

在联合治理模式下，公司业绩提出的相应条件来自各利益相关者。公司的绩效评价主要由管理者和股东从财务指标的角度展开，而供应商、员工等其他利益相关者不仅需要非财务指标来评价公司的绩效，还需要结合财务指标。在联合治理模式中，非财务指标与财务指标同样重要。非财务指标主要包括内部经营指标、持续创新指标以及人力资源指标（Hart 等，1994）。①

①内部经营指标（见表 3-20）。

表 3-20 内部经营指标

指标名称	说明
生产周期时间	产品在生产的过程中从开始到结束所耗费的时间
职工技能	衡量职工素质高低
生产率	劳动生产率、原料利用生产率、机器生产率等
质量管理	用质量管理成本和质量管理时间来衡量质量管理

②持续创新指标（见表 3-21）。

表 3-21 持续创新指标

指标名称	说明
产品创新	产品创新的最终结果
工艺创新	新工艺带来的成本降低率、新工艺数量和新工艺带来的产品质量提升率
员工学习指标	员工学习的学时

③人力资源指标。

依据设计调查表，通过打分的方式来获得数据的人力资源指标是定量指标。总目标在关键人员中的认同程度越高，该指标值越高，也代表公司的凝

① HART S L，GAUTAM A. Does it pay to be green? An empirical examination of the relationship between pollution prevention and slim performance ［R］. Working Papers （Faculty）：University of Michigan Business School，1994：1-28.

聚力越强。

关键人员满意度指标：这个指标表现出公司核心能力所需的人员对现有状况的满意程度，如果这个指标的数值越大，表明公司核心能力所需要的人员满意程度越高。

激励机制满意度指标：这个指标表现了公司里现有人员满意现行激励机制的情况。如果此指标数值大，就证明公司全体人员更满意激励机制。

（3）平衡计分卡。

平衡计分卡是以信息为基础的一种管理工具，通过分析影响企业发展的关键因素，对其做出评价，并不断重复检验和复核，从而找到帮助企业完成使命的评价指标体系。该方法将企业的使命和战略转化为可计量的指标，这些指标衡量方法可归纳为四个层面，分别是客户、财务、学习和成长、内部运营。平衡计分卡非常适合这种联合治理模式的应用，可以使其优点得到充分展示。财务指标经常被公司股东用来评价公司的运营现状，这不仅能够强化股东对公司经营的信心，也可以给经营公司的人带来巨大支持，同时极大程度调动员工工作激情，从而完成计分卡所包含的各项业绩指标，最终实现公司价值最大化。另外，对于供应商和客户来说，其自身的经营状况也可以采用平衡计分卡进行测量，最后帮助公司做出是否开展与有关公司继续合作的决策。

目前能够用来测量公司治理效率的指标种类繁多，诸如净资产收益率（ROE）、总资产报酬率（ROA）、核心资产收益率（CROA）、Tobin's Q、EVA等（见表3-22）。然而，在实证研究中，哪一个指标能够准确反映公司治理效率，研究者之间存在分歧。托宾—格伦费尔德（Tobin-Grunfeld）Q绩效计量法被Myeong-Hyeon（1998）的研究参考采用，它等于公司的市场价值与公司资产重置价值之比，这一指标也被国内学者如孙永祥和章融（2000）借鉴。[①] 但是，Tobin's Q值的应用也存在先天缺陷，除难以确定资产重置价值外，还很难做出对公司市场价值的估计。如果单看公司股票价格，那么对于诸如国家股或法人股等不能直接买卖的股份，其困难就在于估价问题，其实在某些情况下，股票价格并不一定能匹配企业的经营绩效。

① 孙永祥，章融．董事会规模、公司治理与绩效［J］．企业经济，2000（10）：13-15.

表 3-22　各种评价方法对比

种类	评价方法	评价导向	特征
利润类	ROE	会计利润最大化	容易测量
	ROA	会计利润最大化	容易测量
	CROA	会计利润最大化	容易测量
价值类	市值	股东利益最大化	容易测量
	Tobin'Q	企业价值最大化	不易测量
	EVA	股东利益最大化	不易测量
平衡类	平衡计分卡	利益相关者价值最大化	不易测量

相较而言，用 EVA 来衡量公司的治理效率比较理想。从外部投资者的角度，为了确保自身利益的最大化，身为委托人的投资者更加关注既定治理结构是否能够有效降低代理成本；从企业内部人的角度，为了有效筹集低成本的长期权益资金以实现可持续扩张企业，必须确保具有良好的资本市场信誉。此时引入 EVA 的公司治理将能够产生重要作用：一方面基于 EVA 的治理效率评价能够定量、直观地向投资者披露管理层创造股东价值的效率状况；另一方面 EVA 评价体系的使用也向投资者提供了一种有效治理的保证，因为管理层的目标设定、业绩评估、薪酬水平都与 EVA 直接挂钩。基于以上分析，笔者在对公司治理效率进行定量分析时采用 EVA 作为衡量指标。

（三）国有企业公司治理效率测算结果分析

1. 公司治理效率的测算指标

本书对公司治理效率采用 EVA 进行衡量，具体测算指标参考鲁晓东和连玉君（2012）的估计方法，由职工薪酬、固定资产折旧、营业利润和税费之和得到。① 如表 3-23 所示。公司治理效率测算指标描述统计如表 3-24 所示。

表 3-23　公司治理效率测算指标

变量	指标
职工薪酬（*yfzgxc*）	应付职工薪酬
固定资产折旧（*gdzczj*）	固定资产折旧

① 鲁晓东，连玉君．中国工业企业全要素生产率估计：1999—2007［J］．经济学（季刊），2012，11（2）：541-558.

续表

变量	指标
营业利润（*yylr*）	营业利润
税费（*yjsf*）	应交税费

表 3-24 公司治理效率测算指标描述统计表

变量	样本量	平均值	标准差	最小值	最大值
固定资产折旧	3794	348892288	3671673600	0	106149003264
职工薪酬	3794	91284000	465929088	0	13330301952
营业利润	3794	572346304	3933978368	0	100965998592
税费	3794	192923440	1929122432	0	71939997696

2. 公司治理效率分年份测算分析

如图 3-10 所示，可以看出 2008—2020 年无论是国有还是非国有企业，总体公司治理效率都呈现增长趋势，尽管国有企业公司治理效率始终优于非国有企业，但是两者之间的差距明显缩小。国有企业公司治理效率在 2014 年前也显示出持续增长的态势，但是增长幅度比较平缓，从 2014 年开始增长幅度明显高于 2014 年以前，这说明国有企业混合所有制改革政策起到了积极的促进作用。

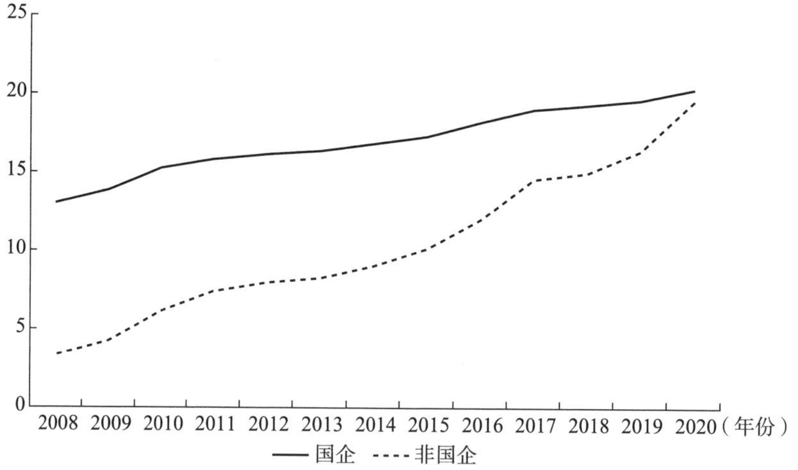

图 3-10 国有企业与非国有企业总体公司治理效率年份发展情况①

① 公司效率值 EVA 取对数后作图。

3. 公司治理效率分行业测算分析

对部分国有企业分行业进行公司治理效率分析，行业代码如表 3-25 所示。通过观察图 3-11 发现，采矿业公司治理效率在 2014 年前后都表现出比较明显的增长趋势；制造业公司治理效率在 2014 年以前处于持续增长的态势，2014 年以后增长幅度明显加大；电力、热力、燃气及水生产和供应业公司治理效率 2014 年前后均呈明显且持续增长态势；建筑业公司治理效率在 2014 年前保持平稳，2014 年后开始显著增长；批发和零售业公司治理效率在 2014 年前保持基本平稳，2014 年后开始显著增长；交通运输、仓储和邮政业公司治理效率在 2014 年前保持平稳发展，2014 年以后从小幅增长发展到快速增长；住宿和餐饮业公司治理效率在 2014 年前呈现下降趋势，2014 年开始显著上升；信息传输、软件和信息技术服务业公司治理效率在 2014 年前基本平稳，2014 年后表现出比较快速的增长趋势；房地产业公司治理效率在 2014 年以前发展平稳，2014 年以后开始快速上升；租赁和商务服务业公司治理效率在 2014 年前后均呈增长趋势；水利、环境和公共设施管理业公司治理效率在 2014 年前后均呈增长趋势；文化、体育和娱乐业公司治理效率在 2014 年前保持平稳发展，2014 年开始快速增长。

可见，绝大多数国有企业行业自 2014 年混合所有制改革后，公司治理效率要么从原来的低谷扭转为上升，要么从平稳变成大幅上升，尽管各个行业上升趋势程度表现不一，但是总体来看都促进了公司治理效率的提升。

表 3-25　公司治理效率分行业代码

行业	代码
采矿业	B
制造业	C
电力、热力、燃气及水生产和供应业	D
建筑业	E
批发和零售业	F
交通运输、仓储和邮政业	G

续表

行业	代码
住宿和餐饮业	H
信息传输、软件和信息技术服务业	I
房地产业	K
租赁和商务服务业	L
水利、环境和公共设施管理业	N
文化、体育和娱乐业	R

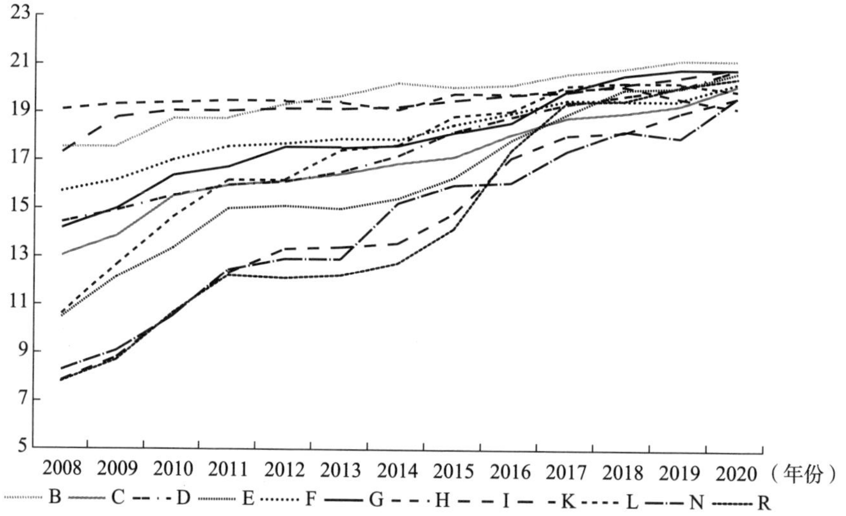

图 3-11　国有企业公司治理效率分行业发展情况①

4. 公司治理效率分区域测算分析

如表 3-14 所示，根据企业所在城市的区位，把各大城市划分为东部、中部、西部三个区域，来探讨不同区位国有企业公司治理效率的发展差异。根据图 3-12 可以看出，由于地区营商环境的差异，东中西部的公司治理效率表现出不同的增长态势，中部优势最突出，指标值整体最高，东部在 2012 年以前较西部还低，自 2012 年开始才开始超越西部地区，但是优势并不明显。同

① 公司效率值 EVA 取对数后作图。

时也要看到，随着时间的推移，东中西部公司治理效率趋于相同。

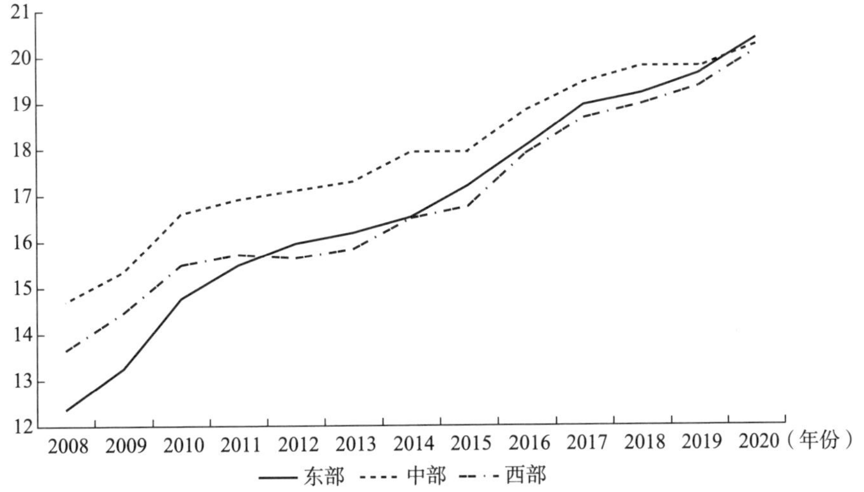

图 3-12 国有企业公司治理效率分区域发展情况①

（四）美、德、日三国公司治理模式比较分析

西方国家公司最早采用公司治理结构的概念，但公司治理结构的设计和运作在不同国家又有差异。这主要是由于经济体系、市场体系、企业组织方式甚至传统的差异，导致不同国家企业在具体治理机制的选择和结构设计上差异明显，而正是这些差异的存在显示了不同国家特有的公司治理的特征。因此，历史、文化和市场等因素导致美国、德国和日本三个国家逐步形成三种独具风格和代表性的公司治理模式。

1. 美、德、日三国的公司内部组织结构分析

美国的公司中，拥有最高权力的机构是股东大会。董事会的成员是由股东大会选举产生的，通常是拥有公司股票的股东们，随后，董事会可以选拔任命一名经理，由其和部分董事来负责公司的运营及管理工作。美国的公司中一般没有监事会，由董事会下属的公司审计委员会负责管理。

根据德国法律，德国公司治理结构分为股东大会、监事会和董事会三个层级。三个机构各司其职，权限和职责都得到了严格而具体的界定。在这之

① 公司效率值 EVA 取对数后作图。

间，监事会拥有决策权和监督权两种权力，但其主要任务是监督，实际使用决策权的情况很少，董事会的权力为管理权。

日本的股份公司中，与其他国家不同的是董事会和监事会均由股东大会任命，负责管理公司的是董事会，还任命监事对董事的工作进行监督。日本企业的权力实际上掌握在经理的手中。

如图 3-13 所示。

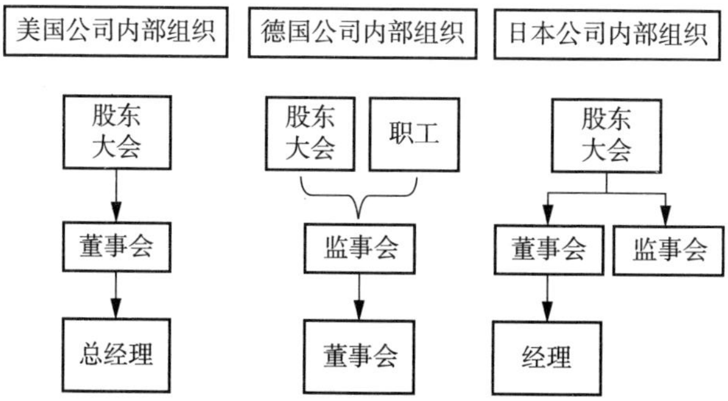

图 3-13　美、德、日公司内部组织

2. 美、德、日三国公司治理各因素对效率的影响分析

（1）股东与公司治理效率。

一般而言，公司所有者往往在公司治理中发挥着核心作用。在公司治理的操作过程中，所有者常常会通过一股一票，然后以多数票来做决策。因此，在公司治理的各环节中，拥有越多股权占比的大股东的主导角色越强烈。基于每个国家在股权结构设计和大股东特征以及持股比例等方面表现出来的区别，公司治理效率也表现出显著不同。在股权不是太集中的情况下，一般所有者对于公司治理还是以市场机制为主，而对于股权集中明显的情况，大股东自然而然地承担了领导的核心角色。

美国公司股东主要由保险公司、养老基金、投资信托等非银行机构组成。美国公司的股东监督企业的治理效率有两个途径：直接控制企业经营；通过股票市场监督企业的治理效率。美国股东通常更关注与收益相关联的控制权与收益权，但没有足够的激励促使其追逐直接控制权，造成这种情况的原因便是股权分散。

德国的股东与美国股东存在明显区别，通过积极发挥主银行的作用，对公司起到经营、控制和监督的作用。尽管如此，也会出现其无法照顾到的情况，如在经营过程中无法及时察觉暴露的问题等。在德国，企业的大股东一般由银行组成，银行不仅是债权人和所有者的角色，还可以是监事会成员的角色，而监事会在行使企业所有者权力方面可以发挥决定性作用。由于业务合作关系很可能长期存在于法人股东和银行股东与企业之间，他们在一般情况下不容易将股份转让，当企业经营状况不好时，就很难及时发现问题。

与美国和德国不同的是，日本企业的股东代表和法人大股东所委派的经营者往往是同一人，这种模式在一定程度上会带来业务及等级关系的障碍。交叉持股现象经常出现在法人股东之间，其目的并不是看中股票投资利润，而是为了强化关联企业之间的来往互动，因为存在共同利益，故相互间一般不会否决董事会的提案。基于股票较差的流动性，以及管理者能力的情况，这些问题将导致企业管理的各种潜在问题被掩盖，而不能及时被察觉。这使得银行和资本市场相互之间难以有效发挥监督作用，从而极大地影响了公司治理的效率（见表 3-26）。

表 3-26 美、德、日股东与公司治理效率比较

国家	股东组成	特征
美国	非银行机构	股权分散，关注控制权
德国	银行	债权人、所有者、监事会成员一体，问题难以及时发现
日本	经营者代表	难以有效监督

（2）董事会与公司治理效率。

对于企业所有权相关权力，股东一般会委托董事会行使，董事会经由股东大会选举后产生。实际上大多数国家的法律，都规定董事会在股东大会闭会期间能够直接行使企业所有者的权力。但是，在涉及董事会约束机制、激励机制和权力分工机制等方面，不同国家企业的区别较为明显，同时董事会在影响公司治理效率的方面发挥的作用也不尽相同。

在美国，企业管理者往往会对董事会的候选人进行推荐，其自身一般会履行决策者的角色作用，另外，董事长和企业总经理由一人兼任的情况也屡见不鲜。很多外部董事自己也掌管有其他企业，无暇分身，他们都会表现出对总经理的默默支持，外部董事在董事会中能起到的监督作用有限。与日本企业管理相比较，美国企业的董事会普遍存在股权结构不集中的现象，以至于股东看起来好像权力很大，但是对经营者的影响却很小，不能从实际上掌握控制权，而经营者反而更有话语权。虽然法律赋予了其极高的地位，但是在具体业务中也难免被管理者摆布。

日本企业的董事会依旧存在可能受管理者操纵的风险，跟美国企业一样，董事和经理两职的兼任现状如果得不到改变，则董事整天忙于琐碎业务的决断，而无心无力在企业的重大事项上。但实际上由不同法人股东的董事和总经理组成的董事会的监督是由“股东大会”和“主银行”进行的。如果公司经营不善或表现不佳，则可在股东大会上暂停其经营。

美国、日本等国的董事会角色在德国实质上就是监事会，德国的监事会掌握了多项重要权力，如对董事的任命和解聘、关键业务决策等。与日本和美国不一样的是，德国的监事会体制，无论是在经营者选拔还是在关键事项的决断中，都有较大的话语权。总体来说，德国的监事会体制可以较理想地执行所有者代理人的权责（见表 3-27）。

表 3-27 美、德、日董事会与公司治理效率比较

国家	组成	特征
美国	兼任企业高管的执行董事和外界聘请外部董事	董事会人选主要由经营者推荐，易受董事会操纵
德国	股东代表和职工代表，各占一半	监事会即相当于美国董事会，监事会成员为兼职，行使任命、监督和决策权
日本	董事和经理合一	受股东大会、主银行监督，易受经营者操纵

（3）经营权行使与公司治理效率。

股东大会或董事会常在大公司中给指定的经理赋予具体的管理权。然而，特许权的范围不仅因国家而异，还取决于对经营者的激励和限制。

董事会成员在美国被分为不同的层次，最高层次是总裁，其次是总经理以及其他的一些部门经理。董事会成员一般由高级管理人员组成，其薪酬往往与收益率、股票期权等挂钩。相比之下可发现，美国公司一直是世界上薪酬最高的公司，经营者依仗掌控的信息资源，在与董事会谈判时不断提价和竞相加薪，这使得美国的企业经营者所获得的回报在很大程度上高于其他国家。因此可以看出，美国企业的激励约束机制对经营者的作用是显著的。

在德国，公司董事会和日本、美国等国公司的经理在责任上基本相当。德国公司监事会对董事会成员的任命和薪酬的设计起着决定作用，同时监事会也具有对董事会做出的重大抉择的批准权并对其承担一定的责任。大多数董事会成员来自公司内部，具有生产管理方面的专业知识，股东、公司员工和从社会公众中选出的人都可以是董事会成员。

日本公司的董事会将董事和经理合并，因此社长和总经理不仅是做决定的人还是实际执行者。日本公司经理人的评价指标主要是公司业绩，而不是股价上涨。日本公司的经理在工作中付出了很大的努力，但与美国相比收入却非常低。

总之，德、日企业的经营者大多是从基层发展起来的，积累了一定的经验，但同时也面临着各方面的压力，缺少一些活力。在德国和日本，对经营者的主要激励是职位和荣誉（见表 3-28）。

表 3-28　美、德、日三国公司的经营权与公司治理效率比较

国家	组成	特征
美国	多个层次，如总裁、总经理、经理等	主要通过经济效益进行激励和约束，市场约束力强，股东和董事会约束力弱，报酬最高
德国	董事会相当于经理，主要来自企业内部	监事会决定董事会成员，重大决策须经监事会批准
日本	经理和董事合一	评价指标主要是企业绩效，努力程度高，报酬低

（4）监督机制与治理效率。

各国公司在治理的过程中一般会设置监督机制，来避免公司所有者委派的代表（如董事）或者其聘用的职业经理人滥用其掌握的代理权，给股东权益造成损害。

在美国，外部因素如市场监督使得公司的效率大大提升，代理人与股东的利益更趋同，他们更愿意为了实现股东财富最大化而努力工作，但是经营者的短视行为却不可避免。美国公司监管不存在监事会这个机构，但实际上在董事会中设置了一个监督委员会的机构，由其来负责日常事务的监督，起到了监事会的作用。作为股东，可以通过股票交易间接监督、激励和约束经营者。股东可以对有关信息加以利用，对代理人的约束可以通过股票买卖的方式来实现。

在德国企业中，约束的主体主要是大股东或银行。公司股东可以在业务往来中直接对监事或董事行使有效的监督权，而银行以债权人和股东的双重身份可以直接监督决策。

日本企业监事可以对企业进行全面的监督，并在必要时起诉并且追究被监督人法律责任等。但实质上常常是被监督人去任命监事，并指导其参与企业监管，没有保持良好的独立性。主银行作为独立的外部单位，当企业管理出现问题时，银行会直接介入并主导企业财务和人员结构的重组。

总之，在日本和德国，更多的是通过银行而非市场来监督企业的运行。但德国企业相互监督的机制之所以有效，是因为董事会和监事会之间的相互制衡，相比之下日本企业金字塔式的内部权力结构，导致下层等级的监事根本不可能对社长领导的经营委员会起到有效的监督作用（见表 3-29）。

表 3-29　美、德、日监督机制与公司治理效率比较

国家	组成	特征
美国	不设监事会，设立监督委员会	通过股票买卖间接监督、激励和约束经营者
德国	法人股东和主银行	直接监督监事和董事
日本	监事	受被监督人领导，监事和董事相互持股难以发挥监督作用，主银行可有效发挥监督作用

3. 美、德、日三国公司治理模式不足分析

（1）美国公司治理模式的不足。

尽管美国公司治理模式中的外部治理水平相对发达，然而金融危机仍然暴露了其深层次的弊端：第一，政府监管缺位。造成这种弊端的原因在于美

国政府宣扬充分尊重市场，给予企业所谓足够的自由，然而事实上，由于外部监管还无法内化于公司治理机制，此时的管制松懈就导致了政府监管的缺失。第二，美国公司治理模式的目标是实现股东利益最大化，但是在公司治理主体限于股东委托的董事与经理，往往容易忽略公司的其他利益相关者。第三，内部治理缺失。在美国，小股东不太可能控制公司的经营，这是因为美国的上市公司有着极其分散的股权结构，同时利益与监督成本的不对称导致了小股东在监督公司管理层方面没有积极性。

（2）德国公司治理模式的问题。

德国公司治理模式主要有以下三个方面问题：首先，外部治理力量薄弱。尽管存在外部力量接管公司的可能性，但是考虑到德国资本市场发展的现状，并且由于现存大股东对公司的控制和所有权结构的复杂性，这让公司治理的成本极高。其次，小股东的利益容易受到侵害。在德国，上市公司的股权结构相对来说比较集中。一般来说，银行是控股股东。它们有比较充足的动力以及完备的措施来对公司的经营者进行监督。然而，由于控股股东缺乏外部的监督，往往容易发生侵害其他股东利益的现象，以实现自身利益最大化。最后，劳资联合决策作为德国特有的制度设计，其有效性一直被理论界反复争论，尤其是在经济全球化中，这已经对公司内部治理的灵活性产生了显著影响。在当今日益激烈的全球竞争中，任何公司都必须快速且灵活地抓住商机脱颖而出，击败竞争对手。

（3）日本公司治理模式的弊端。

自20世纪90年代日本经济泡沫破裂以来，企业破产、股市崩盘以及各种内幕丑闻的披露，彻底暴露了日本传统公司治理模式的弊端。首先，资本市场弊端。日本企业之间存在交叉持股，金融机构手中持有大量股权。这种高度集中的所有权结构，导致日本资本市场严重扭曲，使得市场机制难以在公司治理中发挥作用。其次，内部控制问题。因为企业之间的交叉持股，从而形成了长期稳定的合作关系，形成了你中有我、我中有你的局面，彼此互为股东，所以它们逐渐默许放弃了对企业的控制权，而管理者的手中掌握着企业的实际控制权，导致了内部人控制问题。

4. 美、德、日三国公司治理模式对我国的启示

首先，以高度分散和流动的股权与发达的外部监管为特征的美国模式，存在可以参考借鉴和反思的地方。在我国，国有企业国有股高度集中且竞争激烈的情况导致治理结构不完善，普遍存在内部人控制现象，内部监督机构的职能和内部治理机制的作用需要进一步发挥出来。与此同时，由于中国资本市场、职业经理人市场等外部市场还不完善，所以外部监管对公司治理的作用还有较大上升空间。因此，通过借鉴美国的公司治理模式，降低国有股比例，在竞争性国有企业中引入外部机构投资者，可以帮助企业加快进入股权多元化轨道，有利于重塑治理结构，有效发挥内部治理机制的作用。德国和日本的联合治理理念也值得借鉴参考，通过选举一定比例的职工代表进入公司董事会、监事会等机构，在一定程度上将对改善公司内部治理机构的结构以及内部治理机制产生积极作用。

第一，进一步加强立法监督。首先，可以通过制定具有针对性的法律来约束不同类型的国有企业。为具有公益性职能的国有企业制定相应法律，以实现其社会目标。对于竞争领域的国有企业，给予民营企业同样的法律约束，这样可以为国有企业营造充分竞争的市场环境，从而提高企业效率。其次，可以明确国有资产管理的框架体系和方式方法，以及明确国有资产在法律中的地位，在整个经济生活中，这些都需要通过立法实现。最后，进一步完善公司法，在公司建立外部监督和内部制衡相结合的机制并严格执行。

第二，对国有资产实行分类管理。对于处于竞争激烈行业中的国有企业，要明确经济效益最大化的企业目标，按照市场化手段进行监督管理。国家一般只是通过“管资本”来进行间接干预，以便让企业充分参与市场竞争，提高企业效益。对于具有公益性职能类的企业，要重点强调其社会目标，此类国有企业的管理模式一般主要采取国有控股或者国营这两种方式。

第三，加强包括立法监督在内的监督制度建设。在对国有资产进行监管时，除了立法监管，还可以推动政府审计机构加强审计监督的力度，加强公民监督的力量。政府审计部门依法对国有企业的财务支出和项目计划进行审计监督。公民监督指通过充分调动公民积极性发现国有企业的不规范行为，

向相关部门举报，相关部门将对此类国有企业进行调查和质询。

第四，完善董事会制度。国家对国有企业的管理主要通过董事会来实现。股东选举的董事、职工代表和专家学者组成董事会，经理人员由董事会来任免。要明确政府的权限，在充分保证国有企业控制权的基础上，给予企业适度自主经营空间。实行职工民主参与机制，在一定程度上监督企业经营。同时吸引更多优秀专家、学者参与到企业董事会中，从而提高董事会成员的整体素质，提升董事会决策的科学性。

第五，培育职业经理人市场。在现代企业制度下，企业代理成本问题是所有权和经营权分离造成的，这个问题可以通过建立职业经理人市场来起到一定缓解作用。可以通过建立良好的职业经理人市场，帮助企业根据自身实际需要找到合适的经理人。同时，职业经理人也要加强自身人力资本投资，注重声誉和信用，提高竞争力。职业经理人素质的提高，有利于国有企业的经济效益的提高。

第六，分类考核。在评估国有企业绩效时，可以采用分类评估的方法。对于具有公益性职能的国有企业，重点评估企业的社会效益，或评估社会效益所占的比例。对于在竞争领域的国有企业，重点评估企业的盈利能力和资产安全等指标。在考核过程中，要以企业经营业绩为重点，采用定量与定性相结合的考核方法，把考核结果与经营者的薪酬联系起来。

四、国有企业的创新效率评价

（一）企业创新的历史进程

1978 年以来，国有企业的创新能力得到大幅度提升，部分企业的创新研究成果处于世界领先地位。一方面，国有企业的创新资源得到进一步丰富；另一方面，国有企业主要分布在关系国计民生的重要领域，并发挥着创新示范作用。国有企业是我国发展新兴产业的中坚力量，发挥着创新突破的骨干带动作用。我国在 2006 年通过全国科学技术大会确立要建立以企业为主体的创新体系，并出台一系列政策文件，驱动我国创新体系建设与发展。2015 年提出加快实施创新驱动发展战略的建议，确定了企业在驱动创新发展过程中的重要作用与地位。2020 年习近平总书记提出“努力把企业打造成为强大的创新主体”，进一步确定了企业的重要地位，尤其是国有企业是创新的主力军。具体创新政策发布历史进程如图 3-14 所示。

图 3-14　创新政策文件梳理图

（二）创新的相关理论研究

1. 创新的概念界定

创新的概念是在 1912 年由熊彼特首次提出的，他认为创新是一种为了获得更多超额利润的生产函数的重新组合。在研究中，学者们对创新进行了具体分类，一般分为技术创新、市场创新和组织创新三大类，进而从引进新方法或使用新生产方法、创造新产品、创造新就业、创造和使用新原材料或制成品四个方面进行了细化。相应地，创新不断扩展其内容，推出新服务和更新旧服务，即更新现有产品，开发新市场和客户群。根据熊彼特对创新的定义，国内很多研究者从不同的角度进行了研究，从两个角度扩展了创新的定义。对生产要素、生产条件和组织体系进行有机重组和整合，形成具有较强竞争优势、更好的产品或服务、更高的综合利润的生产经营体系。广义的创新指从研发到业务、技术扩散的所有过程，在狭义创新的基础上扩展创新的两端，即增加了技术研发和技术传播这两个在创新前端、末端的过程。

2. 企业创新的理论研究

创新精神可以帮助企业发展，同时也可推动一个国家或者地区经济持续发展。而企业是将科技研发、技术创新、创新精神与经济发展相结合的主体，建设创新型国有企业，鼓励优质企业主体创新发展是国有企业转型的重要目标之一。

对影响企业创新的内部因素的研究大多从企业规模、管理特征、股权结构等方面入手。目前，有大量关于企业规模对企业创新影响的文献。卢馨等（2013）认为融资约束问题的存在导致企业现金流减少，进而导致企业减少对研发的投入经费。[①] 在企业层面，一般来说，研发活动伴随着较高的风险，需要长期的资金投入支持，因此规模较大的企业抗风险能力相对较强。鞠晓生等（2013）通过研究发现增加营运资金可以显著增加企业的创新投资。[②] 于波和赵佳璐（2019）认为债券、股权、内部融资、股权结构以及企业内部管理均会对企业创新产生影响。[③] 乔明哲等（2019）发现股权集中度可能会抑制企业创新投资，对创业型企业成长也不利。[④] 余明桂等（2019）发现国有企业民营化显著抑制了企业创新。[⑤]

除内部因素外，企业创新还受到政府政策、校企研发合作、区域行业因素、对外开放程度、制度环境等因素的影响。周开国等（2017）认为在资金约束较宽松、创新能力较弱的情况下，尤其是面对激烈的市场竞争、资金限制，企业更愿意协同创新。[⑥] 企业研发（自主研发、协同研发）的壁垒将更加明显。关于政府补贴，李玲等[⑦]（2013）发现政府补贴在鼓励非国有企业开展创新方面具有重要作用。吴非等[⑧]（2018）发现政府研发创新补贴对企

① 卢馨，郑阳飞，李建明．融资约束对企业研发投资的影响研究——来自中国高新技术上市公司的经验证据［J］．会计研究，2013（5）：51-58+96.

② 鞠晓生，卢荻，虞义华．融资约束、营运资本管理与企业创新可持续性［J］．经济研究，2013，48（1）：4-16.

③ 于波，赵佳璐．融资方式、研发投入与创新绩效［J］．中国注册会计师，2019（5）：56-59.

④ 乔明哲，吴为民，徐士伟，等．股权集中、研发强度与创业企业成长——来自深圳创业板的证据［J］．北京理工大学学报（社会科学版），2019，21（6）：80-89.

⑤ 余明桂，钟慧洁，范蕊．民营化、融资约束与企业创新——来自中国工业企业的证据［J］．金融研究，2019（4）：75-91.

⑥ 周开国，卢允之，杨海生．融资约束、创新能力与企业协同创新［J］．经济研究，2017，52（7）：94-108.

⑦ 李玲，陶厚永．纵容之手、引导之手与企业自主创新——基于股权性质分组的经验证据［J］．南开管理评论，2013，16（3）：69-79，88.

⑧ 吴非，杜金岷，杨贤宏．财政 R&D 补贴、地方政府行为与企业创新［J］．国际金融研究，2018（5）：35-44.

业创新的影响存在很强的异质性。安同良等①（2009）认为当政府与企业之间存在信息不对称时，真正的创新补贴具有负激励效应。党力等（2015）认为政府绩效评价压力可以推动研发创新补贴对企业创新产生影响。② 毛其淋和许家云（2014）发现外商直接投资对企业创新也有显著的促进作用。③ 对于企业创新，国内研究成果颇丰，而在经济发展中，国有企业具有重要作用，且国有企业创新水平与我国总体创新环境紧密相连，良好的创新环境是激发国有企业创新动力的重要保障。本章在梳理中国总体创新现状的基础上，着重分析国有企业创新现状。

（三）中国总体创新现状

改革开放初期，我国不断优化科技创新战略规划，助力科技创新发展。同时，中国也积极推进金融发展，加强金融对科技创新的支持作用。我国技术创新有了较大的突破，也有待改进的地方。本小节将梳理中国总体创新现状。

1. 研发投入

我国研发投入强度稳定持续增加。研发投入是我国科技创新的重要动力。我国研发投入稳步递增，2012 年，我国研发投入为 10298 亿元，到 2021 年达到 27864 亿元，为 2012 年的 2.7 倍。我国研发投入强度也不断加大，2014 年我国研发经费支出占 GDP 比重突破了 2%，至 2020 年达到 2.41%（见图3-15）。这说明我国总体创新研发投入逐年增加，研发投入强度也在不断上升。

2. 科技成果

我国创新水平实现了质的提升，创新成果的增长速度处于世界领先水平。2002—2020 年，我国科技贡献率从 46.0%提高到 59.5%，科技创新水平得到了巨大提升。图 3-16 显示了 2000—2020 年中国发明专利授权情况，至 2020

① 安同良，周绍东，皮建才. R&D 补贴对中国企业自主创新的激励效应 [J]. 经济研究，2009，44（10）：87-98，120.

② 党力，杨瑞龙，杨继东. 反腐败与企业创新：基于政治关联的解释 [J]. 中国工业经济，2015（7）：146-160.

③ 毛其淋，许家云. 中国企业对外直接投资是否促进了企业创新 [J]. 世界经济，2014，37（8）：98-125.

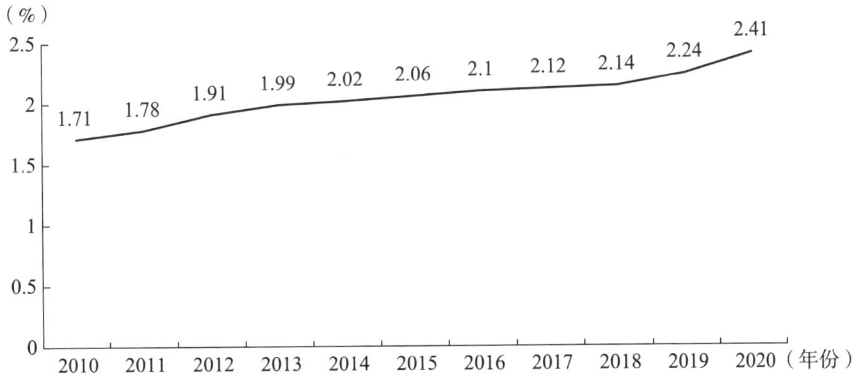

图 3-15　2010—2020 年中国研发经费支出占 GDP 比重

年在国内外取得的专利授权数量总计为 53 万余件，是 2012 年的 2.44 倍。从 2009 年开始，国内专利的增长速度加快，在国内取得的发明专利授权数量远超在国外取得的发明专利授权数量。

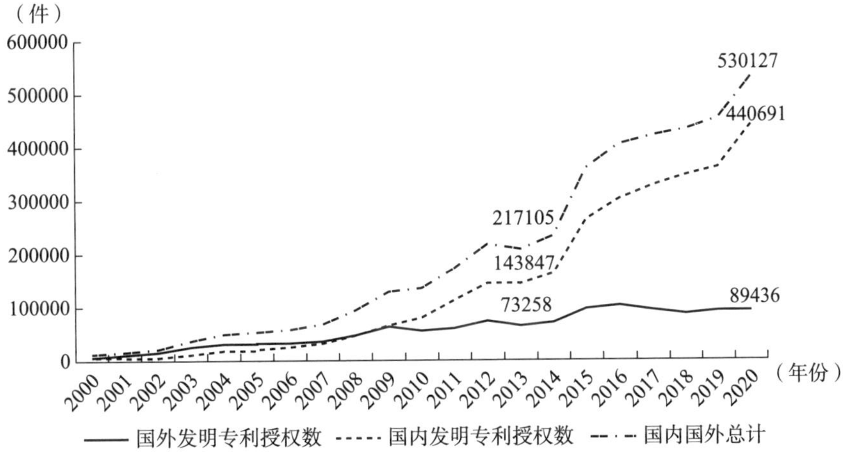

图 3-16　2000—2020 年中国国内外专利授权数

资料来源：《中国科技统计年鉴》。

3. 中国创新研发与国际创新的横向对比

近年来，我国无论是专利申请数量，还是成功授权的专利数量，都处于世界前列，这在世界知识产权组织于 2019 年发布的世界创新指数排名中有所显示。然而，目前中国在创新投入方面尚且存在不足，还需要进一步加强，以缩小整体创新研发水平与发达国家之间的差距。图 3-17 是 2000—2019 年中国研发投入强度与发达国家之间的差异对比，尽管中国的研发投入还有不足，但随着国家对科技创新能力的重视，我国研发经费投入力度明显增加，与发达国家的差距日益缩小。截至 2019 年，研发投入强度除瑞典迅猛增加，达到 4.64%，其他发达国家的研发投入强度增幅较为平稳，中国研发投入强度与德、日、美的差距约为 1 个百分点。为早日实现创新强国的梦想，加大创新研发投入刻不容缓。

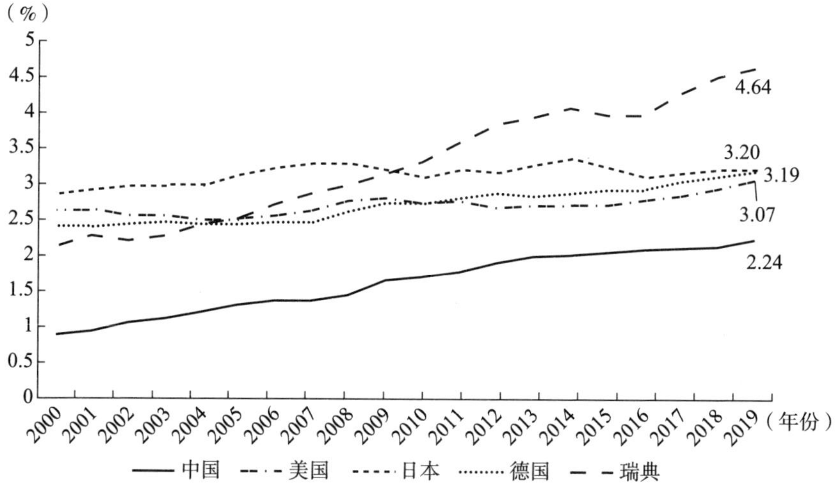

图 3-17 2000—2019 年中国和瑞、德、日、美研发支出占 GDP 比重

资料来源：《中国科技统计年鉴》。

（四）国有企业创新研究现状

党的十九大报告指出，要建设更高层次的技术创新体系。国有企业在我国创新热潮中起到中流砥柱的作用，为全国人民的幸福生活提供重要保障。但是，从整个国家的经济体系来看，吴延兵（2012）① 指出，混合所有制企业创新能力最强，民营企业次之，国有企业相对较弱。这与国有企业长期固化的工作模式及竞争力的缺乏密不可分，国有企业内部需加大鼓励创新力度，深化改革。

① 吴延兵．中国哪种所有制类型企业最具创新性？[J]．世界经济，2012，35（6）：3-29.

党的十八大之后，国有企业改革促进了国有企业高速发展，资产总额从2012年的80万亿元增长到2019年的201.3万亿元，增长了1.5倍，取得了显著的成就；营业收入方面，2012年为39万亿元，到2019年时增长50%；利润总额方面，2012年为2.1万亿元，到2020年增长了75%，企业绩效实现快速增长；2019年，劳动生产率实现了较大提高，为11.5万元/人，国有企业的劳动生产率远超全国平均水平，为全国平均水平的3.5倍，人力资源水平得到有效提升。总体而言，国有企业取得长足发展，市场竞争力稳步提高。中国创新指数排名稳步提升，从2017年的22名提升至2018年的17名，随后，于2019年跻身前15名。然而，与世界一流企业对比，国有企业实力有待提升，有许多短板尚待弥补。我国创新指数排位虽然在稳步上升，但是创新水平还有很大提升的空间。故在党的十九大报告中，我国提出应当进一步深化国有企业改革，践行创新驱动战略，提升国有企业创新竞争力。下面主要从创新投入、产出以及机制等方面研究国有企业混改对企业创新的影响。

1. 国有企业创新投入情况分析

我国国有企业创新投入高，但存在着严重的创新人才不足、基础性研究投入比例较低等问题。基于创新投入角度，非国有股东更偏向于完善公司治理环境，提升公司创新意识。徐伟等（2020）通过实证检验发现，国有企业中的非国有股东的话语权越大，越能够引导企业加大创新支出，并且这种影响效应在不同类型的国有企业中呈现异质性，需要分层分类治理国有企业。① 鲁瑛均和耿云江（2020）指出，国有企业实际控制人变动会影响企业社会责任，其中，管理人员间的差异越大，越影响企业创新支出。② 2018年国有企业的研发支出为5466亿元。并且，为做好高层次人才队伍建设工作，很多国有企业正在完善高层次人才激励机制。现如今，上述企业已拥有数个国家重点实验室、博士后工作站等科研机构，并且与国内以及世界一流高校有着长期稳定的合作，通过联合研发等合作方式，一同解决了诸多技术难题，

---

① 徐伟，吴悦，冯文芳．混合所有制改革有利于促进国有企业创新吗？——基于分类治理视角[J]．济南大学学报（社会科学版），2020，30（3）：100-113，159.

② 鲁瑛均，耿云江．混合所有制企业社会责任与创新关系研究——基于董事会群体断裂带视角[J]．财经论丛，2020（4）：73-83.

解锁了一大批核心技术，在提升高校科研水平的同时，打造着国有企业的创新竞争力。部分学者指出，在创新投入方面，国有企业相对其他所有制企业略显不足（刘小玄，2000）①。近年来，随着混改的推动，学者的观点也发生了变化，指出国有企业的创新支出并不低，只是创新效率差强人意（花俊仁等，2018）②。

人力资本投入方面。从趋势的角度看，国有企业研发人员从 2011 年开始逐渐增加。从绝对量的角度看，2020 年，国有企业研发支出、国有企业研发人员分别为 1573153 万元和 37310 人，意味着平均下来，每个研发人员的研发经费达 35.3 万元。由此可见，国有企业创新投入力度的不断加大，为提升国有企业创新能力打下了深厚的基础。不容忽视的是，民营企业在研发人员的数量上远大于国有企业。综上所述，国有企业虽然投入了大量的人力财力，但投入力度还需进一步加强。在比较总体的研发投入的基础上，本书还进一步比较了不同所有制企业研发人员折合全时当量。由表 3-30、图 3-18 可知，国有企业研发人员折合全时当量不容乐观，从 2011 年到 2020 年整体呈下降趋势。而民营企业呈现相反的演变趋势，其研发人员折合全时当量快速增长。上述分析表明，创新人才不足是国有企业当下的短板。

研发投入经费方面。如图 3-19 所示，国有企业研发投入支出 2014 年和 2015 年相对于 2013 年呈现上升趋势，其原因可能是受到混合所有制改革的影响，但是总体呈现下降趋势。民营企业的研发投入呈逐年上涨趋势，但民营企业更容易受到经济波动的影响，如表 3-31 所示，2008 年民营企业的研发投入为 4798 万元，但是在 2009 年到 2011 年只有 2829 万元、3587 万元和 4299 万元，说明民营企业受到 2008 年经济危机影响，对于研发投入缩减，但总体上仍然是上升趋势。而就研发投入占营业收入比例（见图 3-20）来说，民营企业更高。究其原因，在营业收入方面，民营企业低于国有企业，在企业资金方面也低于国有企业，最终呈现国有企业研发投入占比较低。

---

① 刘小玄．中国工业企业的所有制结构对效率差异的影响——1995 年全国工业企业普查数据的实证分析［J］．经济研究，2000（2）：17-25，78-79.

② 花俊仁，王国俊，鲁墨凯．国有企业改革影响技术创新投入吗？——基于金字塔控股与管理层持股视角的研究［J］．现代经济探讨，2018（3）：27-33+43.

表 3-30　规模以上国有企业创新投入情况

年份	研发人员全时当量（人年）	
	国有企业	民营企业
2011	148871	345095
2012	162963	419112
2013	85572	523551
2014	88869	606229
2015	82297	662024
2016	74005	732398
2017	55692	790796
2018	21624	993467
2019	23575	1202413
2020	37310	1523010

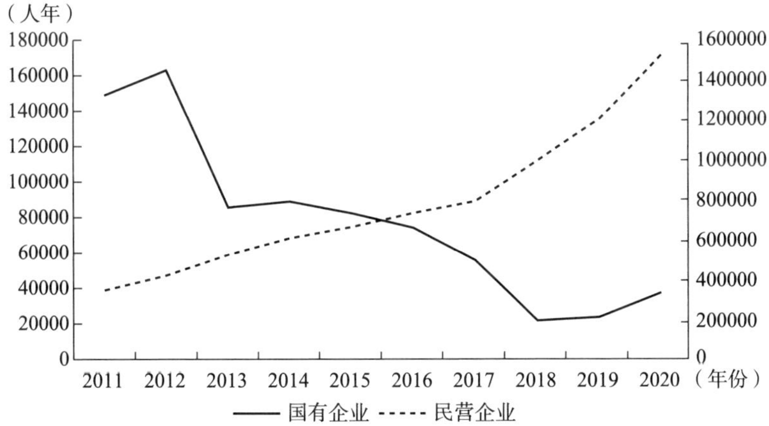

图 3-18　2011—2020 年工业不同所有制企业研发人员折合全时当量

资料来源：中经网统计数据库。

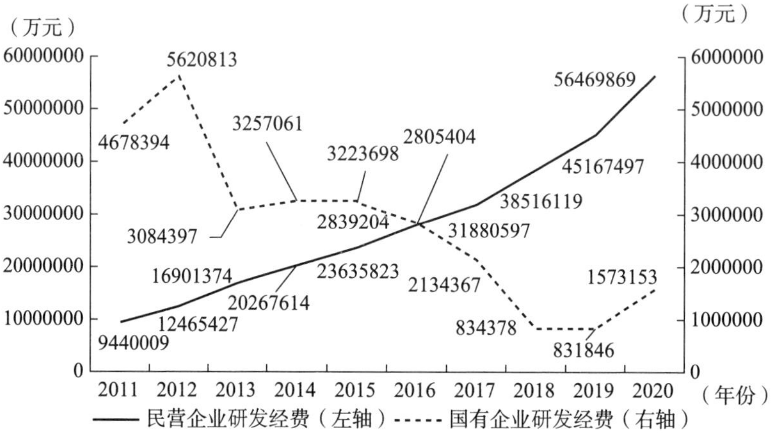

图 3-19　2011—2020 年国有企业与民营企业研发经费内部支出

资料来源：《中国科技统计年鉴》。

表 3-31　2007—2020 年不同所有制企业的研发投入现状

年份	研发投入（万元）		研发投入占营业收入比例（%）	
	国有企业	民营企业	国有企业	民营企业
2007	18242	5523	5.965	7.832
2008	15016	4798	4.244	4.176
2009	15853	2829	4.278	5.035
2010	15090	3587	6.053	4.938
2011	18569	4299	6.376	5.389
2012	26449	6137	3.248	5.065
2013	24800	12554	2.926	5.486
2014	31242	8851	3.075	5.282
2015	32346	9961	3.294	5.195
2016	35051	11316	3.355	5.400
2017	41351	12721	3.372	5.354
2018	49656	16287	3.297	5.535
2019	56137	17775	3.693	6.027
2020	59942	18352	3.863	29.36

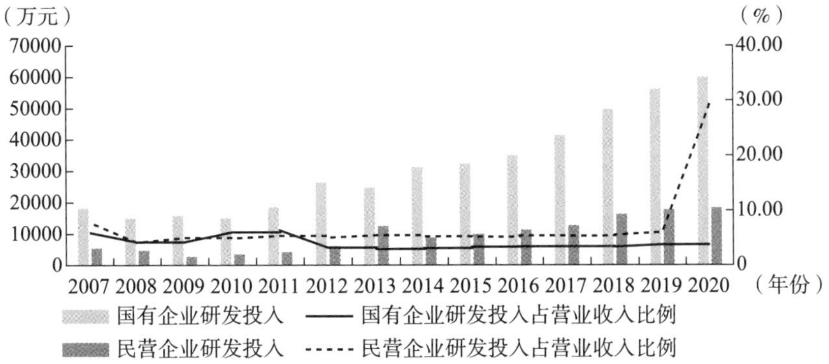

图 3-20　2007—2020 年我国不同所有制企业研发投入现状

资料来源：CSMAR 数据库。

对于国有企业科技创新投入结构，中国科学技术协会的数据表明，国有企业中，进行基础研究创新的比例为 13.0%，进行应用研究创新的比例为 35.4%，进行试验发展创新的比例为 15.0%，进行研究成果应用创新的比例为 29.1%。可见，大约 80%的国有企业热衷于应用技术创新，进行基础研究创新的国有企业相对较少。从投入与营收比例来看，从图 3-21 可知，国有企业在基础理论研究创新方面投入仅为 5.8%，远低于国家整体水平。大约 30%的研发投入用于生产需求领域。综上，国有企业需要加大基础研究的投入力度，不能仅仅着眼于渐进式创新。

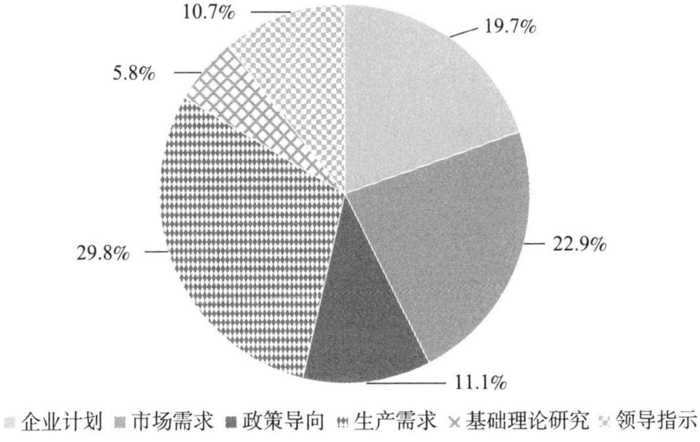

图 3-21　国有企业科技创新投入结构

对于创新投入机制，国有企业技术创新投入机制存在两个问题：一是研发投入与民营企业相比相对较少。民营企业尤其是互联网企业在研发投入上毫不含糊，仅2019年，互联网百强企业的研发投入就已经占全国总体的研发经费投入的80%，达到1538.7亿元，同比增长了45.1%。二是国有企业研发资金投入结构不合理，在应用性研究上的资金投入就达到了80%，在基础性研究上的投入仅有6%，而互联网科技公司达到了10%，两者存在较大的差距。

2. 国有企业创新产出水平分析

国有企业自身的优势包括软硬件条件、优秀人才储备都较为完备，甚至在高铁、核能工业、量子通信等方面处于世界先进水平。国有企业创新产出总体保持上升趋势，但国有企业的创新产出效率还是低于民营企业，仍然有很大的提升空间。混合所有制改革与企业创新逐渐成为公司治理领域研究的重点，大多数学者认为混改能够显著提升企业创新效率。与单一股权类型相比，混合股权有利于提高企业研发投资与创新产出。从创新产出角度来看，学者们更倾向于研究企业专利申请、授权以及新产品销售收入等指标。李小青等（2020）[①] 研究混合所有制企业，以专利申请衡量企业创新产出，并分析股权结构变化如何影响企业创新成果，研究发现股权多样性能够正向影响企业的创新产出。向东和余玉苗（2020）从非国有企业的股权结构、股东治理等角度分析发现，股东参与公司治理可以显著提升企业的总体创新水平。[②] 任曙明等（2019）通过研究2004年混合参股的企业，发现民营资本参股可以激励国有企业对技术创新的热情，释放了更多的资源，创新绩效得到显著提高。[③] 笔者选取了从2011年到2020年的国有企业和民营企业数据，通过《中国科技统计年鉴》数据展示了国有企业与民营企业在出口销售收入等方面的差距。图3-22是2011—2020年规模以上不同所有制工业企业单位数，该图说明国有企业和民营企业这两类不同所有制企业之间数量差距不大。图3-23至图3-24展示出不同

① 李小青，贾岩冰，陈阳阳．“混改”国企股权结构、董事会配置与创新绩效［J］．科技进步与对策，2020，37（12）：82-89.

② 向东，余玉苗．国有企业引入非国有资本对创新绩效的影响——基于制造业国有上市公司的经验证据［J］．研究与发展管理，2020，32（5）：152-165.

③ 任曙明，李馨漪，王艳玲，等．民营参股、制度环境与企业创新［J］．研究与发展管理，2019，31（3）：59-71.

所有制企业之间的新产品项目数和新产品销售收入的差距，其中，创新产出方面，国有企业逐渐产出降低，而民营企业表现出相反的趋势，值得注意的是，民营企业已然在近年来超过国有企业。在新产品开发项目数上，国有企业的产出呈现下降趋势，而民营企业 2011—2020 年逐步增加，并且在 2011 年就已高于国有企业；同样地，国有企业在新产品销售收入、新产品出口销售收入上，均呈现下降趋势，与民营企业的差距越拉越大。综上所述，国有企业在创新绩效上的优势与民营企业相比略逊一筹。为提高技术创新效率，高效推动创新发展，国有企业必须重视创新绩效的提升。

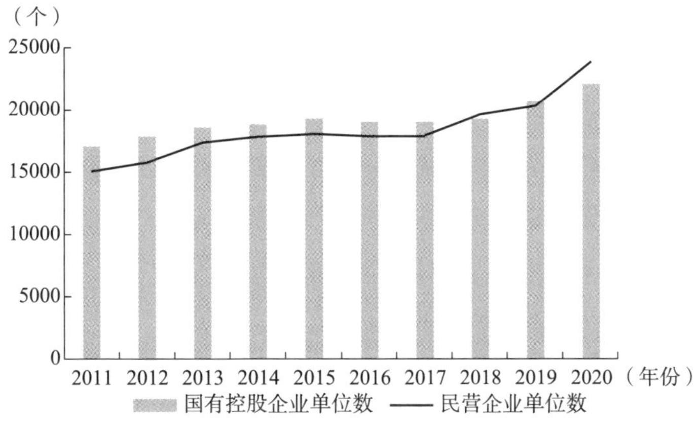

图 3-22　2011—2020 年规模以上不同所有制企业单位数量

资料来源：中经网统计数据库。

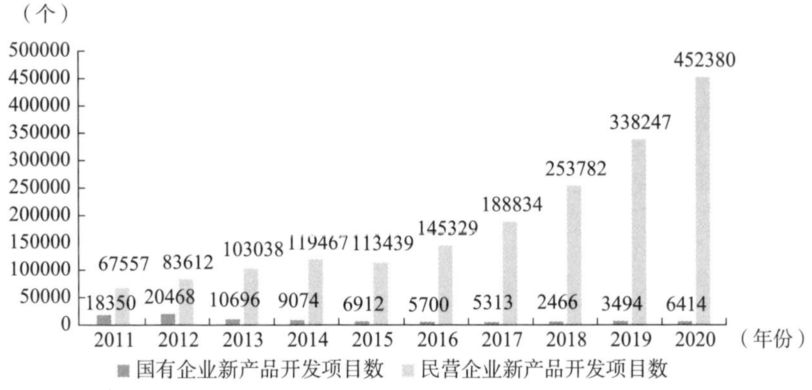

图 3-23　2011—2020 年不同所有制企业新产品开发项目数量

资料来源：《中国科技统计年鉴》。

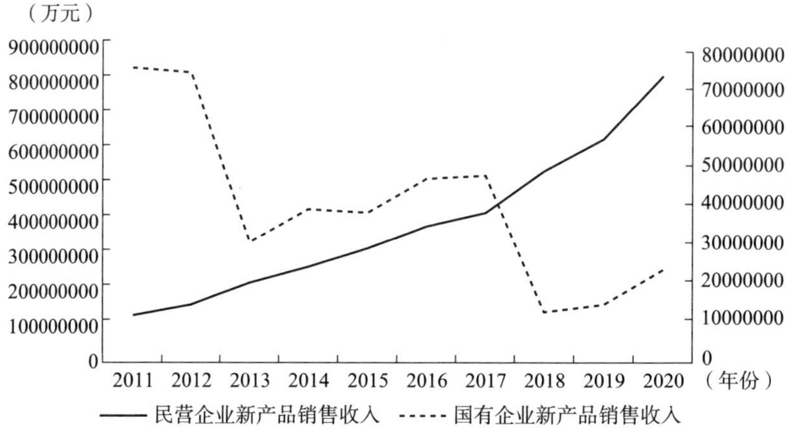

图 3-24 不同所有制企业新产品销售收入

资料来源：中经网统计数据库，《中国科技统计年鉴》。

世界知识产权组织发布的最新数据显示，2019 年我国的专利申请数量占全球的 5.2%，是国际专利申请数量最高的国家。“十三五”期间，我国国有企业的创新成就达到了前所未有的高度，申请专利数、申请发明专利数、授权专利数均逐年递增。特别是央企，在 2020 年申请的专利数量及发明专利数量分别为 234700 件（增长率 14.7%）、143664 件（增长率 18.9%），获得授权的数量为 149217 件（增长率 19.9%）。国有企业取得的创新成就，实现了能源、交通、建筑、新材料等国家关键领域的重大突破，有力地推动了全社会的技术发展和进步，发挥了重要的创新引领作用。基于“一带一路”的倡议，央企积极响应国家科技创新的号召，承担了 3116 个投资项目。到 2018 年年末，研发投入增长速度为 11%，科技进步贡献率节节攀升，达到了 58%。其中，中国兵工集团于 2018 年自主研制出的小型化的激光雷达项目产出多项专利，基本满足国内市场对小型低成本雷达的需求，极大地推动了高端传感技术的发展；中国电子科技集团成功在北斗导航卫星及“DFH-3B”卫星平台应用锂离子蓄电池提供动力，克服了锂离子电池应用于高轨卫星的难题，获批发明专利授权 5 项，经济效应高达 3.6 亿元，为国家作出了极大贡献；此外，中国中铁成功建起了马鞍山长江大桥、泰州长江大桥等 5 座三塔悬索桥，掌握了大跨度悬索桥建造的关键技术，同时获批发明专利 11 项，发表论文 64 篇，并获得 5 项国际奖励，大跨度悬索桥的建立促进了交通运输业的发展，经济效益为 47.6 亿元，为我国基础设施建设树立了标杆。通过上述实例，可以看出我国国有企业在创新产出方面有着美好的前景。

图 3-25、图 3-26 展示了规模以上国有企业创新产出情况。可以看出，2011—2020 年，规模以上的国有企业新产品销售收入及专利申请数量并不稳定，呈现一定的波动，创新产出不稳定，尤其是 2012 年后创新产出下降，有可能是受混合所有制改革的影响。从前文图 3-18 与图 3-19 中可以看到，2012 年后研发人员当量和研发经费均在下降，这说明国有企业创新投入与创新能力大致呈现正相关的趋势。但目前国有企业的创新产出依然低于民营企业，说明国有企业在这方面还有很大的进步空间。

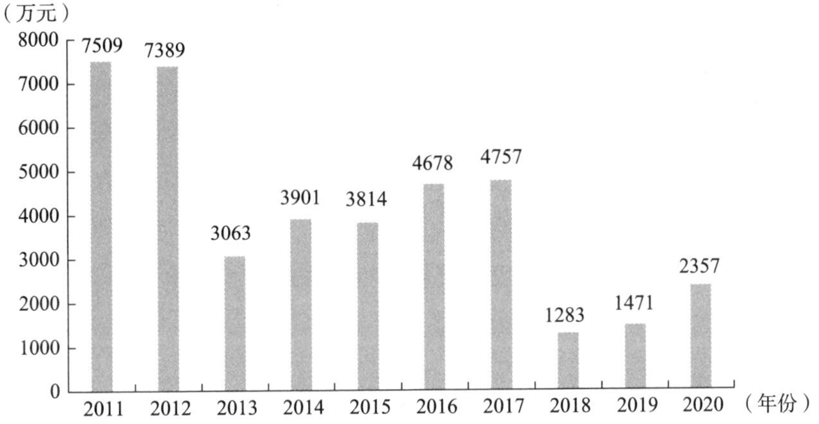

图 3-25　2011—2020 年规模以上国有企业新产品销售收入

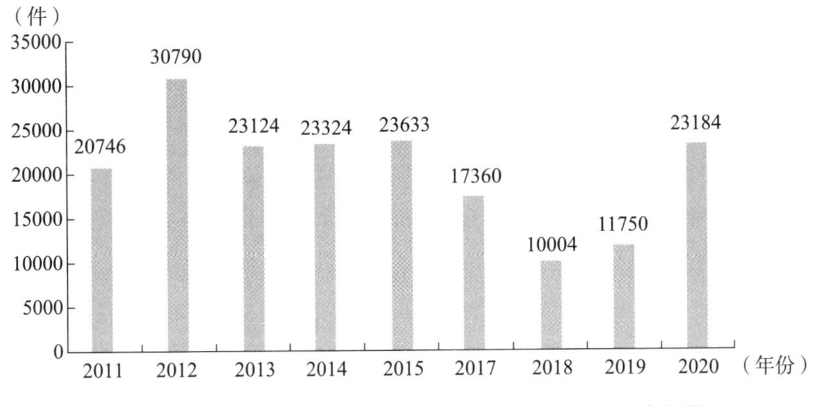

图 3-26　2011—2020 年规模以上国有企业专利申请数量

资料来源：中经网统计数据库。

3. 国有企业创新机制分析

创新是企业适应时代发展，应对快速变化的市场及抓住机遇的动力源泉。1978年以来，我国大力建设创新体系，在《国家中长期科学和技术发展规划纲要（2006—2020）》中，明确提出要建立以企业为主体、产学研深度融合的创新型国家。为进一步落实文件中的精神，国务院从金融、财政以及知识产权等方面，相继出台了若干相关配套政策。2015年，国务院印发了《关于深化国有企业改革的指导意见》，为深入推进国有企业改革提供了“指南针”，打造了大批创新能力突出的国有企业，大大提高了国际竞争力。

4. 创新的国际竞争力显著增强

我国的国有企业始终坚持提升自身在国际市场中的竞争力，重点提升自身创新水平，对标国际一流企业，先进的创新成果不断涌现，国际企业竞争力日益增强。在国际重点领域逐渐实现由“中国制造”向“中国创造”蜕变，成为国际自主创新的“带跑者”。国有企业在关键领域的技术突破，达到了世界领先水平，赢得了全世界的瞩目，自主创新不再“掉队”。

5. 国有企业不同地理区域创新现状

地理位置和国际市场环境对企业的创新也会产生一定影响。鲁桐和党印（2015）认为，企业的投资环境越好，创新力度越大，创新产出越多。[①] 程时雄和柳剑平（2014）研究扩大贸易开放力度，发现可以显著提升研发投入的产出效率。[②] 赵放和刘雅君（2016）发现宏观经济水平高的地区和区域，创新水平也很优秀。[③] 对我国上市公司研发投入和专利产出按照地理区域划分，有利于对比不同地区的发展和区域文化对企业创新水平的影响。笔者将我国地理区域划分为东北、华北等7个部分。表3-32报告了2007—2020年上述区域内国有企业平均研发投入和专利产出现状。华北、华东地区的国有企业开展创新实践活动频率较高，研发投入力度大，创新成效显著；西部地区基

① 鲁桐，党印．投资者保护、行政环境与技术创新：跨国经验证据［J］．世界经济，2015，38（10）：99-124.

② 程时雄，柳剑平．中国工业行业R&D投入的产出效率与影响因素［J］．数量经济技术经济研究，2014，31（2）：36-51，85.

③ 赵放，刘雅君．混合所有制改革对国有企业创新效率影响的政策效果分析——基于双重差分法的实证研究［J］．山东大学学报（哲学社会科学版），2016（6）：67-73.

础薄弱，国有企业受限于营商环境的影响，并未投入过多的研发支出，远低于发达地区。创新成果方面，华北的国有企业创新成果丰硕，具体而言，大约每年申请专利近 700 件；西北地区的专利数量最低，东北地区也不容乐观。总而言之，上述各地区国有企业创新发展水平差异较大。

表 3-32　2007—2020 年我国上市公司分地域研发投入、专利产出现状（地域平均值）

地域	研发支出金额（万元）	研发支出占营业收入之比（%）	专利申请数（件）	专利授权数（件）	专利有效数（件）
东北地区	16321	2. 755	57. 55	56. 83	56. 29
华北地区	80238	3. 854	662. 6	442. 6	1374
华东地区	20330	3. 400	120. 6	78. 13	103. 4
华南地区	10106	1. 547	95. 08	133. 8	285. 3
华中地区	16523	2. 821	118. 6	82. 20	70. 08
西北地区	7477	3. 675	53. 41	40. 83	88. 17
西南地区	12699	2. 685	115. 0	95. 11	238. 2

资料来源：CSMAR 数据库。

五、本章小结

本章重点关注国有企业目前发展面临的情况：国有企业面临的公平竞争现状、国有企业全要素生产率发展情况、国有企业的公司治理效率现状和国有企业创新现状。

首先，公平竞争现状从政策性负担和预算软约束两个角度进行分析，发现国有企业比民营企业承担了更多的政策性负担，同时也承担着更多的社会责任。而国有企业和政府关系密切导致国有企业更容易获得政府帮助，从而产生预算软约束问题。同时分析了在该问题下国有企业面临的融资环境和政府补贴，发现国有企业相较于民营企业在政府补贴的资金分配上和债务融资上均处于优势地位。其次，通过分析国有企业的全要素生产率研究现状、定义、测算方式，发现在各类所有制企业之中，国有企业的全要素生产率水平还有较大进步空间。再次，通过分析公司治理和治理效率的含义，发现绩效与公司治理效率之间存在紧密联系，因此有必要提高公司的治理效率。最后，分析我国创新研发现状，发现我国国有企业创新实力得到明显提升，在一些领域接近世界领先水平。研发投入强度稳定持续增加，科技创新水平取得巨大进展，创新产出不断增加，国际竞争力不断增强，但仍然存在创新投入不足、高层次人才不足、创新动力不足的问题。

第四章　混合所有制改革对国有企业改革的影响研究

——基于双重差分的实证分析

2013年11月通过的《中共中央关于全面深化改革若干重大问题的决定》，着重指明了“鼓励推行员工持股以及非国有资本参股投资国有资本投资项目”。该决定从2014年开始实施，有明确的政策实施企业范围以及不受政策影响的企业范围界定，是一个非常好的符合双重差分法（DID）应用的政策事件，故本书研究采用双重差分法对政策效应进行分析。国有企业混合所有制改革政策实施年份从2014年开始，故在2014年之前的年份记为0，2014年及2014年以后记为1。参考黄昶生和王正寒（2021）的识别方法，将国有股权比例产生异动的企业设定为实验组（2014年前国有持股比例未发生变化，视作未受国有企业混改政策影响，记为0；2014年及以后只要有一年国有持股比例发生变化，视作受到国有企业混改政策影响，就作为实验组，记为1），国有股权未发生变化的企业为控制组（国有持股比例始终都未曾产生变化的企业视作控制组）。考虑到双重差分法应用的条件，本书选择2011—2017年国有企业上市公司数据，2011—2013年为政策未实施时期记为0，2014—2017年为政策实施时期记为1。选择上市公司的数据有3个原因：一是上市公司数据更易获得，并且有专门的数据公司团队来进行收集；二是上市公司数据更加全面和完整，信息披露更加透明；三是上市公司接受监管更严格，自身管理更规范，从而使数据更加权威和有说服力。分析删除了无法识别、小于0、数据严重缺失等异常值和ST企业数据。数据来源于万德（WIND）和希施玛（CSMAR）数据库，样本量为3896家，为了控制极端值对回归结果的影响，对连续变量在1%和99%分位数上进行缩尾处理。

在宏观层面，基于公平竞争的视角，进行了对国有企业混合所有制改革对国有企业预算约束硬化的影响的实证研究；在微观层面，则从全要素生产率、公司治理效率和创新效率3个角度，利用上市国有企业微观数据开展实证研究。回归结果显示，国有企业混合所有制改革政策从宏观上对企业公平竞争环境有显著改善作用，对企业的全要素生产率、公司治理效率和创新效率也都产生了显著的促进作用。

一、混合所有制改革对国有企业硬化预算约束的影响研究

（一）问题的提出

大多既有文献重点关注混合所有制改革对于国有企业公司治理绩效，如企业绩效（沈红波等，2019）①、创新行为（朱沛华、陈林，2020）② 等方面的影响，鲜有文献从公平竞争视角探究混合所有制改革对国有企业的影响。本节重点研究混合所有制改革是否硬化国有企业预算约束。借鉴林毅夫等（2004）③ 和陈思宇等（2021）④ 的研究，本书将企业利息支出占年初负债总额的比例与该企业所在“年份—行业”息债比均值之差作为预算软约束的衡量指标。该指标的数值越小，代表企业存在的预算软约束越严重。

本书的研究弥补了相关文献的空缺，为进一步推进混合所有制改革、完善以公平竞争为导向的社会主义市场经济体制提供了经验证据。

（二）理论分析与假设

混合所有制改革可通以下两种机制对硬化预算约束产生积极的影响：

首先，非公有资本的加入有助于降低地方政府对企业经营的直接干预，剥离既有的政策性负担，从根本上削弱地方政府给予国有企业特别补助的外部动机，混合所有制改革有助于缓解国有企业的政策性负担，进而硬化预算约束。

---

① 沈红波，张金清，张广婷．国有企业混合所有制改革中的控制权安排——基于云南白药混改的案例研究［J］．管理世界，2019，35（10）：206-217.

② 朱沛华，陈林．工业增加值与全要素生产率估计——基于中国制造业的拟蒙特卡洛实验［J］．中国工业经济，2020，（7）：24-42.

③ 林毅夫，刘明兴，章奇．政策性负担与企业的预算软约束：来自中国的实证研究［J］．管理世界，2004，（8）：81-89，127-156.

④ 陈思宇，张峰，殷西乐．混合所有制改革促进了公平竞争吗——来自国有企业硬化预算约束的证据［J］．山西财经大学学报，2021，43（11）：16-28.

其次，当面临激烈的市场竞争时，国有企业具有更强烈的内部动机借助混合所有制改革改善经营效率，破除预算软约束带来的激励扭曲和竞争意愿不足问题，从而提高企业竞争力。混合所有制改革使国有企业和非国有企业间非对称待遇逐渐弱化，有助于建立平等竞争、制度规范的要素市场和产品市场，这不仅可以推动国有企业公平参与要素配置和获取，还有利于营造良好的市场环境。

基于上述理论，提出假设 1：混合所有制改革硬化了国有企业的预算约束。

（三）模型设定与变量说明

本书采用双重差分法探讨国有企业混改政策对国有企业预算软约束的影响，模型设置如下：

$$yhrys_{it}=\alpha_0+\alpha_1 DID_{it}+\alpha_2 treat_{it}+\alpha_3 time_{it}+\alpha_4 X_{it}+\mu_i+\sigma_t+\varepsilon_{it} \tag{4-1}$$

$yhrys_{it}$为企业预算软约束；DID_{it}为代表企业是否进行混合所有制改革的分组变量与代表企业参与混合所有制改革时间前后的虚拟变量的交叉项，若是处理组企业且处于混合所有制改革年份及以后的时期则 DID_{it}为 1，否则为 0；$treat_{it}$为 1 代表处理组，0 代表控制组；$time_{it}$为 1 代表政策实施及以后年份，0 代表政策实施以前年份；X_{it}代表本书基于以往相关研究而定义的一系列控制变量；μ_i 代表企业固定效应，控制企业间不随时间而变化的个体差距；σ_t 代表时间固定效应，控制因为时间变化而带来的影响；ε_{it}为误差项。各变量具体定义如表 4-1 所示。

表 4-1　验证国有企业混改与国有企业预算软约束关系的变量定义

变量名称	变量说明
yhrys	企业利息支出占年初负债总额的比例与该企业所在年份—行业息债比均值之差
treat	处理组虚拟变量，1 代表是，0 代表不是
time	时间虚拟变量，1 代表政策实施及以后年份，0 代表政策实施以前年份
DID	处理组和时间虚拟变量的交叉项
sch	市场化指数
hhi	赫芬达尔指数

续表

变量名称	变量说明
dlcb	代理成本
cgblf	第一大股东持股比例
ddbl	独立董事比例
ln*ds3xc*	董事前三名薪酬总额的对数
ln*dshys*	董事会会议次数的对数
ln*js*	监事人数的对数
ln*age*	企业成立年限的对数

（四）实证结果

为了验证假设1，本节以预算软约束作为被解释变量，使用双重差分模型估计国有企业混改对国有企业预算软约束的作用，为使估计结果的稳健性进一步提高，在回归模型里纳入了行业和时间两个虚拟变量，回归结果如表4-2所示。第（1）列结果为没有考虑控制变量的估计结果，第（2）列为考虑控制变量的估计结果。在对第（1）（2）两列回归结果进行对比后可以看出，其估计结果基本趋于一致。本书最关心的是交乘项 *DID* 的系数，有无控制变量均为0.001且在1%的水平上显著，表明混合所有制改革能够硬化国有企业预算约束，假设1获证。控制变量方面，产业集中度越高，预算软约束越突出，但其他控制变量影响并不显著。

表4-2 国有企业混改与预算软约束关系回归结果

	无控制变量	有控制变量
	yhrys	*yhrys*
DID	0.0009*** (0)	0.001*** (0)
sch		−0.00008 (0)
hhi		−0.0002* (.001)

续表

	无控制变量	有控制变量
	yhrys	*yhrys*
dlcb		2. 41e-08 (0)
ddbl		-0. 00005 (0)
ln*ds3xc*		-1. 98e-06 (0)
ln*dshys*		-0. 00001 (0)
ln*js*		-0. 00007 (0)
ln*age*		-0. 00003 (0)
cgblf		1. 18e-06 (0)
_ cons	-0. 00001 (0)	-0. 00014 (0. 001)
Observations	4676	4649
R-squared	0. 046	0. 048
t-statistics in parentheses		

注：*** 代表 $p<0.01$，** 代表 $p<0.05$，* 代表 $p<0.1$。

（五）小结

通过双重差分研究发现，混合所有制改革能够显著硬化国有企业的预算约束，是破解国有企业预算软约束问题、推进不同所有制企业公平参与市场竞争的重要途径。

二、混合所有制改革对国有企业全要素生产率的影响研究

（一）问题的提出

以往的文献对于国有企业改制这个主题进行了持续的改革评价，大多集中于改制如何影响国有企业的经营绩效。在国有企业改制效果的评价上，全要素生产率与传统的财务绩效相比，能反映更为根本的问题（张军、胡志浩，2015）。[①] 近年来，随着企业统计数据更容易获得，全世界对于全要素生产率研究的总体方向也从宏观向微观发展。胡一帆等（2006）基于世界银行对中国近300家国有企业1996—2001年调查数据的实证研究表明，国有企业民营化的改制不仅显著改善了企业盈利能力，而且显著提高了企业全要素生产率。[②] 盛丰（2012）运用双重差分法研究了中国国有企业改革对生产效率和创新效率的影响，发现如果国有企业改制后国有资本不占主体，则企业生产效率和创新效率都能得到提高。[③] 刘晔等（2016）采用PSM-DID方法研究了国有企业混合所有制改革成效，认为国有企业全要素生产率在混改后得到了显著改善。[④] 于是，从企业微观层面出发，考察全要素生产率在国有企业混改中受到的影响非常重要，特别是在本书分析混合所有制改革对国有企业改革政策的影响中，国有企业在全要素生产率上的进步是一个重点领域。在探究国有企业改革怎样影响国有企业的生产效率方面，现有文献主要从企业绩效和企业创新两个方面着手，研究混合所有制改革对企业的作用，但是鲜有学者对国有企业混改后带来全要素生产率的变动进行研究。本书着眼于混合所有制的改革对微观企业的影响这个重点视角，以期能说明政策在促进全要素生产率提高方面的效应。

（二）理论分析与假设

混合所有制改革在促进全要素生产率提升方面的机制表现为以下两种不

---

① 张军，胡志浩．中国基金业2005—2013年全要素生产率变迁的实证研究——基于Malmquist生产率指数［J］．中国社会科学院研究生院学报，2015（2）：52-56.

② 胡一帆，宋敏，郑红亮．所有制结构改革对中国企业绩效的影响［J］．中国社会科学，2006（4）：50-64，206.

③ 盛丰．生产效率、创新效率与国企改革——微观企业数据的经验分析［J］．产业经济研究，2012（4）：37-46.

④ 刘晔，张训常，蓝晓燕．国有企业混合所有制改革对全要素生产率的影响——基于PSM-DID方法的实证研究［J］．财政研究，2016（10）：63-75.

同的方式：

其一，混合所有制改革可以使得集体资本、非公有资本、国有资本等不同种类资本间优势互补，并且其他资本如果加入国有企业就能够提升企业活力，对提高企业全要素生产率水平有所帮助。长期以来，在人们心中形成了国有企业低效率的刻板印象，故而以混合所有制的改革来使国有企业的效率得到提升，这对于转变经济发展方式、促进中国经济改革与发展显得十分重要（刘晔等，2016）。①

其二，混合所有制改革可以优化国有企业的股权结构，进一步对企业的生产经营决策和治理结构产生影响，从而起到促进全要素生产率改善的作用。李炳堃（2017）、赵国宇和禹薇（2019）认为，国有企业由于“内部人控制”“高管薪酬管制”及“高管政治晋升”等存在较强的委托代理问题，全要素生产率低下，而非国有股东在获得企业的一定所有权后，出于自身利益及企业价值最大化的考虑，具有较大动力来完善管理层的激励和监督体制，以明显地排解管理层的道德风险和机会主义倾向。②③ 白重恩等（2006）研究发现，国有企业经过混改后，因为代理成本的下降，很大程度上提高了经济效益。④ 郝云宏、汪茜（2015）等认为，由于不断提升的非国有股东持股比例，多元制衡化的股权结构一步步生成，这种彼此制衡关系可以使大股东对小股东的非效率投资和利益侵占等行为得到控制，最重要的是改善企业治理水平，从而提高企业价值。⑤

基于上述理论分析，本书提出假设 2：混合所有制改革能够促进国有企业全要素生产率提高。

（三）模型设定与变量说明

本书通过双重差分法来对国有企业混改政策对国有企业的影响这个问题

---

① 刘晔，张训常，蓝晓燕．国有企业混合所有制改革对全要素生产率的影响——基于 PSM-DID 方法的实证研究［J］．财政研究，2016（10）：63-75.

② 李炳堃．国资改革与混合所有制——基于委托代理理论视角［J］．经济问题，2017（12）：60-64.

③ 赵国宇，禹薇．股权激励、过度投资抑制与公司价值［J］．经济与管理评论，2019（4）：42-51.

④ 白重恩，路江涌，陶志刚．国有企业改制效果的实证研究［J］．经济研究，2006（8）：4-13，69.

⑤ 郝云宏，汪茜．混合所有制企业股权制衡机制研究——基于“鄂武商控制权之争”的案例解析［J］．中国工业经济，2015（3）：148-160.

进行探讨，模型设置如下：

$$lp_{it}=\alpha_0+\alpha_1 DID_{it}+\alpha_2 treat_{it}+\alpha_3 time_{it}+\alpha_4 X_{it}+\mu_i+\sigma_t+\varepsilon_{it} \quad (4-2)$$

其中 lp_{it} 为因变量，代表全要素生产率；DID_{it} 为代表企业是否进行混合所有制改革的交叉项，即分组变量与代表企业参与混合所有制改革时间前后的虚拟变量的相乘项，若是处理组企业且处于混合所有制改革年份及以后的时期则 DID_{it} 为 1，否则为 0；$treat_{it}$ 为 1 代表处理组，0 代表控制组；$time_{it}$ 为 1 代表政策实施及以后年份，0 代表政策实施以前年份；X_{it} 代表由本书基于以往相关研究而定义的一系列控制变量；μ_i 代表企业固定效应，控制企业间不随时间而变化的个体差距；σ_t 代表时间固定效应，控制因为时间变化而带来的影响；ε_{it} 为误差项。具体变量定义如表 4-3 所示。

表 4-3　验证国有企业混改与国有企业全要素生产率关系的变量定义

变量名称	变量说明
lp	用 lp 法计算的企业全要素生产率
treat	处理组虚拟变量，1 代表是，0 代表不是
time	时间虚拟变量，1 代表政策实施及以后年份，0 代表政策实施以前年份
DID	处理组和时间虚拟变量的交叉项
sch	市场化指数
hhi	赫芬达尔指数
dlcb	代理成本
cgblf	第一大股东持股比例
ddbl	独立董事比例
ln*ds3xc*	董事前三名薪酬总额的对数
ln*dshys*	董事会会议次数的对数
ln*js*	监事人数的对数
ln*age*	企业成立年限的对数

（四）实证结果

从表 4-4 可以看出，对于全要素生产率，国有企业混改的政策带来了正效应（系数大于0），而且十分显著，在加入控制变量以后，其结果仍旧相同。另外还可以看到，市场化指数对于全要素生产率回归系数不显著；产业集中度明显不利于全要素生产率；代理成本明显不利于全要素生产率；独董比例对全要素生产率来说没有显著作用；第一大股东持股比例有明显积极作用；董事前三名薪酬总额的对数表现出显著的正作用；董事会议数的对数表现出显著的正作用；监事人数的对数表现出显著的负作用；企业成立年限对数没有显著作用。

表4-4 国有企业混改与国有企业要素生产率关系回归结果

变量	(1)	(2)
	lp——无控制变量	lp——加入控制变量
DID	0.272*** (7.75)	0.251*** (7.21)
sch		0.006 (0.29)
hhi		−0.733*** (−4.85)
dlcb		−0.196*** (−5.86)
ddbl		−0.217 (−1.03)
cgblf		0.004*** (3.09)
ln*ds3xc*		0.024*** (4.89)
ln*dshys*		0.220*** (7.79)
ln*js*		−0.226** (−2.34)
ln*age*		−0.016 (−0.08)
Constant	13.393*** (770.07)	12.954*** (21.51)
Observations	9,628	9,568

续表

变量	(1)	(2)
	lp——无控制变量	lp——加入控制变量
R-squared	0.155	0.171
id FE	YES	YES
year FE	YES	YES
t-statistics in parentheses		

注：***代表 $p<0.01$，**代表 $p<0.05$，*代表 $p<0.1$。

（五）小结

通过调查文献资料以及相关数据对比分析，得出从2011年到2017年，我国实行国有企业的所有制结构的混合改革，成效显著并且大大提高了国有企业的全要素生产率。

三、混合所有制改革对国有企业治理效率的影响研究

（一）问题的提出

在国有企业混改过程中，引入非国有资本优化了企业所有权结构，不仅可以改善公司治理结构，还可以提高公司治理水平。目前虽然经历了股权分置改革，但是国有企业“所有者缺位”的现象仍然十分严重（卢建词、姜广省，2018）。[①] 在这种情况下，企业所有者在监督和控制管理层行为方面的失能，以及信息不对称的越发严重就很可能引致如管理层的机会主义行为或者道德风险等，从而使内部人控制现象更加严重（Jensen，1986；张孝梅，2016）[②③]，使得其在经营决策中容易产生机会主义行为和短期利益导向（余明桂等，2019）。[④] 那么，国有企业混合所有制改革能否对改善国有企业公司

① 卢建词，姜广省．混合所有制与国有企业现金股利分配［J］．经济管理，2018，40（2）：5-20.

② JENSEN，M. Agency costs of free cash flow corporate finance and takeover［J］. American Economic Review，1986，76（2）：323-329.

③ 张孝梅．混合所有制改革背景的员工持股境况［J］．改革，2016（1）：121-129.

④ 余明桂，钟慧洁，范蕊．民营化、融资约束与企业创新——来自中国工业企业的证据［J］．金融研究，2019（4）：75-91.

治理效率有作用，其对于改善公司治理效率具体作用方向如何，下面进行实证讨论研究。

（二）理论分析与假设

混合所有制改革对国有企业公司治理效率影响分析如下：

对企业产权进行重新界定、利用不同产权性质互相竞争与监督起到制衡作用，通过非国有资本与国有资本的结合，公司治理结构在公司内部合作的作用下将得到一定程度改善，从而引致公司治理水平的优化。一方面，伴随着混合所有制改革的推进，非国有资本持续注入国有企业，这对于不同所有制资本发挥互补优势起到积极作用，对于内部人控制问题也可以有一定程度的缓解（陈思宇等，2021）①，混改不仅可以显著降低企业内部代理成本（白重恩等，2006）②，还充分发挥了非国有大股东在引入国有企业后的治理效应（马勇等，2019）③。张任之（2019）的研究同样表明，非国有股东参与治理能够优化国有企业的股权结构和治理结构，进而有效抑制高管腐败行为的发生④。另一方面，非国有资本进入国有企业后形成的多元股权结构可以更好地促使企业内部制衡的合理化（郝云宏和汪茜，2015）⑤，产权多元化不仅对公司治理水平有提高作用，对于企业经营业绩也可以起到很好的促进作用，其根源在于非国有股东在决策中的目标偏好和决策模式与国有股东具有明显差异；此外非国有股东本身具有逐利的特性，这会使得其更加关注企业的盈利水平和运营效率，会有很强的动机对国有企业高管进行监督，同时也能发挥管理层激励以及股东监督等方面的治理效应（陈曙光等，2021）⑥。或者可以

---

① 陈思宇，张峰，殷西乐．混合所有制改革促进了公平竞争吗——来自国有企业硬化预算约束的证据［J］．山西财经大学学报，2021，43（11）：16-28.

② 白重恩，路江涌，陶志刚．国有企业改制效果的实证研究［J］．经济研究，2006（8）：4-13+69.

③ 马勇，王满，马影，等．非国有大股东影响国企审计师选择吗？［J］．审计与经济研究，2019，34（2）：19-30.

④ 张任之．非国有股东治理能够抑制国有企业高管腐败吗？［J］．经济与管理研究，2019，40（8）：129-144.

⑤ 郝云宏，汪茜．混合所有制企业股权制衡机制研究——基于“鄂武商控制权之争”的案例解析［J］．中国工业经济，2015（3）：148-160.

⑥ 陈曙光，霍晓萍，任艺．混合所有制改革与国有企业投资效率——基于委托代理冲突和股东间冲突的视角［J］．会计之友，2021（16）：143-150.

说，伴随着混合所有制改革的深入，国有企业在非国有资本进入后，会有更大的动力去完善管理层的激励和监督机制，从而对缓解管理层的机会主义倾向起到积极作用（蔡贵龙等，2018）[①]，不断完善公司的治理机制（马连福等，2015）[②]。由此分析可见，国有企业混改将对于公司治理效率起到改善作用。

基于上述理论分析，提出假设 3：混合所有制改革能够带来国有企业公司治理效率的改善。

（三）模型设定与变量说明

采用双重差分法探讨国有企业混改政策对国有企业公司治理效率的影响，模型设置如下：

$$EVA_{it}=\alpha_0+\alpha_1 DID_{it}+\alpha_2 treat_{it}+\alpha_3 time_{it}+\alpha_4 X_{it}+\mu_i+\sigma_t+\varepsilon_{it} \quad (4-3)$$

EVA_{it}为因变量，代表公司治理效率，由职工薪酬、固定资产折旧、营业利润和税费加总而来[③]；DID_{it}为代表企业是否进行混合所有制改革的交叉项，即分组变量与代表企业参与混合所有制改革时间前后的虚拟变量的相乘项，若是处理组企业且处于混合所有制改革年份及以后的时期则 DID_{it}为 1，否则为 0；$treat_{it}$为 1 代表处理组，0 代表控制组；$time_{it}$为 1 代表政策实施及以后年份，0 代表政策实施以前年份；X_{it}代表由本书基于以往相关研究而定义的一系列控制变量；μ_i 代表企业固定效应，控制企业间不随时间而变化的个体差距；σ_t 代表时间固定效应，控制因为时间变化而带来的影响；ε_{it}为误差项。各变量具体定义如表 4-5 所示。

表 4-5 检测国有企业混改与国有企业治理效率关系的变量定义

变量名称	变量说明
EVA	经济增加值=职工薪酬+固定资产折旧+营业利润+税费
treat	处理组虚拟变量，1 代表是，0 代表不是

① 蔡贵龙，柳建华，马新啸．非国有股东治理与国企高管薪酬激励［J］．管理世界，2018，34（5）：137-149.

② 马连福，王丽丽，张琦．混合所有制的优序选择：市场的逻辑［J］．中国工业经济，2015（7）：5-20.

③ 鲁晓东，连玉君．中国工业企业全要素生产率估计：1999—2007［J］．经济学（季刊），2012，11（2）：541-558.

续表

变量名称	变量说明
time	时间虚拟变量，1代表政策实施及以后年份，0代表政策实施以前年份
DID	处理组和时间虚拟变量的交叉项
sch	市场化指数
hhi	赫芬达尔指数
dlcb	代理成本
cgblf	第一大股东持股比例
ddbl	独立董事比例
ln*ds3xc*	董事前三名薪酬总额的对数
ln*dshys*	董事会会议次数的对数
ln*js*	监事人数的对数
ln*age*	企业成立年限的对数

（四）实证结果

从表4-6可以看出，对于公司治理效率，国有企业混改的政策带来了正效应（系数大于0），且显著，在加入控制变量后，结果一致。另外还可以看到，市场化指数表现出不显著的正效应；市场集中度对全要素生产率增长有显著正效应；代理成本表现出不显著的正效应；独董比例表现出不显著的负效应；第一大股东持股比例表现出不显著的负效应；董事前三名薪酬总额表现出显著的负作用；董事会议数表现出不显著的负作用；监事人数表现出不显著的正效应；企业年龄表现出不显著的正效应。

表4-6　国有企业混改与国有企业治理效率关系回归结果

变量	（1）	（2）
	EVA——无控制变量	EVA——有控制变量
DID	0.110** （2.08）	0.123** （2.32）
sch		0.053 （1.40）

续表

变量	(1)	(2)
	EVA——无控制变量	EVA——有控制变量
hhi		0.449* (1.68)
dlcb		0.095 (1.59)
ddbl		−0.194 (−0.54)
cgblf		−0.001 (−0.52)
ln*ds3xc*		−0.024*** (−3.46)
ln*dshys*		−0.079 (−1.54)
ln*js*		0.186 (1.20)
ln*age*		0.051 (0.11)
Constant	19.054*** (628.30)	18.780*** (13.81)
Observations	3,532	3,515
R−squared	0.198	0.205
Number of id	542	542
id FE	YES	YES
year FE	YES	YES
t−statistics in parentheses		

注：***代表 $p<0.01$，**代表 $p<0.05$，*代表 $p<0.1$。

（五）小结

通过对2011—2015年的样本数据进行实证分析发现，国有企业实施混合所有制改革，确实显著有利于提高国有企业的公司治理效率。但是，混改政策的正效应却不具有持续性，这一点值得重视，因为国有企业的公司治理效率受到太多因素的干扰，要想保持治理效率的持续提高，必须系统考虑并精准施策。

四、混合所有制改革对国有企业创新效率的影响研究

（一）问题的提出

我国混改已取得诸多成效，非国有股东的加入缓解了所有者缺位问题，完善了激励机制。现有国有企业改革的政策和措施都有利于提高国有企业生产效率，然而，在创新效率上存在一定的缺失。白重恩等（2006）实证检验后指出，国有企业改革能够较大地提升其经济效应，① 放权让利、承包制等改革措施也显著提高了国有企业的生产效率（Groves 等，1995）②，充分肯定了产权制度改革对国有企业改革带来的积极作用（胡一帆等，2005）③。然而，部分学者指出，国有企业改革对国有企业创新效率的影响并不显著，甚至存在创新效率损失(吴延兵，2012)④。笔者认为，吴延兵采用的是 1998—2003 年数据，当时的国有企业改革可能更侧重于生产效率。近年来的研究检验了 2013 年以来国有企业混改的改革成效，部分学者认为国有企业混改对企业创新具有积极意义，会显著促进国有企业创新，尤其是在控制权发生改变时，即改革为非国有控股企业时，混合所有制改革才具有显著作用，原因是改革缓解了政府干预（盛丰，2012；赵放和刘雅君，2016；宋林等，2022）⑤⑥⑦，其他学者聚焦混合所有制改革与国有企业价值和绩效的提升，认为相较于纯国有股权结构的国有企业，混

① 白重恩，路江涌，陶志刚．国有企业改制效果的实证研究［J］．经济研究，2006（8）：4-13+69.

② GROVES T，HONG Y，MC MILLAN J，et al. China's evolving managerial labor market［J］. Journal of Political Economy，1995，103（4）：873-892.

③ 胡一帆，宋敏，张俊喜．竞争、产权、公司治理三大理论的相对重要性及交互关系［J］．经济研究，2005（9）：44-57.

④ 吴延兵．国有企业双重效率损失研究［J］．经济研究，2012，47（3）：15-27.

⑤ 盛丰．生产效率、创新效率与国企改革——微观企业数据的经验分析［J］．产业经济研究，2012（4）：37-46.

⑥ 赵放，刘雅君．混合所有制改革对国有企业创新效率影响的政策效果分析——基于双重差分法的实证研究［J］．山东大学学报（哲学社会科学版），2016（6）：67-73.

⑦ 宋林，高强，史贝贝．国企改制能否提升出口国内附加值？——基于中间品视角的分析［J］．财贸研究，2022，33（3）：1-15.

合所有股权结构的国有企业绩效水平会更高。研发投入和人力资本是混改提升企业创新水平的重要路径（黄昶生、王正寒，2021；周观平等，2021）①②。现有研究重点关注混改对国有企业创新投入、创新产出的影响，较少从创新效率视角探究混改成效。因此，笔者重点关注国有企业在创新效率上的改进。

（二）理论分析与假设

国有企业混改通过以下两种机制对创新效率产生积极的影响：

首先，在国有企业中，相比于完全国有股权结构，混合所有股权结构的国有企业具有更优的绩效和治理水平，其可能的原因是企业激励机制在混合所有制下得以增强。创新活动由企业决策机构管理，董事会结构对企业的创新决策有着直接影响。刘运国等（2016）指出，非国有资本进入公司后，基于利益最大化原则，会通过委派董事、监事、高管深度参与公司治理，在直接改变董事会构成的同时，也改变了董事会的决策特征，从而提升了企业创新效率。③

其次，混合所有制改革引入了非国有资本，有效缓解了政府干预，提高了治理能力，提升了企业的创新效率。李文贵和余明桂（2015）指出，非国有股东进入国有企业，会有效缓解政府的干预行为④，最直接的影响便是抑制企业非经济行为。同时，创新活动意味着高风险，而非国有股东更能承受研发风险，能够接受创新的高风险、周期长等特征（Boubakri 等，2013），这有利于提升企业创新效率⑤。国有企业混改提高了治理能力，使管理层能够从企业长远发展考虑，增强创新意愿，从而使企业更倾向于增加创新投入，带来研发效率的有效提升，进而对企业创新绩效产生促进作用。

基于此，提出假设 4：混合所有制改革提升了国有企业的创新效率。

---

① 黄昶生，王正寒．混合所有制改革与企业价值提升——基于上市国有企业的实证研究［J］．工业技术经济，2021，40（8）：78-88.

② 周观平，周皓，王浩．混合所有制改革与国有企业绩效提升——基于定义矫正和 PSM、DID、IV 法的再透视［J］．经济学家，2021（4）：80-90.

③ 刘运国，郑巧，蔡贵龙．非国有股东提高了国有企业的内部控制质量吗？——来自国有上市公司的经验证据［J］．会计研究，2016（11）：61-68，96.

④ 李文贵，余明桂．非国有化企业的股权结构与企业创新［J］．管理世界，2015（4）：112-125.

⑤ BOUBAKRI N，COSSET J C，SAFFAR W. The role of state and foreign owners in corporate risk-taking：Evidence from privatization［J］. Journal of Finance and Economics，2013（108）：641-658.

（三）模型设定与变量说明

本节采用双重差分法来实证研究国有企业混改政策对国有企业创新效率方面的影响①，模型设定如下：

$$ye_{it}=\alpha_0+\alpha_1 DID_{it}+\alpha_2 treat_{it}+\alpha_3 time_{it}+\alpha_4 X_{it}+\mu_i+\sigma_t+\varepsilon_{it} \quad (4-4)$$

ye_{it}为企业创新效率；DID_{it}为代表企业是否进行混合所有制改革的分组变量与代表企业参与混合所有制改革时间前后的虚拟变量的交叉项，若是处理组企业且处于混合所有制改革年份及以后的时期则 DID_{it} 为 1，否则为 0；$treat_{it}$为 1 代表处理组，0 代表控制组；$time_{it}$为 1 代表政策实施及以后年份，0 代表政策实施以前年份；X_{it}代表本书基于以往相关研究而定义的一系列控制变量；μ_i 代表企业固定效应，控制企业间不随时间而变化的个体差距；σ_t 代表时间固定效应，控制因为时间变化而带来的影响；ε_{it}为误差项。

创新效率（*ye*）参考王立勇和唐升（2020）、林新奇和赵国龙（2021）的研究，运用 DEA 方法评价国有企业的创新效率，其中创新投入为企业研发员工占比、研发投入费用占当年营业收入的比重，创新产出为已授权专利数量。各变量具体定义如表 4-7 所示。

表 4-7 检测国有企业混改与国有企业创新效率关系的变量定义

变量名称	变量说明
ye	根据 DEA 模型测算所得
treat	处理组虚拟变量，1 代表是，0 代表不是
time	时间虚拟变量，1 代表政策实施及以后年份，0 代表政策实施以前年份
DID	处理组和时间虚拟变量的交叉项
sch	市场化指数
hhi	赫芬达尔指数
dlcb	代理成本
cgblf	第一大股东持股比例

① 曾冰．高铁开建提升了城市创新效率吗？——基于 PSM-DID 的实证分析［J］．西南民族大学学报（人文社科版），2020，41（4）：104-110.

续表

变量名称	变量说明
ddbl	独立董事比例
ln*ds*3*xc*	董事前三名薪酬总额的对数
ln*dshys*	董事会会议次数的对数
ln*js*	监事人数的对数
ln*age*	企业成立年限的对数

（四）实证结果

回归结果见表 4-8。通过对比第（1）（2）两列回归可以发现，无论是否加控制变量，*DID* 的系数均为正，且在 1%的水平上显著，说明混合所有制改革有效提升了企业的创新效率。

控制变量方面，成立年限较长的国有上市公司的创新效率更低，创新效率随董事前三名薪酬总额的增大而提高，与第一股东持股比例呈显著正相关。但创新效率与市场化指数、产业集中度、代理成本、独董比例等的关系并不显著。

表 4-8 国有企业混改与企业创新效率关系回归结果

变量	无控制变量	有控制变量
	ye	*ye*
DID	0. 001*** (0)	0. 001*** (0)
sch		-0. 00008 (0)
hhi		-0. 0002 (0. 001)
dlcb		0. 000000559 (0)
ddbl		0. 0007 (0)

续表

变量	无控制变量	有控制变量
	ye	*ye*
ln*ds3xc*		0.00007*** (0)
ln*dshys*		0.00007 (0)
ln*js*		0.0001 (0)
ln*age*		-0.0002*** (0)
cgblf		0.00001*** (0)
_cons	-1.88E-16 0	-0.001 -0.001
Observations	10360	10289
R-squared	0.015	0.026
t-statistics in parentheses		

注：***代表 $p<0.01$，**代表 $p<0.05$，*代表 $p<0.1$。

（五）小结

研究结论表明，国有企业混合所有制改革政策对企业的创新效率的正向影响很显著。

五、本章小结

本章采用双重差分法对国有企业混合所有制改革政策效应进行了研究，选取了2011—2017年的数据作为样本，通过实证研究发现，国有企业混合所有制改革无论是对宏观的公平竞争环境改善，还是对微观的全要素生产率、公司治理效率和创新效率提升，都起到了显著的积极作用。

国有企业混合所有制改革政策可以显著改善企业公平竞争环境，且产业集中度越低越可以显著改善公平竞争环境；国有企业混合所有制改革政策可以显著提升企业全要素生产率，产业集中度、代理成本和监事人数越小越可以显著提升全要素生产率，第一大股东持股比例、前三名董事薪酬和董事会会议数越高越可以显著促进全要素生产率；国有企业混合所有制改革政策可以显著提升企业公司治理效率，前三名董事薪酬越低、市场集中度越高，越可以显著提升公司治理效率；国有企业混合所有制改革政策可以显著提升企业创新效率，前三名董事薪酬总额和第一大股东持股比例越高越显著有利于创新效率提升，但企业年限越长越显著不利于创新效率提高。

第五章　国有企业成长为世界一流企业的制约因素

《关于加快建设世界一流企业的指导意见》明确提出："世界一流企业是中国现代化强国建设的起点，产品卓越是高质量发展的起点。"这为如何加快建设世界一流企业和深化企业改革指明了方向。国有企业的成长过程是曲折而又漫长的，促进更多的国有企业成长为世界一流企业是一项持续而艰巨的任务。笔者通过前文分析，发现国有企业混合所有制改革确实可以对改善公平竞争环境，提升全要素生产率、公司治理效率和创新效率等起到显著积极作用，接下来，还要具体分析在国有企业发展过程中，有哪些因素是建设世界一流企业的障碍，然后采取针对性措施，加快构建世界一流企业的步伐。

一、国有企业公平竞争制约因素分析

（一）国有企业政策性负担的制约因素

1. 政治关联问题有待改善

政治关联问题可能为企业带来大量的政策性负担，最终妨碍国有企业的长期发展。在大部分发展中国家，它们可能是以经济关系为基础的，随着社会高速发展，这种情况逐渐开始转变，大部分国家的经济就变成了以市场为基础（Rajan 和 Zingales，2004）。[①] 但是，众多国有企业仍然与政府之间存在密切关系，这就是"政治关联"。具体而言，在我国部分地区——尤其是经济发展相对缓慢的地区——政府拥有的经济资源比国有企业的经济资源多，

① RAJAN R G，ZINGALES L. Saving capitalism from the capitalists：Unleashing the power of financial markets to create wealth and spread opportunity ［M］. Princeton：Princeton University Press，2004.

再加上政府对国有企业的经济活动进行干预，在一定程度上影响了企业的发展。为了获得更多的经济资源和信息，大部分企业会有意向政府示好并希望建立密切关系。国有企业通过聘用政府官员作为企业管理层领导，或者以其他方式与政府建立关联。吴文锋等（2009）学者发现在中国的上市公司中，有许多企业领导层人员都与政府直接或间接相关，那么这种关系就会帮助企业与当地的政府建立联系，而这些联系可以直接或间接帮助企业获得更多资源。①

吴联生（2010）发现政治关联影响企业价值，政府可以给政治关联较高的企业提供资源，其代价是需要该企业多缴纳税收，企业为了获得更好的发展会积极缴纳税收以获得政府帮助。② 楼秋然（2021）认为国有企业的政治关联问题，体现在过度政治干预、政策性负担和社会责任负担几个方面，同时也可能降低国有企业的经营效率。③ 吴联生等（2010）用中国 A 股上市企业为样本进行研究，结果发现政治关联严重的企业税收负担更高。④ 前面的研究证实了国有企业的政治关联程度较高，民营企业政治关联程度较低，因此，经典理论认为国有企业的税负较高，其原因可以分为两个方面：一方面，国有股权产权主体不明确，国有股权是一种公共产权。从本质上讲，国有企业利润增加和国有企业缴纳的税收都属于国民财富增加。并且在一些上市公司中，存在国有股占主要地位的现象，因此国有企业税收筹划动机进一步下降。而且，地方各级政府是国有企业的实际主导人，政府也是政府补贴的执行者与付款人，同时国有企业也是企业所得税的缴纳人，这些因素导致国有企业税收筹划动机下降，对税收筹划要求也更加不清晰。为了使国有企业能更好地发展、企业价值增加，政府有时可能直接对企业发放资金补助，导致国有企业放弃税收筹划，只追求会计利润。民营企业的产权明确且主体清晰，所以民营企业会积极进行税收筹划来获得现金流，从而促进企业长远发展。另

---

① 吴文锋，吴冲锋，芮萌．中国上市公司高管的政府背景与税收优惠［J］．管理世界，2009（3）：134-142.

② 吴联生．盈余管理、政治关联与公司税负［J］．会计论坛，2010（1）：3-16.

③ 楼秋然．国有企业公司治理改革：政治逻辑与经济逻辑的协调融合之道［J］．华中科技大学学报（社会科学版），2021，35（2）：74-83.

④ 吴联生，林景艺，王亚平．薪酬外部公平性、股权性质与公司业绩［J］．管理世界，2010（3）：117-126，188.

一方面，政府不仅是国有企业实际主导人，还有简政放权、引领创新、调节社会分配、保护环境等社会职能，在履行这些职能时有可能不能同时满足企业利润最大化目的，而国有企业则为政府干预企业决策提供了机会（Spiller，1990）。[①] 在社会责任方面，政府希望国有企业能够承担起一定的责任，最直接的承担方法就是国有企业承担起高的税收负担。非国有企业由于与政府关联不多，受到政府干预机会较小，所以承担的税收负担不如国有企业（李玉平等，2009）。[②] 笔者认为，过度的政治关联可能会制约国有企业的发展，导致国有企业承担更高的税收负担。

2. 制衡监督有待进一步加强

首先，优化资源配置的先决条件是追求资本的流动性，这不仅涉及以股权和债务为形式适当地转移资本，还涉及资本在两个不同企业间流动，以达到资源有效配置的目的。资本以所有权为基础，要求“同权、同责、同利、同股”。控制权分配和股权结构之间往往存在着矛盾，这在国有企业中很常见。国有资本通常代表股东的权利，这些股东的权益和其股权比例不完全一致，无论公司持有的股权比例如何，国有股东都可以通过国有资产管理系统行使“管理人事和资产”的权利；因此，国有股东的权利在决策权和监督权上几乎得到了百分百的体现，国资委在大多数国有企业中，既是委托人又是受托人，同时也是监督和执行实体。而大多数国有企业对民营企业的准入有着一定程度的条件限制，即使有资格参股，股权份额也较低，而且可能还没有董事会席位，也可能无法参与日常业务决策，这不能让其在公司发挥有效作用，如果监管不力，会导致国有企业内部出现问题，严重时会出现资产流失的情况。

其次，国有企业是基于成本节约目的进行的初始转让，国有资产管理和其他集体目标共同管理监督原始代理人。经过几次转移后，政府的若干社会经济目标得以分担及落实，同时国有资产和国有企业接受含国资委在内的几个平行部门联合监督，再接受多个监管部门的各种目标，从而形成了国有企

① SPILLER P. Politicians, interest groups, and regulations: A multiple-principals agency theory of regulation, or “Let Them Be Bribed” [J]. Journal of Law and Economics, 1990 (1): 33.

② 李玉平，吴晓娟，纪元．我国国有企业社会责任信息披露的理性分析［J］．财政研究，2009（9）：18-20.

业的多目标鼓励结构。由于国有企业承担的多目标非常复杂，国资委作为一个综合监管部门，联合组织部门为国有企业提供了一个多目标的激励结构。如国资委要求被监管的国有企业在实现良好的经济目标的同时，还要支持国家政策目标、履行社会责任等。同时，国资委也为其他职能部门提供了共同目标，如财政部和社会保障部等部门。正是在这样一种多目标的激励结构下，国有企业无法像处于市场竞争前列的民营企业一样保持较高的经济效益，因为其不是以经济目标作为唯一目标。国有企业的多目标可能为国有企业管理带来许多问题，还可能牺牲其在一些目标下的绩效，这些目标增加了公共企业的社会责任和政策性负担。国有企业承担多个监管部门多个目标的重任，这些目标中很大一部分包含了公共部门应该追求的政治和社会目标。例如，国有企业被赋予了就业目标，即使这些目标限制了其根据效率原则分配和调整生产要素而增加企业经营的负担。国有企业还可能会被产品价格管制，用来调控宏观市场及维护社会稳定，从而导致其亏损等。

因此笔者认为，由于监管不足引发国有企业内部控制问题，也会造成过度投资等问题。同时国有企业的多目标使得国有企业的社会责任负担加重。

3. 国有企业内部治理机制有待进一步完善

国有企业在不断的改革中逐渐完善了企业经营制度和公司治理结构，但由于国有资本的特殊性、国有大型企业运行的效率等，政府对国有企业的监管力度不断加大。如果对经济主体缺乏有力的监管，可能导致“内部人控制”现象频繁出现（卢俊，2014）①。国有企业管理者具有政治优势，“同股同权”原则难以落实，削弱了国有企业独立法人治理结构的有效性。

在约束机制方面，董事长和总经理等国有企业董事会和管理层的监督职能出现混淆重叠现象，因此削弱了董事会监督职能。当然，一些国有企业已经建立了理想的约束机制，但缺乏足够的激励，导致了对管理人员的考核效果不好，同时也打击了他们的积极性。由于当前公司治理水平有待提升，要求国有企业全面深化改革，切实发挥各相关权力机构的监管职能，以此提高资本管理效率。尽管深化了企业改革，但是企业的管理理念、经营模式等都并未发生深刻变化，所以企业资源并没有被优化，因而可能导致国有资本的

① 卢俊．推进混合所有制　深化国有企业改革［J］．宏观经济管理，2014（9）：18-20，24.

收益并未最大化。此外，在监管过度的情况下，企业内部权利制衡失灵，抑制了国有企业的市场活力，导致企业对市场敏感度降低。在不断变化的市场环境下，这类国有企业在与民营企业竞争中是难以生存的。同时，鉴于综合监管机构与受监管企业之间存在无法达成协议的未决问题，以及内部合同不完整的不确定性问题，监管委员会倾向于加强与受监管企业的组织联系，因此也就增强了综合监督的管理趋势，最后，部分国有企业呈现行政管理倾向。行政管理的兴起在一定程度上反映了国有资产和国有企业监管体制的变化。随着国有企业越来越多地与具有潜在市场替代方案的政府监管体系互动的增加，适应市场激励变得相对困难，还加强了国有企业的社会责任定位，增加了企业社会负担。

（二）预算软约束的制约因素

预算软约束制约因素主要集中在三大层面，即企业产权性质、政策性负担和市场监管制度缺失。首先在产权性质方面，Kornai（1992）认为国有企业不以利润最大化为目标的政策导致产生预算软约束①；Perotti（1993）认为如果要硬化预算软约束，企业可以与信贷机构建立关系。②李稻葵、李山（1996）认为公有制的所有制结构是导致产生预算软约束的原因，政府放宽对企业的管制，严重侵犯了国有产权。③因此，张宇峰和王长江（2006）认为政企分开才可能“硬化”约束。④其次是在政策性负担方面，Lavigne（1999）发现，在东欧国家的国有企业大规模转制之后，财政紧缩并没有得到缓解，政府对企业的补贴也没有减少，特别是因为它们承担着战略性和社会性政策负担，这些负担未从企业中分离。⑤林毅夫和李志赟（2004）发现企业预算软约束问题实质上是由企业所承担的政策性负担导致的；他们在同样的条件

---

① KORNAI J. The socialist system：The political economy of communism［M］. Oxford：Oxford University Press，1992.

② PEROTTI E. Bank Lending in Transition Economics［J］. Journal of Banking and Finance，1993（17）：1021-1232.

③ 李稻葵，李山．国有企业债务重组的一个新思路［J］．改革，1996（2）：39-47.

④ 张宇峰，王长江．“内部人控制”与预算软约束：一个理论假说［J］．南京大学学报（哲学、人文科学、社会科学版），2006（6）：127-133.

⑤ LAVIGNE M. The Economics of Transition：From Socialist Economy to Market Economy［M］. New York：St. Martin's Press，1999：38-40.

下发现，民营企业可能产生预算软约束的概率高于国有企业。① 政策性负担不仅产生了预算软约束，也有可能使信息不对称问题变得更为严峻（黄新飞和张娜，2005）②，从而使经营者灰色收入增加。章贵桥和陈志斌（2013）认为政府机构对国有企业有救助偏好，原因一是国有企业在财政收入中占重要位置，二是国有企业承担的政治与社会功能。③ 最后是在市场监管制度方面，白重恩等学者认为政府放松对企业的管制导致了企业控制权与所有权比例失衡，所以国有产权出现了虚置现象，此时对于国有企业管理层来说，申请破产不如转向政府融资，有了政府融资也就说明企业得到了政府政策的支持（Bai and Wang，1998）。④ 因此，监管不足可能导致预算软约束现象更加突出。

二、国有企业全要素生产率制约因素分析

从前文分析可知，我国国有企业全要素生产率水平近年来虽然有稳步提升，但是从国内的现状来看，部分国有企业与非国有企业的全要素生产率比较还存在差距，在打造国有企业成为世界一流企业的征途上，国有企业还需要持续发力。对我国国有企业全要素生产率进行深入研究，可以为我国国有企业打造世界一流企业提供重要的建议和帮助。国有企业拥有很多公共资源，其不仅要追求社会效益的最大化，同时还要保证效率的最大化，也就是要做到在给定目标之下，所需资源的投入最小化。尤其是在如今要素渐渐稀缺、经济迈向新时代的情况下，提高全要素生产率是国有企业应放在第一位的目标，这既可为国有企业在国际的竞争中取得一席之地，更可为国有经济的壮大和国有经济转型及升级作出贡献，还可以指明我国国有企业跻身世界一流企业队伍的方向。

正因为国有企业 TFP 水平较低，从而引发了众多学者对它进行分析。不

① 林毅夫，李志赟．政策性负担、道德风险与预算软约束［J］．经济研究，2004（2）：17-27.

② 黄新飞，张娜．政策性负担和国有银行激励机制的相关性研究［J］．管理科学，2005（5）：59-66.

③ 章贵桥，陈志斌．后危机时代外贸政策与进出口型企业现金流运行的均衡管理［J］．学习与实践，2013（5）：34-41.

④ BAI C E，WANG Y J. Bureaucratic control and the soft budget constraint［J］．Journal of Comparative Economics，1998（23）：41-61.

同的学者从不同的角度来解释这一现象产生的原因。Gupta（2005）从政治观方面和经理人观方面来对这个现象进行解释，[①] 从政治观的角度来说，企业价值最大化目标和政府干预企业经营决策是相互为悖论的；从经理人观的角度来说，国有企业之所以存在所有者缺位这一普遍现象，是因为没有对经理人形成一种有效的监督和激励体制。Shleifer 等（1997）则提出了国有企业绩效恶化的另一种原因，即利润最大化目标和国有企业追逐的政治目标之间的冲突。[②] 国内学者研究国有企业效率不理想的原因形成了两种理论：一种是产权理论，另一种是竞争理论。产权改革理论是以张维迎为代表的派别，他认为所有者缺位现象是国有企业低效率的根本原因，导致了一系列程度不同的代理问题；[③] 公平竞争理论是以林毅夫为代表的派别，认为政策性负担才是导致国有企业低效率的原因，它会使资金的利用超过当期收益的有限范围。[④]

（一）企业技术进步层面

近年来，国有企业对改革的探索从未停止过，国有企业在技术上虽有进步但并没有取得理想成效，归根结底还是因为核心技术的缺失。可以从两个方面来分析核心技术缺乏的根源：一是环境因素，中国的自主创新环境有待完善；二是制度因素，与民营企业相比，国有企业制度的完善仍需重视。综上所述，国有企业要想改变历史遗留的问题，就必须进行改革，而创新是改革的根本。只有通过创新，才能实现国有企业的技术进步，进而提升国有企业全要素生产率，改变现阶段发展状况。国有企业在技术创新上有以下问题值得重视：

第一，部分企业对于技术创新的重要性认识不到位，激励机制不健全，这使得企业很难做到持续的创新投入。其一，当今国有企业职业经理人因为任期问题不能够做到对创新激励的重视，国有企业遗留的历史问题在制度层面，将导致国有企业与现代企业制度之间存在一定程度的契合差距。国有企业的管理者任职时间通常较短，从而导致其往往更加关注企业短期利益和有

---

① GUPTA N. Partial privatization and firm performance [J]. Journal of Finance, 2005, 60 (2): 987-1015.

② SHLEIFER A, VISHNY R W. A survey of corporate governance [J]. The Journal of Finance, 1997, 52 (2): 737-783.

③ CHEN H, GUO W, FENG X, et al. The impact of low-carbon city pilot policy on the total factor productivity of listed enterprises in China [J]. Resources, Conservation & Recycling, 2021 (169): 1-12.

④ 邵敏，包群. 政府补贴与企业生产率——基于我国工业企业的经验分析 [J]. 中国工业经济，2012 (7): 70-82.

形利益，难以形成对企业的长期规划和愿景，这导致国有企业技术创新效率有待提高。其二，对员工的创新激励和保护不足，企业关于自主创新的制度设计缺乏，鼓励员工积极发挥自己才能的措施不到位，促进创新的激励措施难以实施，纵使员工具有一定的创新热情，也终有一天会因为动力不足而失去激情，这也将导致企业技术进步缓慢，甚至可能停滞。

第二，在技术创新成果的层次上，部分企业没有保护知识产权的意识，产权保护机制也不完善。第一个原因是部分企业的科研人员缺乏知识产权意识，这会导致他们的创新成果很容易被他人窃取，间接导致他们的利益无法得到保护，从而对创新的兴趣和热情也相应降低。第二个原因是国有企业监管体制有待完善，导致对知识产权等相关的无形资产的绩效评价重视不足。无形资产的评价和传统的绩效评价存在差异，传统的绩效评价主要是对拥有具体形态的资产进行各种指标的评价和评定，这些评价的数据对于部分有形资产的评价来说具有一定的参考价值和参考依据。但是，一旦用较为直观且具体的数字来体现资产的价值，就会让企业倾向于重视短期利益，而忽视长期利益。企业的资产评估不应该仅重视有形资产，无形资产给企业带来的利益也是不可忽略的。正因如此，企业应该重视对无形资产进行价格评估，尤其是对非专利技术以及自创的专利价值的评估。然而在现实生活中，国有企业的绩效评估常常忽略了自创专利以及相关的知识产权，这一行为必定会对一些企业的创新热情造成一定的打击。

第三，企业并没有建立完善的无形资产评估体系。随着时代的发展，经济迅速发展，知识经济也突飞猛进。一个企业在市场竞争中能否抢占市场的关键不再是单一的有形资产的价值，还有专利技术、知识产权以及品牌价值。这些因素在市场竞争中占据着越来越大的比重，只进行单一的有形资产的核算已经不再符合当前市场经济的要求。进一步讲，无形资产的估价是对企业品牌、企业商誉以及企业拥有的专利技术在相关市场上进行价格的评估，无形资产是一个企业内部技术创新水平总的体现。

（二）规模和资源配置效率层面

国有企业在经历了一系列的“抓大放小”等改革之后，产业布局相较于以前更加合理，资源配置效率也有了较为显著的提升。但随着经济的进一步发展，企业不同程度地存在着产能过剩以及有效供给不足的问题，这也间接反映了企业对其规模和资源配置效率应该有进一步的改善。这些问题存在的原因是国有企业的产业升级速度与全球经济转型没有同步。因此，在未来想要提升全要素生产率，国有企业需要在产业结构改革上进一步强化。

首先，某些行业产能过剩问题显著。2008 年中国的经济也受全球金融危机的影响，企业产能过剩的问题更加突出了。

其次，国有企业占有的资源较多。国有企业相对低成本使用资源一直受到较为广泛的争议，比如银行对国有企业以低利率发放贷款以及行业准入等限制性政策。国有企业受益于政府支持，也一直是银行的优质客户。由于银行资金的持续支持，国有企业就不用为资金链的问题担心，这也导致了国有企业需提升资金使用效率以有效控制成本等问题。另外，行业准入条件的存在不仅影响国有企业的效率，而且对提升经济社会资源配置效率存在一定的隐患。

最后，企业市场退出机制不成熟。加速引导效率较低的国有企业退出竞争性领域，尽可能缩短低效国有企业的存续年限，这样有利于加快国有企业资源配置优化和生产资源的释放，从侧面也反映出国有企业未来的发展方向。这也能使得我国整体生产率水平得到一个较大的提升，进一步为经济增长提供动力来源。

正因如此，完善资源配置能够加快改革的步伐，更快实现产业结构的转型和升级，全面健全市场退出机制，减少资源浪费，提升全要素生产率。这能够最大限度增加国有企业在资源配置方面的国际影响力，并扩大国有企业在行业领域的规模，最终实现产业战略目标。

（三）国有企业组织管理效能层面

随着国有企业改革的深入，国有资产监督管理体制日趋完善，管理体制的健全是国有企业改革成功的关键。国有企业努力通过一系列的改革来完善制度，促使管理效能提升，解决历史遗留问题。但改革并不能一蹴而就，细节方面存在的问题需要进一步改善，这是导致国有企业组织管理效能无法发挥最大作用的重要原因，间接也导致了全要素生产率低下。国有企业的组织管理效能问题的解决是一个关键，主要存在以下几个问题：

第一，国有企业职业经理人的选拔制度有待完善和改进。原来的职业经理人不仅享受着政府行政级别的待遇，而且还拿着企业的高额工资。但随着国有企业改革的进一步加深，这种现象导致的弊端日渐凸显。对于经营性的国有企业来说，职业经理人可以考虑通过企业内部竞聘或市场化公开选拔的方式，对竞争者的各方面能力进行综合考量，以市场化和竞争性的方式选拔出最合适的人选。一方面，国有企业经理人的各种待遇应该市场化，特别是对国有企业经理人“准公务员”身份进行淡化，对他们采取与市场更加契合的薪酬激励制度，让经理人的薪资收入与其自身的能力成正比。对于一些上市公司来说，可以采用期权激励的方法来鼓励经理人。期权激励就是将经理人自身的利益和公司的利益捆绑在一起，这样可以在一定程度上提高国有企业职业经理人的积极性。另一方面，需要加强国有企业职业经理人的流动性。在当前的市场环境中，高级经理人的流动性不完全是由经理人市场驱动的。对于那些缺乏流动性的高级经理人，他们是“公务员”。因为市场化选聘的职业经理人并非政府任命的，所以他们并不享有行政级别，也不具有对选派人直接负责的义务，也没有在政府和企业之间游走的空间。可见职业经理人制度还可以起到一定的信息阻断的作用。

第二，国有企业管理机制效率有待进一步提高。一方面，现阶段的国有企业一般设置党委书记和董事长两个岗位，他们直接对企业负责。但是，每个人会因为收到信息完整度的不同而产生不同的决策倾向，当二者之间的决策结果存在较大差异时，对企业的管理就会产生不同的意见，不利于国有企业的生产经营效率提升。另一方面，国有企业投融资相关的审批机制缺乏市场经济的灵活性和高效性，有待进一步优化。企业需要在技术创新方面进行大胆的尝试来提升全要素生产率，但是国有企业有些审批机制往往会阻碍企业的创新，并妨碍全要素生产率的进一步提升。

第三，国有企业的组织结构有待进一步优化。虽然国有企业在改革的进程中已经实现了人员结构的不断精简和调整，但是组织结构不完善的问题仍然是改革进程中的一大阻碍，例如，非生产组织部门的人员存在不同程度的冗余现象，资源浪费现象也没有完全消除。相对而言，企业内部的管理部门和生产部门的人员占比并不大，层级不高，“编制”难得，所以存在一定程度的人员紧缺。国有企业这种组织设置间接加大了企业生产的成本，对企业全要素生产率的提升不利。因为国有企业本身的组织结构相较于其他企业显得更加复杂、庞大，必须能清楚识别出企业的冗余部门和利润生产部门，对于冗余部门要采取适当措施进行合并和精简，最大限度使资源合理化配置；对于利润生产部门要适当突出其重要性，在资金以及资源配套方面予以大力支持。根据企业实际现状，可以适当改革产生利润的前端部门，借此提升生产及经营部门的主观能动性，促进工作积极性的提高。另外，对各个部门因历史遗留问题存在的冗杂人员要进行合理安置，并随着市场的需求增加相应设置岗位，营造一种分工明确、职责分明的良好工作环境。

第四，国有企业管理和奖惩制度有待进一步完善。企业的管理流程理应标准化与制度化。一方面，为了避免出现由于制度漏洞或员工没有按照管理流程执行而导致的责任难以界定或出现业务风险，要保证全体员工都可以依据规定办事情；另一方面，依据业务管理的标准化，使得员工的工作效率提高。除此之外，要将奖惩制度化，将优胜劣汰的晋级制度与退出制度相结合，使得有才干的员工有展示的时机，同时还可以防止“搭便车”现象的产生。

第五，国有企业监管体制需要进一步健全。伴随市场化、国际化脚步的加速与经济发展新常态的来临，在客观方面需要国资管理机构的监督管理职能与国有资产运营职能实行一定程度的分离。《中共中央、国务院关于深化国有企业改革的指导意见》对新形势下的企业改革提出进一步的指导建议，文件着重指出需要逐步形成独立于政府的市场主体，同时指出国有企业改革要遵守市场经济发展的基本逻辑与规律。文件指出，国有企业应采取的措施主要是建立政府与企业相分离的制度、清晰产权、严格界定政府自身的职责与权限、健全企业的问责制度等。尽管监管国有企业依旧是国资委的中心职能，然而监管的重点理应从“监管企业”变为“监管资本为主”，这是该文件提出的侧重点。“监管企业”，即监管与企业有关的任何人和事，以及牵涉到企业的人事监管与资产监管等事项。“监管资本为主”，是不再对企业详细的人事管理等方面采取直接监管，而是主要监管企业的资本运营。国资委对企业进行“监管资本”是通过建立国有资本投资运营公司的方式来达到对企业资本的间接约束，而不再是以直接介入的形式来完成。这种管理方法的变化，可以让企业真正实现自主经营，相当程度上提升了企业的生产积极性，以便尽可能达成政企分开、政资分离的目的，与此同时使得政府的监管能够对症下药，不会因为顾此失彼而导致不堪重负。此外，政府机构即国资委与国有企业的关系也在这种管理方法的革新下有了新的变化。过去，国资委直接管理企业，国资委与企业的关系体现为一种从属关系。但是改革后的国资委和企业之间的关系就不再是从前的那种从属关系，而是在法律意义上的平行关系，是经过国有资本投资、运营公司持有企业股权，进一步通过“股东”间接监管企业的资本，再也不用直接参与到企业管理中来。平行关系有助于企业的自主经营，降低政府对企业具体业务的干预。受制于若干行政力量的约束，国有企业难以继续深化现代公司法人制度，对于改革现代公司治理结构也会带来很大困扰，这些都将抑制制度红利的释放及全要素生产率的提高。

三、国有企业公司治理效率制约因素分析

（一）股权结构对公司治理效率的制约分析

美国学者 Berle（1932）已经对现代公司中存在的问题进行过论述，并在《现代公司与私有财产》中进行了较为全面的概述，主要是对现代公司所有权和控制权的相互分离进行论述。此后，分散化特征上市公司里的股权结构与治理效率两者之间的关联成为一个供理论界研究的热点话题。股权种类的确定以及按一定的比例配置的结构就是股权结构，在公司治理中，股权结构占据着基础地位，其与公司治理效率存在着紧密的联系。股权种类的确定与公司治理效率或多或少存在着必然联系，从某种程度上来说，股权结构决定公司的治理结构，同时股权结构会影响公司治理管理效率，并且是它的决定性因素之一。股权结构主要通过公司的治理机制来发挥作用，间接影响公司治理效率。想要有效地治理公司，拥有一个良好的、稳定的公司股权结构是一个很必要的前提条件，也是一个根本因素。

1. 股权集中度与公司治理效率

股权集中度在上市公司中表现尤为突出，并且呈现两种完全不同的效果，这两种效果是对利益的趋同和侵占所表现出来的完全不同的特征。如果出现某个上市公司股权高度集中的情形，在公司的经营中，那些占有大比重股权的股东会对自身利益特别重视，这就会造成公司中出现重大的经济利益偏向，这就是趋同效应。他们有充分的激励和力量监督管理层，使之尽可能地减少代理矛盾，同时也规避了股权分散情况下的“搭便车”举动，这从很大程度

上改善了公司的治理环境，有助于提升治理效率。公司可能会因为股东较多而存在一些意见分歧的情况，这是因为大股东和小股东对于公司谋求利益回报的时间和信息不一致。若公司股权过于分散，将会导致大股东对于公司的有效监管不到位和控制的缺陷展现出更大的弊端，这时很容易出现内部人控制的问题，即大股东可能会利用其在公司的控制权地位占有中小股东的利益，大股东就是采用这种方式来实现自身利益最大化的。

早在 1932 年，对于公司股权集中度和公司绩效这两者之间的关系，Berle 和 Means 就进行了较为全面的研究，但是对这两者之间的确切关系，直到现在学术界都没有达成一个较为统一的观点。他们经过大量的研究后发现，这两个因素之间存在一种正相关关系。股权过于分散就会造成管理者和大股东们对于公司监督的困难，“搭便车”的行为往往就会在股权较为分散的上市公司出现。但是大股东们会为了保证自身利益最大化而对其他小股东采取一些制约措施，这也促进了大股东们管理的动力和能力，因此大股东们的制约减少了小股东们的机会主义行为，这从一定程度上反映出公司管理者们在采取制约措施保证自身利益的同时，并没有对其他小股东利益产生损害。[①] 他们的观点得到了许多相关学者的支持和认可。[②]

但是，与此同时，也有部分学者站在了对立面，Demsetz 等（1985）和 La Porta 等（2002）认为较为集中的股权结构不利于公司治理效率，相反，分散的股权结构才能让公司的治理效率更上一层楼。为此他们也进行了大量的实验，并且得出了相应的实验结果。他们研究发现，中小股东和大股东之间存在非常严重的利益冲突，由于控股股东大部分追求自身的利益最大化，这也就导致了他们在缺乏监督和监管的情况时，一定程度上会通过牺牲小股东的利益来保证自己利益最大化，这就会阻碍各利益相关者实现自身利益的最大化。[③④] 这也证明了与股权集中相比，公司采取股权分散更加有利于公司内

---

① BERLE A A , MEANS G C. The modern corporation and private property [M]. New Brunswick: Transaction Books, 1932.

② SHLEIFER A, ROBERT W. VISHNY. A survey of corporate governance [J]. The Journal of Finance, 1997, 52 (2): 737-783.

③ DEMSETZ H, LEHN K. The structure of corporate ownership: Causes and consequences [J]. Journal of Political Economy, 1985, 93 (6).

④ LA PORTA R, LOPEZ-DE-SILANES F, SHLEIFER A, et al. Investor protection and corporate evaluation [J]. Journal of Finance, 2002 (57): 1147-1170.

部的稳定，能够有效提高治理效率。

但是也有一些学者通过自己的实验研究得出了完全不同的结论。他们提出的新观点是两者之间并不存在任何的相关性（Demsetz 和 Lehn，1985）。[①]

西方发达资本市场的快速发展，为投资者提供了一个较为稳定的经营环境。在这个发达的市场中，投资者能够享有相对而言较为完善的保护机制，也拥有较为高效的经纪人市场，并且投资者市场功能的有效性较高。受上述因素的影响，在西方市场中，股权结构对于公司价值的影响和作用并不能够非常明确地区分开来。关于股权结构与公司治理效率是否有关联的这个问题，迄今为止都没有一个较为统一的结论。

以上研究成立的前提是在发达的西方经济市场环境中，但是我国的资本市场并不成熟，正处于发展和探索的阶段，因此在我国，某些情况又会因为市场成熟度的影响发生一些改变。我国许多学者都对我国现今股权集中度和公司治理效率这两者之间存在的关系进行了大量的研究和探讨，他们探讨的成果主要为以下观点：

杜莹、刘立国（2002），吴淑琨等（2001），向朝进、谢明（2003）等通过大量的研究调查和对实验数据的反复测试和整理，从中得到关于公司治理效率与股权结构之间一种新的关系——呈现倒 U 形曲线。[②③④] 当公司股权存在高度分散的情况时，股权集中度的存在从某种意义上来说，有利于控股股东对于公司相关管理者进行有效的监督和监管，能在一定程度上减少在股权高度分散时存在的“搭便车”情况，这对于公司的发展和公司治理效率都有较大的改善。但是，当股权集中达到一定程度时，一旦超过其特定的最优值或最优范围，高度集中的股权将会不利于公司的发展。公司的所有者和公司的管理者之间所存在的因为信息不对称而产生的代理问题，将会一步一步转

① DEMSETZ H，LEHN K. The structure of corporate ownership：Causes and consequences［J］. Journal of Political Economy，1985，93（6）：1155-1177.

② 杜莹，刘立国．股权结构与公司治理效率：中国上市公司的实证分析［J］．管理世界，2002（11）：124-133.

③ 吴淑琨，刘忠明，范建强．非执行董事与公司绩效的实证研究［J］．中国工业经济，2001（9）：69-76.

④ 向朝进，谢明．公司治理结构与公司绩效［J］．四川大学学报（哲学社会科学版），2003（2）：45-50.

移到大股东和小股东之间。控股的大股东们会因为自己手握控制权而以此来最大限度地维护自己的利益，有时甚至可以为了自己的利益而适当放弃小股东的部分利益。这种公有权力私有化的做法，不仅对小股东的利益产生了较为严重的打击，还会侵害公司的利益，不利于公司的发展和治理效率的进一步提高。

孙永祥、黄祖辉（1999）对此也进行了较多的研究，研究表明，股权相对集中相比于股权高度集中和股权高度分散的公司更能体现出公司治理机制的作用。① 股权集中是一个相对而言的概念，指控股股东和其他拥有较大影响的大股东共同在公司中存在的一种股权结构。于东智等（2006）也认为，适当的股权集中对于公司治理效率有百利而无一害。② 吕新军（2015）通过对中国上市公司的研究，发现股权集中度提高有利于提升公司治理效率。③

尽管国内外学者的研究并没有得到统一的结论，但是可以看出一个趋势，就是股权集中度需要控制在一个合理的区间，过低不利于对公司的监督和管理，过高不利于小股东的利益，并且在不同外部环境下，合理区间可能存在差异。我国国有企业改革还处于不断深化的过程中，建议采用适当偏高的股权集中度，这将更有利于国有企业公司治理效率的提升。

2. 股权制衡度与公司治理效率

股权集中度并不是影响股权结构和公司治理效率的唯一因素，它们之间的关系还取决于另一个因素——股权制衡度。股权制衡是一种新的公司治理机制，指公司由几个大股东共同控制，实现内部牵制，使任何一个最大股东和管理者都无法独立控制公司决策，达到互相监督和抑制掠夺的效果。④⑤ 股权制衡理论从公司治理内部寻求途径，探讨竞争性股东的存在是否有助于同时缓解股东与经理层、大股东与小股东之间的冲突，进而是否有利于公司绩

① 孙永祥，黄祖辉．上市公司的股权结构与绩效［J］．经济研究，1999（12）：23-30+39.

② 于东智，胡国柳，王化成．企业的现金持有决策与公司治理分析［J］．金融论坛，2006（10）：28-35.

③ 吕新军．股权结构、高管激励与上市公司治理效率——基于异质性随机边界模型的研究［J］．管理评论，2015，27（6）：128-139.

④ 王春丽，马路．股权性质、股权集中度和股权制衡度与研发投入绩效［J］．投资研究，2017，36（7）：138-147.

⑤ 刘星，蒋弘．上市公司股权制衡与并购绩效——基于夏普利（Shapley）指数与粗糙集的实证研究［J］．经济与管理研究，2012（2）：15-21.

效的提升。[①] 股权制衡度一般用第二至第五大股东持股比例之和与第一大股东持股比例的比值来表示。[②]

一味地提高大股东们之间的制衡度，这并不利于公司的发展和公司的治理，并且还会产生不同的效果。一方面，股权制衡度的提高能够公开表明公司中的其他大股东对于第一大股东有着更加强大的制约，会减少第一大股东对于其他股东的利益侵害，也能够在一定程度上防止第一大股东掏空公司利益。另一方面，可能会存在股东共谋，从而形成一种更加不利于公司的局面。大股东在共谋中往往会占据领导地位，这就相当于无形之中提升了大股东的地位，导致大股东在控制私人利益方面更加得心应手。追求自身利益最大化的大股东们可能会在利益方面达成共识、形成联盟，一同来损害公司的利益和其他小股东的利益。在这种情况下，如果没有对这个联盟进行监管处理和行为制约，这无异于变相支持这种做法。此时提高股权制衡度更加稳固了第一大股东利益，并且促进了大股东之间联盟的形成，这将极大程度地损害公司利益并且对公司的治理效率产生不好的影响。

有研究者指出，持股比例不是很高并且仅拥有一个大股东的上市公司业绩，比不上大股东持股比例较高的上市公司业绩和第一大股东持股比例极高的上市公司业绩（Bennedsen 和 Wolfenzon，2000）。[③] 通过研究德国上市公司发现，第二大股东的持股比例提升会致使上市公司股票的价值同时提高，其原因可能是在监督方面，第二大股东对第一大股东发挥了一定的效应（Hayden 和 Edwards，2001）。[④] 还有研究者认为公司价值的提升与上市公司大股东数存在一定程度的正相关关系（Bennedsen 和 Nielsen，2010）。[⑤] 另有研究表明，在公司拥有多个大股东的情势下，为了剥削和占有中小股东利益，

---

① 黄建欢，张亚斌，尹筑嘉．基于 EME-E 范式的资产重组中股东利益均衡研究［J］．中国工业经济，2012（4）：89-101.

② 王春丽，马路．股权性质、股权集中度和股权制衡度与研发投入绩效［J］．投资研究，2017，36（7）：138-147.

③ BENNEDSEN M，WOLFENZON D. The balance of power in closely held corporations［J］. Journal of Financial Economics，2000，58（1-2）：113-139.

④ HAYDEN A，EDWARDS T. The erosion of the country of origin effect-A case study of a Swedish multinational company［J］. Relations Industrielles-Industrial Relations，2001，56（1）：116-140.

⑤ BENNEDSEN M，NIELSEN K. Incentive and entrenchment effects in European ownership［J］. Journal Of Banking & Finance，2010，34（9）：2212-2229.

他们会采用一定的手段控制投票权及董事会，如此让他们在利益方面趋向于同一，并携手合作（徐慧玲和陈潇阳，2019）。①

徐莉萍、辛宇和陈工孟（2006）等国内学者研究了股权集中度和股权制衡度两个因素对公司绩效的作用，指出股权制衡度显著与公司绩效存在正相关关系。② 厉以宁（2001）研究认为，最好的股权结构是多股制衡，就是指几个相对较大的股东存在于一个上市公司中。③ 徐莉萍等（2006）研究指出，在上市公司中绝对控股大股东持股比例降低，会显著降低上市公司的影响力。④ 大股东绝对控股，不光勤勉尽责的积极性会受到影响，制度的正向激励功效有时也会大打折扣，公司代理成本会因此而升高，导致公司治理效率表现不佳。李一、毕茜（2007）研究指出，公司治理效率会因为过度扩大股权制衡度而下降。⑤ 孙志平等（2009）通过规范和实证两个角度，检验医药制造业股权制衡度和公司治理效率之间是否存在显著联系，发现在此行业，股权制衡度与公司治理效率的确存在正相关关系且显著。⑥ 蒋建湘（2012）认为我国国有公司股权结构的基本特征就是国有股权高度集中，尽管股权集中也表现出一定程度的优势，但过于集中的股权结构会对公司治理效率造成不利影响。⑦ 吕新军（2015）以中国上市公司为例，发现股权制衡度增强，同时公司治理效率也得到提高。⑧

考虑到目前国有企业改革所处的阶段，以及我国的市场宏观环境，如果股权制衡度过高，将不利于企业的集中决策，故建议考虑适度偏低的股权制衡度，可能更有利于公司治理效率的提高。

---

① 徐慧玲，陈潇阳．股权集中度、股权制衡与投资者利益保护——基于湖北上市公司面板数据的实证研究［J］．湖北经济学院学报（人文社会科学版），2019，16（9）：43-47.

② 徐莉萍，辛宇，陈工孟．股权集中度和股权制衡及其对公司经营绩效的影响［J］．经济研究，2006（1）：90-100.

③ 厉以宁．“多股制衡”有利于公司治理［J］．经贸导刊，2001（12）：21.

④ 徐莉萍，辛宇，陈工孟．股权集中度和股权制衡及其对公司经营绩效的影响［J］．经济研究，2006（1）：90-100.

⑤ 李一，毕茜．关于我国制衡的股权结构研究——股权制衡对公司业绩的影响［J］．西南农业大学学报（社会科学版），2007（3）：20-22.

⑥ 孙志平，申俊龙，田侃．医药上市公司股权集中度与绩效的关系研究［J］．中国药事，2009，23（5）：418-420.

⑦ 蒋建湘．我国国有公司股权结构及其法律改革——以公司治理效率为主要视角［J］．法律科学（西北政法大学学报），2012，30（6）：131-138.

⑧ 吕新军．股权结构、高管激励与上市公司治理效率——基于异质性随机边界模型的研究［J］．管理评论，2015，27（6）：128-139.

（二）董事会结构对公司治理效率的制约分析

董事会制度是公司治理中最为基础的制度安排，并且在整个公司治理中处于核心地位。在公司治理的执行过程中，由于董事会一般都是公司经营决策的核心，对于西方发达资本市场来说，一旦公司董事会出现危机，就会对公司治理效率产生不可估计的影响。董事会效能的充分发挥与否，这是很难预判的，本书展现董事会效能是基于 4 个董事会特征来分析的，从而讨论证明董事会对公司治理效率的作用。这 4 个董事会效能特征是董事会规模、独立董事比例、董事长与总经理两职状态及高级管理人员薪酬。

1. 董事会规模与公司治理效率

在目前的研究中，董事会的规模究竟是越大越好还是与此相反，以及人数处于哪个区间范围是最优的，还无法形成比较一致的论证结果，在现有国内外学者的观点中，形成了两种具有代表性的不同观点。

一类观点认为，规模较小的董事会对于提高公司治理效率以及发挥董事会效能更有利，因为代理问题是在规模较大的董事会所在的公司表现得比较突出，这就使得董事会没成为公司治理的一部分，反而只成为一种现象。Lipton 和 Lorsch（1992）认为应该积极控制好董事会的规模，因为很大程度上董事会功能的失效就是由董事会规模不断扩大带来的。① 大部分学者提出 8~9 人的董事会规模是最优的，最多也不能超过 10 人。Jensen（1986）认为董事会规模上限在 7~8 人最优且不能超过，超过这个人数上限就会导致原本坦诚与探索真理的风气被遵循和对 CEO 的屈服替代，如果失去了独立性，董事会将很容易被 CEO 操控。② Yermack（1996）对美国 500 家上市公司进行了研究，最后的结论显示公司绩效更好的前提是董事会人数相对较少。③ Eisenberg、Sundrgen 和 Wells（1998）以芬兰中小公司为例，认为董事会人数越多，越可能出现公司绩效不理想的情况。④ 孙永祥、章融（2000）研究了

① LIPTON M，LORSCH J W. A modest proposal for improved corporate governance [J]. The Business Lawyer，1992，48（1）：59-77.

② JENSEN M. Agency costs of free cash flow corporate finance and takeover [J]. American Economic Review，1986，76（2）：323-329.

③ YERMACK D. Higher market valuation of companies with a small board of directors [J]. Journal of Financial Economics，1996（40）：185-211.

④ EISENBERG T，SUNDRGEN S，WELLS M. Large Board Size and Decreasing Firm Value in Small Firms [J]. Journal of Financial Economics，1998（48）：35-54.

我国 A 股上市公司，实证结论指出公司绩效好的情况会发生在董事会人数较少的企业，这个结论也支持了董事会规模应严格控制。[①] 多数学者之所以不赞同过大的董事会规模，认为其会导致企业绩效的下降，原因在于：沟通和协调易引起董事会成员之间的障碍；相比来说，规模较小的董事会其企业更难产生董事缺席的可能，有助于提高董事研究分析问题的效率，因此也会影响公司治理效率；董事会规模大的企业，其单个董事具有的影响力、责任感及重要性等都相对降低，“搭便车”将更加普及，对董事会的运作的成效造成不利影响。

除此之外，也有一些学者得出不一样的结论，他们认为在提高公司治理效率和董事会规模之间存在一种正相关的联系。Mahajan、Sharma（1985）通过大量的数据研究，提出了有利于提高公司绩效的方法，即应该扩大董事会的规模。他们认为更大规模的董事会会聘用更多、更专业的董事人选，在决策时能考虑更充分，失误的可能性将小于相对较小规模的董事会。[②] Tricker（1995）后来在实际考察中也印证了这个观点，他研究发现，规模大的董事会尤其是人数控制在 12～17 人的，相对于规模小的董事会而言，其业绩显然更好。[③] Michael 和 Kevin（1990）基于董事会的广泛职能提出更精确的观点：全面且有效地发挥董事会的各项职能依赖大规模的董事会为公司吸收容纳来自不同领域、精通不同专业的专家，丰富董事会的相关专业知识和提高董事会的管理水平，使公司的经营风险和财务风险降低。

基于上述研究成果不难发现，目前所有的文献论述都表明董事会的规模对公司的绩效管理和治理效率产生重大的影响，虽然没有给出精准的区间，但是也可以看出来十人左右的董事会规模是大多数企业的选择，具体人数还需要根据公司自身规模和实际情况进行调整。根据有利于集中决策的动机，建议适当偏小型的董事会规模。

2. 独立董事比例与公司治理效率

独立董事制度将促使独董在董事会中保证董事会的独立性，其独立机制

---

① 孙永祥，章融．董事会规模、公司治理与绩效［J］．企业经济，2000（10）：13-15.

② MAHAJAN V，SHARMA S. Corporate-board size，composition and corporate failures in retailing industry［J］．Journal of Management Studies，1985（4）：400-417

③ TRICKER B. Information strategy：Alignment with organization structure［J］．Journal of Strategic Information Systems，1995（4）：357-382.

体现在独立董事大多是外聘的专家，能够制约内部董事。从客观性上来看，独立董事制度有利于公司治理能力和效率的提高，因为他们不仅规范了董事会对管理层的监督和考核，还降低了内部人员将权利凌驾于内控之上的可能性，也保障了中小股东的合法权益不受控股股东的侵害。

杨其静、杨继东（2008）通过调查得出一个结论：公司的市场价值与独立董事规模存在显著的正相关关系，即一个公司的独立董事规模越小，这个公司的市场价值就越低。[①] 王跃堂等（2006）也得出类似结论，认为公司绩效的改善与适当扩大独立董事在董事会中的规模比例息息相关。[②] 吴淑琨等（2001），靳云汇、李克成（2002）等也对以上问题进行了研究，结论高度一致，相继印证了上述观点，即独立董事的规模越大，公司的市场价值会倾向于越高，促进公司绩效的正面效果越好。[③④]

但是，也有人并不赞成上述观点，通过研究提出了一个相反的结论，认为公司的治理效率和绩效实质上并不会受到独立董事规模占比的影响（Fosberg，1989）。[⑤] 他们认为独立董事比例的高低，并没有太显著地影响企业的 Tobin's Q 值的大小，二者关联性不强（Hermalin 和 Weisbach，1998）。[⑥] 何卫东、张嘉颖（2002），于东智（2003）的研究也证实了上述结论，公司的绩效虽然在一定程度上会受到独立董事数量多少的作用，但是这个效果可以说是微乎其微的。[⑦⑧] 严若森（2009）则运用了实证研究的方法，以我国 2006—2008 年制造业的上市企业为样本，探讨了企业净资产收益率和市净率两个指标的发展状况，希望能找出独立董事与公司经营绩效之间的关

---

① 杨其静，杨继东．董事会只是为了监督吗？[J]．南开经济研究，2008（6）：56-63，74.

② 王跃堂，赵子夜，魏晓雁．董事会的独立性是否影响公司绩效？[J]．经济研究，2006（5）：62-73.

③ 吴淑琨，刘忠明，范建强．非执行董事与公司绩效的实证研究 [J]．中国工业经济，2001（9）：69-76.

④ 靳云汇，李克成．董事会结构与公司业绩关系的实证研究 [J]．数量经济技术经济研究，2002（8）：79-82.

⑤ FOSBERG R H. Outside directors and managerial monitoring [J] . ABER，1989，20（2）：24-32.

⑥ HERMALIN B E，WEISBACH M S. Endogenously chosen boards and their monitoring of the CEO [J]. American Economic Review，1998，88（1）：96-118.

⑦ 何卫东，张嘉颖．所有权结构、资本结构、董事会治理与公司价值 [J]．南开管理评论，2002（2）：17-20，52.

⑧ 于东智．董事会、公司治理与绩效——对中国上市公司的经验分析 [J]．中国社会科学，2003（3）：29-41，205-206.

系，实证结论也并不支持二者之间的影响假说，独立董事与公司的治理效率和绩效之间不存在明显关联。①

综上所述，尽管学术界对于独立董事在董事会成员中的占比情况对公司治理效率的影响这一论题没有达成一致意见，但是可以看出一个趋势，就是适当扩大独立董事在董事会成员中的占比有利于公司治理效率提升。

3. 董事长与总经理两职状态与公司治理效率

董事长与总经理是企业的关键岗位，这两个职位的是否兼任，即是不是同一人担任董事长与总经理职务的情况，影响公司治理效率。董事长兼任总经理，也会被认为可能妨碍公司管理效率的提高。监督管理者是董事会的重要角色功能之一，在董事会中，董事长毫无疑问占据着十分突出的地位，发挥着不可替代的作用，一旦发生由同一人同时兼任董事长和总经理的职务，那么就会导致妨碍董事会对管理者的监督和约束的后果。表 5-1 简要展示了董事长和总经理的身份定位，以及具体的职责范畴，可以很容易发现这样一个事实，如果董事长和总经理由不同的人来任职，二者可以在一定程度上起到优势互补、共同进步的作用，取长补短，还可以使得分工更加合理，权利分配更客观，各方有利于相互制约，防止独断专权。

表 5-1　董事长与总经理职责范围

董事长职责	总经理职责
1. 领导董事会 2. 制定董事会管理工作流程 3. 安排董事会会议，与委员会主席协调安排委员会会议 4. 确保提供董事会准确信息流，审查支持管理层提议的文件资料的及时性与充足性 5. 负责向董事会各成员分配专项任务 6. 督促董事会完成已设定目标 7. 负责制定公司董事行为规范 8. 充当董事会与管理层间的联络员 9. 同提名委员会共同确保委员会结构恰当，协助安排各委员会主席与委员的分工	1. 营造良好公司文化 2. 负责提出适应公司长期发展的战略以及提升股东价值的策略 3. 负责提出能支持公司年度业务计划、长期计划的年度预算 4. 妥善管理公司日常业务 5. 努力实现公司财务目标和公司业绩目标 6. 为公司打造强有力的管理团队，确保有效的发展团队及换届计划 7. 监督并实施公司政策 8. 公司主要代言人

资料来源：上海证券交易所研究中心。

① 严若森. 再析董事会治理与公司经营绩效的关系——基于中国制造业上市公司的实证研究［J］. 经济管理，2009，31（10）：54-58.

对于董事长和总经理这两个职位兼任状态的现象研究，学者们长期以来也进行了大量探索，但是研究得出的结果并不相同。有人调查研究了公司的业绩，是否会由于董事长和总经理是由同一人兼任而受到影响（Boyd，1994）。[①]《财富》杂志曾经发表过一篇文章，以200家企业作为样本，调查结果表明，董事长和总经理两职状态与该公司在某些行业的业绩具有正相关的关系（Smith和Kim，1994）。[②] 沈艺峰和张俊生（2002）的调查显示出，两个职位的结合在一定程度上造成了公司治理的失败。[③] 周国林（2008）的实证研究利用了平行数据方法，最终得出的结论发现，董事长和总经理由同一个人担任将会对公司的业绩带来不利的影响。[④] 然而吴淑琨等（1998）通过调查的方式对中国A股上市公司开展了研究，发现这些公司的董事长与总经理是否由一人兼任，并没有显著影响到公司绩效的好坏。[⑤] 于东智、谷立日（2002）的研究也得出了相近结论，董事长和总经理这两个职位的兼任与否，对公司业绩并没有产生明显的影响。[⑥] 王垒等（2016）通过对创业板2009—2013年上市公司实证研究发现，不兼任上述职位与公司治理效率表现出了显著的正相关关系。[⑦]

通过文献分析可以看出，规范研究的结论是董事长应该和总经理职位分离：一个是董事会的最高领导人，另一个是公司运营的最高管理者，两者都是一个企业最重要的职位，关系不能太紧密，两者处于分离状态才对保障公司治理的有效性和公司决策的科学性有一定的促进作用。尽管现有部分实证分析的结论并不支持规范分析，但是也未能充分对其否定，故对于董事长和总经理的兼任对公司治理效率的影响，倾向于分任更有利。

---

① BOYD B K. Board control and CEO compensation ［J］. Strategic Management Journal，1994，15（5）：335-344.

② SMITH R L，KIM J H. The Combined Effects of Free Cash Flow and Financial Slack on Bidder and Target Stock Returns ［J］. The Journal of Business，1994，67（2）：281-310.

③ 沈艺峰，张俊生.ST公司董事会治理失败若干成因分析［J］. 证券市场导报，2002（3）：21-25.

④ 周国林．上市公司董事会与经营绩效的相关实证研究［J］. 经济管理，2008（8）：18-22.

⑤ 吴淑琨，柏杰，席酉民．董事长与总经理两职的分离与合一——中国上市公司实证分析［J］. 经济研究，1998（8）：21-28.

⑥ 于东智，谷立日．公司的领导权结构与经营绩效［J］. 中国工业经济，2002（2）：70-78.

⑦ 王垒，刘新民，王松．基于双重委托代理的创业企业治理框架构建与研究展望［J］. 山东科技大学学报（社会科学版），2016，18（3）：68-73+99.

4. 高级管理人员薪酬与公司治理效率

公司高层的薪资也对公司治理产生了极大的影响，公平合理的激励制度可以有效地刺激管理层的工作激情和效率，降低道德风险产生的可能性，以及尽可能减少逆向的选择。将管理层的工资薪金和公司的治理情况、公司绩效等进行关联，就可以让公司管理层通过积极勤奋的工作带来高额的薪酬收获。高管薪酬与公司治理效率之间的关系，对于探索公司治理的有效性也是一个非常重要的领域，1998 年我国学者就开始着手对上市公司披露的高级管理人员的薪酬状况展开了一系列研究。一直以来，高管的薪资都是公司研究领域的焦点，但是目前的相关文献资料没有就高管薪资对公司治理效率的问题给出一致的意见和结论性说明。

国外大部分研究结论指出，公司高级管理人员的薪酬水平对公司治理效率确实存在一定程度的影响。Conyon 和 Leech（1994）研究了英国 1983—1986 年 294 家企业的数据，在排除通货膨胀因素影响的基础上，发现 CEO 实际薪酬越高则股东回报越高。① Groves 等（1995）通过实证研究了中国 20 世纪 80 年代企业数据，发现激励体系受改革的积极影响，高管薪酬提高，则企业利润也同向变动。② Hall 和 Liebman（1998）对美国上市公司长达 15 年的面板数据进行了研究，CEO 薪资与公司业绩之间的关系密切，呈现同向变化关系。③ Mengistae 和 Xu（2004）通过问卷对 20 世纪 80 年代 400 多家中国国有企业进行调研发现，若以公司销售利润率作为指标衡量公司业绩，则国有企业的经理人薪酬与公司成绩呈正相关关系。④ Nulla 等（2012）研究了 2005—2010 年纽约证券交易所的有关数据，分别用工资、奖金和总薪酬 3 个变量代

---

① CONYON M J, LEECH D. Top pay, company performance and corporate governance [J]. Oxford bulletin of Economics and Statistics, 1994, 56 (3): 229-247.

② GROVES T, HONG Y, MC MILLAN J, et al. China's evolving managerial labor market [J]. Journal of Political Economy, 1995, 103 (4): 873-892.

③ HALL B J, LIEBMAN J B. Are CEOs really paid like bureaucrats? [J]. The Quarterly Journal of Economics, 1998, 113 (3): 653-691.

④ MENGISTAE T, XU L C. Agency theory and executive compensation: The case of Chinese state-owned enterprises [J]. Journal of Labor Economics, 2004, 22 (3): 615-637.

表 CEO 薪酬，最后结论显示 CEO 薪酬与公司绩效表现出正相关关系。①

国内的学者也进行了大量研究，发现了与国外不一样的结果，认为公司治理效率受并没有显著受到经理层薪资水平的影响，反而在受其他一些因素的影响上更明显，如行业特征、区域位置、公司的规模和资产状况等因素。魏刚、杨乃鸽（2000）通过实证结果说明，明显的正相关关系并不存在于我国上市公司的管理激励和企业的绩效之间。② 肖继辉（2005）以我国制造业的上市公司为例开展研究，发现对于公司绩效好的企业而言，高级管理人员的薪酬增长并没有起到推进作用。③ 在上海世纪联融企业咨询有限公司的研究中，基于 2005 年上市公司高管薪酬高低的排名，发现虽然排名上升，相应企业绩效也在提升，但是二者关系并不显著。另外，也有中国学者的研究与国外学者存在一致的结论，如胡玲等（2012）研究了 2008—2010 年上市信息技术产业公司的数据，结论显示高管薪资越高则企业绩效越有明显的提升。④ 吕新军（2015）研究了中国上市公司的数据，认为公司治理效率改善的前提条件之一就是提高公司高管薪资。⑤ 张天舒等（2018）认为，之所以企业会出现激励缺失的问题，是因为独立董事的薪酬不高，导致对其履职积极性的影响不足，从而经营绩效对公司高管变更的敏感性减弱，以及公司盈余管理程度也相应增加。⑥

通过已有研究可以看出，高管薪酬对于公司治理绩效比较明显的作用倾向是没有显著影响。

---

① NULLA Y M, Student D P P D, MBA B. The study of CEO compensation system in American health companies: An analysis between CEO compensation, firm size, accounting firm performance, and corporate governance [J]. International Journal of Scientific and Engineering Research, 2012, 3 (8).

② 魏刚，杨乃鸽．高级管理层激励与经营绩效关系的实证研究 [J]．证券市场导报，2000 (3)：19-29.

③ 肖继辉．基于不同股权特征的上市公司经理报酬业绩敏感性 [J]．南开管理评论，2005 (3)：18-24.

④ 胡玲，陈黎琴，黄速建．高管薪酬、公司治理与企业绩效的实证分析 [J]．中国社会科学院研究生院学报，2012 (4)：33-43.

⑤ 吕新军．股权结构、高管激励与上市公司治理效率——基于异质性随机边界模型的研究 [J]．管理评论，2015，27 (6)：128-139.

⑥ 张天舒，陈信元，黄俊．独立董事薪酬与公司治理效率 [J]．金融研究，2018 (6)：155-170.

（三）债务结构对公司治理效率的制约分析

债务结构作用机制可以分为约束和激励两个方面。由于上市公司普遍的特征是对融资总额有比较恒定的需求，要想使管理者的利益与股东的利益一致，可以借助提高负债在总融资额中比例的方式，通过相对降低股权融资额的比重，使得管理者的持股比例在一定程度上得到提升，实现管理者为自身利益而努力工作。李斌和孙月静（2006）表示从融资成本上看，债务融资的资本成本低于股权融资成本，这主要是因为债务的利息支付方式是固定的，在公司预期未来收益率增长将优于债务融资的成本扩大的前提下，可以引导上市公司更倾向于进行有价值的投资，这样将明显有助于提高公司管理的效率。[①] 袁萍等（2006）表示，债务结构约束的作用机制，主要通过降低管理者的非效率投资可能性或是超额消费的倾向来实现。[②] 上市公司自身必须付出大量债务成本，因为债务的本金和利息是要按照固定期限进行支付的，这不仅会带来公司的自由现金流的减少，也会造成管理者的可支配现金匮乏。对于企业相机控制能力而言，当上市公司运营状态处于平稳发展过程中时，股东占有公司所有权，而企业实质控制权却在管理层手里。但如果企业发生经营不善导致财务危机，甚至严重到面临破产时，公司的剩余控制权就会被债权人掌控，管理层也就会自然丧失实质性的管理控制权。因此，管理层为防止控制权被架空，一般会着力提高自身对公司控制权的把握。

在公司日常的运营中，股东和债权人基于不同的利益和立场有不同的态度，以公司的资产负债率为例来说明这个问题：公司的债务风险大小可以以资产负债率的高低来反映，如果资产负债率太高，那么公司的债务风险就高，导致较低的偿债能力，保证不了债权人权益。所以在公司债权人看来，公司的资产负债率过高是他们不希望看到的。站在股东的角度，资产负债率和收益率挂钩，而较高的资产负债比率可以使得股东能够享受“税盾效应”带来的经营绩效提升，并且还可以明显降低企业短期融资成本。公司的治理效率

① 李斌，孙月静．公司治理预警——基于 ST 上市公司的研究［J］．财贸经济，2006（12）：36-40，108.

② 袁萍，刘士余，高峰．关于中国上市公司董事会、监事会与公司业绩的研究［J］．金融研究，2006（6）：23-32.

会受到资产负债率的影响，因为高资产负债率会增加公司财务风险。无论资产负债率高还是低，都会对公司产生影响，然而只有基于公司效益和资金成本的相关关系，才能说明到底怎样的资产负债率对公司的影响才更有利。

对于财务结构和公司治理效率两者之间存在的关系，国内的学者也有相关研究，张文魁（2000）通过研究表示，在公司的税盾和财务杠杆方面，负债能产生积极影响，促进公司融资结构的优化，进而一定程度改善公司治理效率。[①] 晏艳阳、陈共荣（2001）认为如果使公司债务比例提升，则能带来管理者代理成本的下降，起到优化资本结构的作用，有效预防公司股东利益的流出，能够更好地监管经理的在职消费情况，防范过度投资的风险，从而增加股东的权益。[②] 张兆国等（2016）通过研究资本结构表示，因为股权和债务会产生治理效应和财务杠杆效应，在公司治理过程中，合理的资本结构能直接改善上市公司的资本结构治理。[③]

通过以上分析可以知道，现有研究基本一致认为债务结构对公司治理效率有显著影响，且在保持合理的结构比例前提下可以产生积极效应。

（四）信息披露对公司治理效率的制约分析

为了更好地吸引投资者，让其更加了解公司评估投资的风险和收益，上市公司在进行相关信息公开披露时要遵守相关的标准和规范。完善和健全信息披露制度是保护投资者利益的重要手段，公司信息披露直接关系到投资者的收益。中国证监会于 2006 年提出，考核上市公司的公司治理效率时，要同时对其披露的信息质量进行考核，并且强调及时准确地披露公司信息对各利益相关者都非常重要。在上市公司的年报中，审计事务所如果就信息披露发表非标准无保留的意见，就会被监管部门关注，也从侧面反映上市公司治理方面有可能存在问题。

周晓苏和朱德胜（2006）表示上市公司常常存在大股东利用职权之便不

---

① 张文魁．企业负债的作用和偿债保障机制研究［J］．经济研究，2000（7）：48-55，79-80.

② 晏艳阳，陈共荣．我国上市公司的资本结构与代理成本问题分析［J］．会计研究，2001（9）：28-33.

③ 张兆国，陈华东，郑宝红．关于国有企业混合所有制改革的实现途径问题［J］．经济研究参考，2016（24）：34-35.

断侵犯小股东合法权益的情况，由于大股东在公司掌握着绝对的控制权，有更多的渠道和资源获得更多小股东所不能了解的内部信息，利用信息差来获取利益，这就导致了小股东不能及时保障自身的合法权益。① 因此，信息的对称性如果得到提高，广大投资者获得相关准确可靠的信息也就更容易，提高信息的透明度有利于保障小股东的合法权益不受侵犯。但是实际执行的过程中，上市公司仍旧存在采取各种不合理的手段和方式引起公司效率的低下，诸如破坏信息的及时性、准确性和完整性，更甚者隐瞒重要信息等都是值得关注的。

阎达五、杨有红（2001）通过对文献资料的研究，结合实证分析，认为真实的会计信息可以对企业良好的内部控制起到保障作用。② 林斌、饶静（2009）通过理论和实证相结合的分析，对中国上市公司内部控制中自愿披露的情况展开研究，发现设置了内审部门的企业一般内部控制质量更优，投资者可以看到能够真实反映企业状况的信息。③ 杨玉凤等（2010）发现，公司内部控制信息的有效披露明显抑制了隐性代理成本，对此相反的影响是没有对显性代理成本产生抑制。④ 李晓庆等（2021）研究发现，通过提高信息披露程度，可以加强公司治理效率与银行绩效的正相关关系。⑤

影响公司治理效率的因素主要集中在以下几点：首先是董事会结构在公司治理中发挥着关键作用，董事会的结构包括以下几点——董事会规模、董事会独立性、董事长与总经理的地位以及董事会召开频率等；其次是内在因素，如公司股权结构、债务结构等；最后是代理成本，管理层的委托代理成本与大股东的代理问题有着密切关联。所谓公司治理结构，指公司治理的每个组成部分，包括董事会治理、股东治理和经理层治理等。

在现有研究中，已经比较系统全面地阐述了公司治理的有关问题，但是

---

① 周晓苏，朱德胜．股权结构、财务绩效与现金股利［J］．当代财经，2006（5）：108-110，115.

② 阎达五，杨有红．内部控制框架的构建［J］．会计研究，2001（2）：9-14+65.

③ 林斌，饶静．上市公司为什么自愿披露内部控制鉴证报告？——基于信号传递理论的实证研究［J］．会计研究，2009（2）：45-52，93-94.

④ 杨玉凤，王火欣，曹琼．内部控制信息披露质量与代理成本相关性研究——基于沪市2007年上市公司的经验数据［J］．审计研究，2010（1）：82-88，46.

⑤ 李晓庆，杨帆，朱苏祺，等．公司治理效率、外部治理与商业银行绩效［J］．江淮论坛，2021（1）：44-53.

由于各个学者开展研究的具体历史时间、研究方法选用以及研究样本的选择存在异质性，存在研究结论不一致的情况，尽管如此，可以从文献中看出一些规律，通过把握这些规律，能帮助我们更好地关注影响公司治理效率的重点因素，适时调整，使其发挥积极作用。

四、国有企业创新效率制约因素分析

现在国有企业的改革取得了一定成果，但是在国有企业中仍存在管理层人才缺乏、科研人才缺乏、创新能力不足、核心技术自给率低以及创新对经济增长率贡献不够高等问题。因此，我国在发展创新的路上还需要继续努力向前。

（一）国有企业创新投入有待增加

我国国有企业研发经费占营业收入的比值略低于国际同行企业，且基础研究创新所占的比重较低。由前文数据可知，国有企业的创新投入持续增加，但是与销售收入对比还是在下降。通过创新投入的对比发现，民营企业的创新投入总量及增速都要高于国有企业。数据统计分析发现，我国科研机构的数量在持续增加，但国有企业的科研机构却出现减少的情况。

前文对国有企业创新状况进行分析，发现国有企业研发投入占比较低。同时从国家统计局的数据分析得出，在 2017 年之前，国有企业在创新活动的投入占其收入的 29.7%，就这一占比对比而言，民营企业比国有企业高 9.2 个百分点、港澳台企业比国有企业高 20.7 个百分点、而外企比国有企业高了 21 个百分点。在进行技术创新活动上，国有企业投入占比只有 16.3%，就这一占比对比而言，外企比国有企业高 25 个百分点，港澳台企业比国有企业高 24.4 个百分点，民营企业高于国有企业 9.3 个百分点。截至 2017 年，平均研发强度中民营企业、港澳台企业、外资企业都要高于国有企业，国有企业仅为 0.56%，分别低于内资企业、港澳台企业、外企的 1.06%、1.09%、1.01%。对于工业研发经费中内资企业、港澳台企业、外资企业研究经费分别占 63.1%、65.6%、58.6%，都要高于国有企业的 44.6%。平均来看，在同类型的企业中一般会把销售收入的 5%投入研发中，且都要高于国有企业的研发经费。韩国、日本等国家在技术经费方面投入都要高于我国的国有企业在创新研发上的投入。因此，我国国有企业在创新的投入上还有很大提升空间。

不仅如此，国有企业在基础研究方面的投入有待提高。只有增强创新发展，提高技术创新能力，提升基础研究、改变观念，才能加快提升国家的核心竞争力，在国际上创造一定的竞争优势。发达国家基础研究支出在全社会占比平均为15%，而我国的基础研究支出在全社会占比为6%，我国在基础研究上的投入还需要继续加强。很多非国有资本都不愿意投入在基础研究上，因为风险比较高、研究周期长、资本投入大等，所以只有国有企业能承担起重任，成为基础研究的中流砥柱。基础性研究、试验发展的研究、应用性研究、研究成果应用、科技服务性的研究和其他研究，分别是国有企业创新的六大内容。从中国科学技术协会的数据分析得出，国有企业从事的基础研究创新占13.0%、试验发展创新占15.0%、应用研究创新占15.0%、研究成果应用创新占29.1%、科技服务创新和其他创新合计占比7.5%。在我国的国有企业中，有近八成的企业在进行技术应用科研开发创新，而国有企业基础研究创新占的比重较低。国有企业的创新结构考量指标，是以科技创新的项目投入资金占企业营业总收入的比重来衡量的。

（二）高层次创新人才有待增加

企业的核心竞争力、创新活动都是以人才为主体。从竞争发展的趋势上来看，要组建高水平、高层次人才队伍，将人才优势转变为创新的优势，实现人才强企的重要战略目标。

但是我国在关于国有企业创新人才建设这方面仍有许多不足。一方面是科研人才的不足，另一方面是创新人才的不足。前文对创新研发投入现状的分析也发现，国有企业创新投入力度虽然不断加大，但是仍然存在创新人才不足问题。

另外，部分大中型国有企业的高层次人才为了谋求更好的个人发展，从大中型国有企业中辞职，导致企业高层人才流失现象严重。创新及研发对企业的发展日益重要，而民营企业为了能够得到更好发展，在创新方面不断增加投入。此外，在对待人才方面，民营企业通过"挖角"来让人才为自己所用，尤其是对那些在国有企业中从事金融、贸易类工作的优秀骨干，通过高薪酬、高福利的手段招揽到自己想要的人才以及核心技术等。由于部分国有企业人才流失，导致该类企业创新发展受到一定影响，而民营企业会利用挖掘来的人才开展创新并与国有企业竞争。

（三）国有企业创新动力有待加强

部分国有企业存在创新的积极性、主动性不强问题，从而导致国有企业的创新动力不足，而创新动力就是能够推动国有企业发展的各种力量的集合。作为国有企业，在创新方面必须具有较强的动力。创新人才的不足，使国有企业在改善创新的内在性和自发性上得不到有效的增强，自身的创新积极性不高，导致国有企业的创新动力不足，主要集中在以下几点：

一是在创新动力方面，部分国有企业家的积极性有待提高。作为企业家，在企业活动的时候是经营者，在企业创新时是一个推动者，为了获得市场的竞争力、经济回报，并且得到社会的肯定以及股东的支持这些益处。只有源源不断投入创新资源，研究出更多创新成果，才能在激烈的市场竞争中保有一定的竞争力。但是，国有企业的企业家不只有企业家的身份，通常还有政治身份，此外，国有企业企业家的任用都是由国资委决定的，而民营企业家却有所不同。在国有企业中经营者和所有者之间存在利益方面不匹配的情况，经济学中的委托代理理论体现了代理人与委托人之间关系的利益不匹配、信息不对称等问题，为了使代理人能在创新动力上保持积极性，为了能让代理人与委托人之间成为有共同利益的人，需要创造出一套利益共享、风险同担的机制体系。国有企业的发展规模、发展速度，国有企业的营业收入，国有企业考核评价等都与国有企业企业家社会地位有关，而国有企业创新水平、企业的创新绩效却与其地位无关。因此，有些国有企业家在任职期间，时常关注那些周期短、成效显著的创新活动，来达到更快的发展速度及更大的发展规模，不愿意投入原始基础性创新活动，使国有企业基础研究占比偏低，研发投入的结构不合理。

二是部分国有企业高管创新动力有待提升。作为国有企业的高层管理人员，必须把国家创新的战略目标作为主要目的，而作为国有企业的创新执行领导高层决策者，对于创新的投入力度、对创新行为有着显著的影响，国有企业的创新水平与国有企业高层的创新动力挂钩。当企业的所有权与企业高管的经营权分离时，面对具有高风险、长期性的创新活动，企业高管往往会出于个人利益考虑而拒绝创新研发。因为企业高管首先会考虑自己的职业生涯和声誉，考虑到有高风险性的创新活动存在失败的可能。因为高管在国有企业有“经理人”身份，而此时高管在理性假设下会保守经营，这样会缺乏足够的补偿机制，因此对有着高风险的创新研究项目则不考虑。由于高管的私人成本有限，不能在有限的时间内学习新的事物以及新的知识，而在国有企业的创新活动一般周期都会较长，所以企业高层在创新活动上动力不足。“限薪令”的出台让国有企业高管的薪酬降低，私人成本上无法得到有效弥补，导致国有企业的管理层对创新投入不够积极，从而对基础研究的投入、创新绩效关注度不够高，导致创新的动力不足。

三是在创新动力方面。国有企业研发部门人员动力有待激发。作为企业创新活动的直接参与者，如果企业研发人员的创新动力低下，创新能力就会较低。有效的激励举措会使研发人员、企业科技型人员对创新更有积极性，而研发人员创新动力不足和国有企业的创新激励措施不到位密切关联。一方面，对研发人员的激励只关注了物质需求，忽视了培训、精神需求等，表现为激励手段的单一。而部分国有企业对研发型人才还是一味地强调物质激励，认为研发人员关注重点仍是薪酬，认为通过高薪就可以留住人才，对于研发人员的精神需求并不重视。研发人员会更加追求对企业的责任感和使命感，对提高自身的素质有着强烈的要求，渴望掌握更新的知识，这就需要企业给研究人员提供多层次的知识获取平台，如学术交流、先进的知识技术培训等，恰恰这也是部分国有企业在激励研究人员时忽略的。另一方面，国有企业的激励机制有待完善，国有企业在对研发人员进行绩效评价时，没有综合考虑研发人员的收入与其研究创新的产品带来的贡献的对比，因此造成研发人员收入与贡献不相符，导致研究人员在创新动力方面不积极，从而使研究人员跳槽到民营企业。研究人员为了能够得到更好的发展，选择到民营企业，导致国有企业人才流失。造成国有企业创新问题的主要原因是国有企业研究型人才、高层高管、企业家的创新动力有待提高，要使国有企业的创新水平提高，需要研究国有企业的创新动力，解决创新存在的问题，提高相关人员的创新积极性。

（四）国有企业创新机制有待进一步健全

评价机制有待进一步健全。如果要使技术创新起到促进作用，需有一个完善的国有企业创新评价机制。技术创新过程的评价需要构建技术创新评价指标，对创新的各个环节进行数据评分，让评分较低的企业进行完善，使技术创新的机制系统完好地运行，让技术创新能力在国有企业得到更好的提高。在技术创新评价机制中，国有企业存在两个问题：一方面，体系构建和技术创新评价指标选取存在较大的争议。技术创新评价指标系统由两个指标即非量化指标和可量化指标构成，而选择不同的指标会产生不同的评价结果。为了在技术创新的路上给国有企业减少不必要的阻碍，对国有企业的技术创新进行客观评价的时候不能有过多片面的非量化评价指标。另一方面，就国有企业创新产品的结果，经济效应层面的新产品销售率、产品的市场占有率，科研成果层面的专利授予数量、创新产品成功率、技术获奖水平、创新效率、新项目研发时间等指标数据而言，在技术创新评价指标的选择上都有偏向，这体现出国有企业在创新过程中的评价指标不够丰富，导致技术创新评价不够全面。

合作机制有待进一步健全。国有企业在研发方面的合作模式相对单一，国有企业和各主体的协作水平有待进一步提高，跨国技术合作较少。国有企业以构建产学研合作为主，但在合作质量上有待提高，产学研合作依旧存在一些问题，如深度不够、层次不高、成果与需求脱节等。有关数据显示，国有企业在产学研合作中选择技术研发，在高等院校、科研院发起的项目中有近37%是技术咨询，而仅15%的技术支持在共建研发机构及技术联盟方面。按照产学研合作的地位不同，主体分为服务主体、基本主体。服务主体包含了金融机构的资金支持、科技服务中介机构提供的信息服务、政府提供的法律支撑。国有企业在对外合作方式上比较单一，常采用并购重组方式和技术购买来获取技术。此外国有企业和各主体在技术合作上利益不统一，导致合作不紧密、协调不统一，使技术成果转化速度缓慢，甚至导致出现合作破裂的情况。在基础性研究方向上，国有企业取得的成绩不理想，与技术研究较强的发达国家相比存在一定差距。国有企业在对外合作时缺乏沟通平台，企业研究部门与其他部门在沟通上存在脱节、不顺畅的情况，而在与市场需求的匹配度上，技术研究成果和技术发明专利存在有所偏离的情况。

激励约束机制有待健全。部分国有企业高管具有行政任命的色彩，缺乏激励，导致企业对创新研究动力不足，使国有企业无法对日益激烈的市场环境做到主动适应。改革开放后，民营企业、民营经济都得到更好的发展。在越来越激烈的外部竞争环境下，国有企业在强大的压力下有建立长效的经营管理机制的内在压力。实施激励机制过程中，国有企业在政策层面对企业员工存在较大的约束，避免了国有资产的流失。国有企业的改革进程和效果有待加快和加强，因为企业管理层相对不看重对长期经营的绩效提升，而超额收益又无法及时分红，导致管理层对混合所有制的改革不积极，在完善企业体制机制的过程中意愿动力较低。转变国资监管为管资本为主。为了使国有企业成为独立的市场主体，授权国有资本运营公司通过股权关系参与企业治理，国有企业的经营管理在国资监管机构不干预的情况下，以管资本为主，通过股权关系以国有资本投资的运营公司来进行企业管理，这样能更进一步让国有企业在独立市场上独当一面。混合所有制的情况下，非国有股东进入国有企业，统一目标，使国有资本和非国有资本在追求经济利益下实现保值增值。为了提高企业高管在创新动力上的积极性，应建立混合所有制，对企业核心人员形成长期有效的激励机制。技术创新中激励机制的两个主体在国有企业中都存在不完善的情况，而国有企业的经营者由于是由政府任命的，经营者的任职时期较短，而经营绩效才是政治晋升的重要指标，所以部分经营者在任职期间会不太看重创新绩效，缺少勇于冒险创新的精神，导致对新项目不积极，缺乏企业家精神。国有企业对非技术人员或技术人员在激励措施方面并无太大差别，激励的兑现方式主要是工资、福利、奖金等，激励缺乏多样性。国资委在工资总额上对其管控，由于对国有企业工资水平和工资总额进行双重调控，国有企业在科技人员的福利待遇上只能实施一定的激励，而政策薪酬福利的吸引力在市场上竞争优势不大。以岗位级别和职称等级作为薪酬分配上的参考，导致晋升和降级、退出机制得不到有效的改善。国有企业在鼓励经营者创新上实施激励机制，如对高管工资限额上进行调整、加强分配机制上的改进、逐步改善职工的培养体系等。在国有企业经营者的约束机制方面，绩效考核机制作用不大。由于创新的高风险使国有企业经营者对其产生畏难态度，又因为经营绩效能达到晋升目的，从而放弃有风险性的创新。从国家宏观层次上来看，部委和地方各级政府对国有企业基本以经济效益增长为主要目的来进行绩效考核，对技术创新缺乏明晰的导向，较少涉及创新的指标。短期的经济指标为绩效考核的主要参考，而对需要花费大量投入和时间的基础性创新研究项目却很少关注。与一般研究创新不是很相符的是，国有企业的领导管理层比较偏向以短期为主的绩效考核。

成果转换机制有待完善。科研成果转化机制主要依靠科技中介机构、双创平台和企业孵化器等多个机构协作。国有资产中的特殊资产——科技成果，管理模式上与一般资产管理模式相同，由于在设置审批中手续繁杂、时间长、环节比较多，导致科技成果在转化的过程中时效性差。为了使科技成果转化达到理想的成绩，让国有企业在创新能力上能够得到显著的提升，让技术成果转化有良好的政策环境支持，政府颁布了多项法律法规及政策。根据我国技术市场统计，如表 5-2 所示，在 2019 年签订了 484077 项技术合同，成交 22398.4 亿元，相比分别较前年增长了 17.5%和 26.6%，而且历史上首次出现突破 2 万亿元的技术合同，创造了新纪录。在合同类型统计上，分为四类，同比增长了 28.9%、位居四类合同成交额之首的技术服务合同，达到了 12418.1 亿元的成交额；同比增长了 21.9%、位居成交额第二的技术开发合同达到了 7177.3 亿元；涨幅最大的是技术转让合同，有 2188.9 亿元，同比增长了 36.0%；而同比增长了 8.8%的技术咨询合同达到了 614.1 亿元成交额。在转化的过程中，存在科技成果转化率低、中介数量比较少，科学规范上科技成果评价指标存在不足、技术评估认可度不高，公信力上科技投融资评估机构公信力不高、转化资金不足的现状。研究表明，我国的科研成果转化率只有 10%，相比发达国家美国、德国等有着 30 个百分点的差距。

表 5-2　2019 年全国技术合同统计

合同类型	技术合同签订数（项）	技术合同成交额（亿元）	技术合同成交额增长率（%）
技术合同	484077	22398.4	26.6
技术服务合同	268381	12418.1	28.9
技术开发合同	155117	7177.3	21.9
技术转让合同	47307	2188.9	36.0
技术咨询合同	13272	614.1	8.8

资料来源：中华人民共和国科学技术部，http://www.most.gov.cn/kjbgz/202002/t20200224_151815.html。

决策机制有待健全。近些年，基于改革试点混合所有制、一系列改革实践示范行动、国有企业的“双百”行动等，全国不同行业、不同层级的企业实施混合所有制改革的数量大幅增加，因为混合所有制使企业法人治理中也包含非国有企业股东，经营绩效在混合所有制企业中得到了明显提高。而有些企业在混合所有制中仅把实现股权层面多元化作为目标，而市场化经营机制改革、创新治理机制改革未能得到有效推动。在混合所有制公司治理中，国有股东追求把控决策的控制权，削弱了非国有股东在公司的权利，使非国有股东参与混合所有制改革的意愿不高，并未完全发挥混合所有制改革的积极影响。技术创新的决策机制主要指对国有企业技术创新的项目进行审核、批准的机制，科技项目在国有企业决策机制方面存在着一定的体制因素干扰，而国有企业技术项目评审小组中技术负责人的话语权和支持权都低于国有企业经营者。部分国有企业的经营者，由于任职期间短，同时创新研究充满不确定因素和高风险性，为了能够晋升，所以以平稳不出差错、完成绩效任务为目标。这导致了经营者选择技术研究期限短、风险小、获利多的项目，放弃了技术研究期限长、短期难获得利益、投资资金多的项目。这样会导致共性技术研究、基础项目难以通过，短平快的技术项目轻松获得立项，让国有企业的基础性研究的关注度和研究资金不足，导致突破性的技术研究很少，出现专利很多而技术创新成果少的局面。而部分国有企业的决策结果和创新决策效率低的原因是在国有企业结构复杂的众多部门中，各个部门都有彼此相异的决策方式，在企业中缺乏统一的决策组织。有些涉及国计民生的技术创新项目，会由于政府部门参加并进入决策小组，导致审批环节复杂、技术创新项目开展缓慢、决策周期较长等问题。

五、本章小结

本章着重分析了影响公平竞争环境、全要素生产率、公司治理效率和创新效率的制约因素，只有找准自己的短板，不断完善，甚至让短板转变为长板，才有利于加快将国有企业建设成为世界一流企业。通过本章分析发现，政治关联企业内部治理、产权性质、政策性负担和市场监管是影响公平竞争环境的重要因素；技术进步、规模和资源配置以及国有企业组织管理效能是影响全要素生产率的重要因素；股权结构、董事会结构、债务结构和信息披露是影响公司治理效率的重要因素；创新投入、创新人才、创新动力和创新机制是影响创新效率的重要因素。在厘清公平竞争环境、全要素生产率、公司治理效率和创新效率的影响因素以及影响机制和效应之后，就可以针对问题提出改善措施，为将国有企业构建为世界一流企业对症下药。

第六章　培育具有全球竞争力的世界一流企业的策略

2013 年，党的十八届三中全会提出“积极发展混合所有制经济”，混合所有制改革成为国有企业改革的重点和主攻方向。一方面，进行产业布局优化，大力发挥国有经济的主导作用；另一方面，整合资源，发挥国有企业和非国有企业的优势，通过二者优势互补、共同发展，增强国有企业的核心竞争优势，全面提升国有企业的经营效率。相关主管部门相继出台《关于深化国有企业改革的指导意见》《关于国有企业发展混合所有制经济的意见》《关于鼓励和规范国有企业投资项目引入非国有资本的指导意见》等文件，明确了通过分类改革推进混合所有制改革的思路及路径，主要包括改制重组、引入战略投资者、试点员工持股、设立政府引导基金、整体或核心资产上市等。综上所述，以国有企业混合所有制改革为核心全面深化经济体制改革，是国有企业改革的内在要求和理性选择，也是积极参与国际竞争，培育具有全球竞争力的世界一流企业的最佳选择。应积极培育国有企业的市场竞争主体地位，坚持对其进行公司化的改造，贯彻实施国有企业分类改革，落实以管资本为核心的国有资本运营体制，深入推进国有企业混合所有制改革，朝着建设世界一流企业的目标迈进。

一、总体思路

（一）目标

首先，中国国有企业的属性决定了国有企业改革的目标是实现公平正义，公平正义是为人民谋幸福，一切为了人民的利益，这是社会主义的本质要求，也体现了马克思主义中的以人为本的原则。其次，国有企业改革的目标既要公平，也要兼顾效率。国有企业追求社会福利极大化，目标是实现国有资产的保值增值，能够较好地从长期利益和整体利益上服务于国民经济，也能够帮助政府实现其目标。将国有企业建设成为具有全球竞争力的世界一流企业是国有企业改革现阶段甚至长期的目标，这与国有企业的本质和属性是高度一致的，其终极目标和福利目的都是服务社会整体利益最大化，即社会福利最大化，实现消费者剩余和生产者剩余二者的结合。要实现“建成富强民主文明和谐美丽的社会主义现代化强国”这一目标，国有企业就必须坚持“以人民为中心”，把追求社会福利最大化作为其本质属性。

（二）原则

1. 长期系统性工程

创建世界一流企业的核心是技术创新能力的提升，这是一个长期系统性工程，需要长期的可持续性投入和发展，因此，必须与建设创新型国家战略结合，使二者相辅相成。2006 年国家提出了建设创新型国家战略，经过 10 多年的努力和发展，党的十九大再度提出以“加快建设创新型国家”为战略，表明创新型国家战略建设是个长期且系统的工程，不可能一蹴而就。目标是 2020—2035 年基本实现社会主义现代化，能够进入创新型国家前列；到 2050 年建成富强民主文明和谐美丽的社会主义现代化强国。在建设创新型国家的过程中，取得了一系列的成绩，研究投入与试验发展经费得到大幅度增加，2021 年中国 R&D 经费投入达 27864 亿元，比上年增长 14. 2%，增速比上年加快 4 个百分点，延续了“十三五”以来两位数的增长态势。科技进步贡献率不断攀高，超过 60%，比 2012 年提高 8 个百分点。2021 年，中国共授权发明专利 69. 6 万件，每万人口高价值发明专利拥有量达到 7. 5 件。2012—2021 年，中国国内知识产权保护社会满意度从 63. 69 分提升到 80. 61 分。中国进入全球百强的科技集群数量已跃居全球第二，世界知识产权组织发布的《2021 年全球创新指数报告》中披露的信息显示中国排名第 12 位，位居中等收入经济体之首。创建世界一流企业的战略目标应与建设创新型国家战略协同起来，同步实施，做好顶层设计、系统规划和长期性可持续性的投入。面对复杂多变的市场竞争环境，需要从长远价值和长期利益入手，着力培育企业的核心竞争能力，打破传统战略管理的思维，遵循世界一流企业具有的平衡性、动态性和渐进性原则，根据环境的变化和节奏调节自身的资源配置，并围绕企业的核心业务和资源搭建相应的组织和业务架构，保证企业的主营业务、产品和服务始终围绕企业的核心能力开展。

2. 先重点再普通

由于部分中央企业具备成为世界一流企业的基础和条件，应在这些企业身上探索它们建设世界一流企业所积累的经验教训，按照先重点再普通的原则，有序地、分步骤地增加进入世界一流企业行列的企业数量。尽管截至目前我国有 133 家企业进入了世界 500 强的名单，但是从整体实力和全球竞争力等综合要素来看，能够真正创建世界一流企业的企业数量较少。国务院国资委选出航天科技、中国石油、国家电网、中国三峡集团、国家能源集团、中国移动、中航集团、中国建筑、中国中车集团、中广核、中国宝武 11 家企业创建世界一流示范企业，这 11 家示范企业的共同特点是：基础条件好，在全球产业中有一定的话语权和影响力；资本规模雄厚，主营业务突出且竞争优势明显；拥有全球知名品牌；公司治理结构清晰，实现了国际化经营。要以它们为示范的重点企业，积极探索创建的举措、如何克服制约的因素以及如何在激烈的国际竞争中提升全球竞争力和扩大企业的影响力，不断积累经验。按照先重点后普通的原则，通过重点行业重点企业的发展和壮大，带动普通行业和普通企业创建世界一流企业。

以从集团到整体的原则稳步推进。集团化是大型企业走向世界一流企业的必经之路，因此，培育企业的核心竞争力，应推行集团管控模式，考虑到部分央企的规模情况，必须综合考虑集团和整体的关系。从集团公司层面看，国有集团公司，特别是中央企业，大多是超大型企业，其资产规模巨大、综合实力强、产业影响力大，这部分央企最具有创建世界一流企业的实力。因此，必须从集团层面逐步推进到整体。围绕创建世界一流企业这个目标，从集团公司层面到集团以下层面的公司整体推进和建设。根据国有企业改革的分类原则，对不同类别的国有企业采取差异化的战略。尤其对具备条件的市场竞争类国有集团公司进行混合所有制改革，设立相应的国有资本投资和运营公司，通过资产证券化实现整体上市、进行兼并重组或者引入其他非国有资本战略投资等方式，形成高度灵活且高效的经营管理机制，逐步符合世界一流企业在和谐、效益、创新、规模和绿色五个方面的标准。具体体现在：①对具备整体上市条件的国有集团，应积极推进其整体上市，严格按照公司法人治理结构、国际化的管控体系进行管理，实现在规模和效益上的提升，逐步扩大企业的影响力；②对不具备条件的国有集团，可以通过公司化或股份制改造，引入非国有资本进行混合所有制改革来达成目标。对于集团以下层面的企业，采取投资主体多元化和适度实施多元化战略进行经营，始终保证企业的整体规模和内部管理都能随着外部环境的变化与集团发展趋向匹配。

（三）思路

在2021年Brand Z全球最具价值品牌100强中，中国有18个品牌上榜。世界知识产权组织（WIPO）发布的《2021年全球创新指数报告》显示，中国排名第12位，较2020年上升两位，中国企业在成长为世界一流企业的进程中虽然取得了一定的成绩，但是仍然和发达的欧美国家有一定的差距。因此，在建设具有全球竞争力的世界一流企业的进程中，国有企业必须结合自身的现状和特点，围绕建设世界一流企业这个目标，从打造公平竞争的市场环境、构建规范成熟的经理人市场和规范运行的资本市场入手，加快完善社会主义市场经济体制；以国有企业全要素生产率、公司治理效率、创新效率和硬化软约束为抓手，高质量深入进行国有企业混合所有制改革。

二、加快完善社会主义市场经济体制

社会主义市场经济体制是中国特色社会主义的重大理论和实践创新，是社会主义基本经济制度的重要组成部分，在新的发展阶段应加快完善。功能完善的市场经济可以通过公平竞争的市场环境、规范的经理人市场和资本市场等要素间接约束来解决企业所有权和控制权分离产生的委托—代理问题。因此，需要从以下三个方面加快市场经济体制建设（见图6-1）：①构建一个公平竞争的市场环境，信息公开透明，企业经营状况能够通过财务指标准确地反映，以此衡量和比较企业的经营状况；②建立规范成熟的经理人市场，经理人的市场价值能够通过其业绩准确地反映出来；③建立规范运行的资本市场，股权的转移和实现能够体现企业的控制性权益（孔翔等，1999）。[①]

① 孔翔，MARKS R E，万广华．国有企业全要素生产率变化及其决定因素：1990—1994［J］．经济研究，1999（7）：40-48.

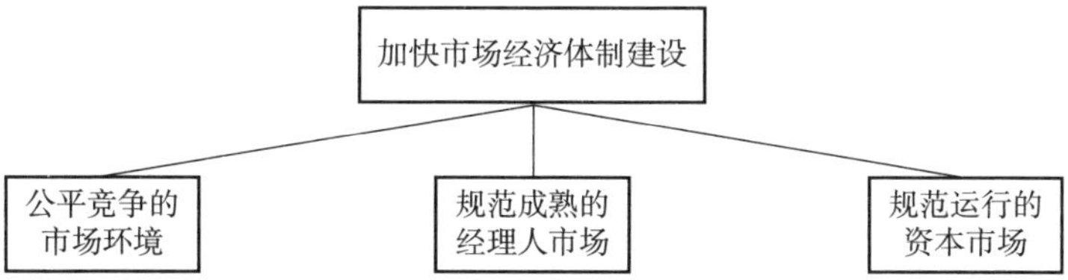

图 6-1　加快建设市场经济体制的思路图

（一）塑造公平竞争的市场环境

首先，为促进公平竞争的市场环境，体现国家政府的职能，必须着眼于创建公平竞争的市场环境，目标体现为既要追求最大限度实现公平竞争对经济发展的促进作用，又有效实现市场竞争主体应拥有的公平竞争权，在公平竞争的市场框架下，市场各主体受到公平的对待，国有企业和其他类型的企业在相同的规则约束下参与市场相关活动。其次，以市场经济的构建为前提，硬化预算软约束。构建公平竞争的市场环境，前提就是市场经济，目标是处理好政府与市场的边界，把握好政府与企业、政府与资本的关系。为了实现这些目标，采取的策略之一就是规范政府补贴和硬化软约束。最后，积极培育国有企业成为市场竞争的主体。根据国有企业分类改革的要求将国企划分为商业类和公益类，帮助国有企业突出主业，做优做强。针对商业类国有企业，以市场化导向为核心，完全采用市场竞争和公平竞争的规则和机制。针对公益类国有企业，根据市场标准给予相应的补贴。重点从控制成本、强化财务硬约束入手（丁茂中，2019）。① 贯彻国有企业改革的“1+N”系列文件，通过市场化导向和公司化改造，积极打造现代企业制度，优化公司治理结构（洪银兴、桂林，2021），② 提高国有企业的竞争活力。

1. 打造有效市场和有为政府

有效市场和有为政府是建设具有全球竞争力的世界一流企业的基础和条件。中国特色社会主义市场经济，就是以公有制为主体，多种所有制经济共同发展，实现公有制与非公有制经济的有机融合，打造亲清的政商关系，能

① 丁茂中．国企规制条款的立法完善［J］．法学杂志，2019（11）：14-17.

② 洪银兴，桂林．公平竞争背景下国有资本做强做优做大路径——马克思资本和市场理论的应用［J］．中国工业经济，2021（1）：5-16.

够实现有效市场和有为政府兼容。2013 年党的十八届三中全会通过了《中共中央关于全面深化改革若干重大问题的决定》，不仅将市场在资源配置中的“基础性作用”修改为“决定性作用”，而且第一次出现了关于政府作用的表述，即“使市场在资源配置上起决定性作用和更好发挥政府作用”。进一步，2020 年 10 月召开的党的十九届五中全会审议通过的《中共中央关于制定国民经济和社会发展第十四个五年规划和 2035 年远景目标的建议》提出，“坚持和完善社会主义基本经济制度，充分发挥市场在资源配置中的决定性作用，更好发挥政府作用，推动有效市场和有为政府更好结合”。中国经济体制改革的重点都是聚焦和探寻政府和市场之间关系的定位与边界，如何科学调整和把握市场与政府在不同时期的关系，在实践中如何解决市场与政府关系和谐共生这一世界难题，中国向世界给出了最佳的答案。有效市场和有为政府能够彼此共生、互相依存、彼此促进，这是中国特色社会主义市场经济与中国基本经济制度相结合的伟大实践成果，是中国对于世界的贡献。

在有效市场中，要素价格能够准确反映投入要素的情况，同时能培育出与市场相适应的微观市场主体。只有在公平竞争的市场环境下，在科学的市场经济体系内，各生产要素能够正常流动和实现要素的收益分配，市场各主体才能充分发挥自身的能动性，成为市场主体，通过公平公正地参与市场竞争，从而为国家的核心竞争力形成作出贡献。市场要在资源配置中起决定性作用的前提必须是政府能够按市场经济运行规律办事。两者并不矛盾，相反，两者需要各司其职、相互配合和互为补充。在有为政府中，以人民为中心是社会主义现代化国家建设的根本。需要国家宏观调控进行组织协调和因势利导，以弥补市场的失灵和不足。在不确定风险的情形下，需要政府协调各方力量共同抵御风险，降低技术创新的成本。有为政府本质是最大限度降低或削减政府对市场的直接或间接干预，而不是与市场进行对抗和博弈，有效避免“政府失灵”，做到不越位、不缺位。对有为政府而言，必须认识到市场的本质，坚持市场的指导，符合市场的价值规律和供求规律的规则，最大限度减少政府对生产要素市场的影响和干预。这样，有效市场对于生产资源的配置能起到决定性作用，就会促进生产要素市场的有序运转，产生强化生产要素的能力。两者相辅相成，缺一不可。

2. 构建竞争中性的营商环境

在国际上，中国国有企业常被质疑作为市场竞争主体是否公平参与了市场竞争，主要表现在政府补贴、政府给予的信用支持、市场准入等方面，享有许多政策和法律赋予的特权，而民营企业仍在融资、市场准入、税收以及其他方面遭受严重的法律或行政意义上的歧视。公平竞争是市场经济的基本属性，在2018年举办的B20（二十国集团工商峰会）阿根廷会议上，就曾有国家提出“列入国企扭曲竞争”议题。[①]

据测算，从政府补贴来看，在中国境内上市公司中，2018年中央国有企业和地方国有企业所获政府补贴金额的均值为4.3亿元和1.53亿元，远高于民营企业获得政府补贴的均值（0.73亿元）；从政府信用支持来看，在A股上市公司中，2018年国有企业平均融资额为11.1亿元，而民营企业平均融资额则不足1亿元；从市场准入来看，国有企业在石油、天然气等能源产业开采环节占有绝大多数的市场份额（巴曙松，2019）[②]。要实现具备全球竞争力的世界一流企业必须以构建竞争中性的营商环境为基础。

自Kornai（1979）首次提出预算软约束概念以来，国有企业预算软约束问题就一直困扰着中国的国有企业改革，尽管国有企业混合所有制改革从某种程度上取得了一定的成效，能够一定程度上缓解和消除国有企业预算软约束，但是该问题一直存在，也成为国际上某些国家认为中国国有企业竞争非中性的表现。国有企业预算软约束会出现以下问题：国有企业对价格不敏感，导致资源配置效率较低和负债过高（罗长林和邹恒甫，2014）[③]。目前国有企业经营效率低和资产负债率高的根源是国有企业的预算软约束未能得到有效解决（黄群慧和余菁，2019）[④]。因此，为实现世界一流企业的目标和推动国有企业高质量发展，必须破解国有企业预算软约束的问题。

在战略层面，硬化国有企业预算软约束的根本在于明晰政府与国有企业

① 澎湃新闻．国务院国资委详解“竞争中性”原则：也提倡“所有制中立［EB/OL］.（2018-10-15）［2019-12-30］. https://baijiahao.baidu.com/s?id=1614359384305585688&wfr=spider&for=pc.

② 巴曙松．竞争中性原则的形成及其在中国的实施［J］. 当代金融研究，2019（4）：1-4.

③ 罗长林，邹恒甫．预算软约束问题再讨论［J］. 经济学动态，2014（5）：115-124.

④ 黄群慧，余菁．国有企业改革的进程、效率与未来方向［J］. 南京大学学报，2019（1）：87-98.

的边界，通过深入推进国有企业的产权改革，完善和巩固以市场化为导向的公司化运作，真正实现政企、政资分开，消除政府和国有企业的竞争不中性行为。从实践层面，一是帮助国有企业剥离政策性负担，尽可能不赋予新的负担。二是施行国有资本预算管理改革，不断完善国有资本的收益分享机制。竞争中性要求国有企业能够“获得合理的商业回报率”和不享有特殊补助，严格按照公司法和公司治理机制规范的要求进行利润分享，同时提高资本收益上交比例。三是建立健全优胜劣汰的市场竞争和淘汰机制，根据国有企业破产制度，不断优化和调整国有企业破产程序与配套机制，对于那些长期经营困难、亏损严重、资不抵债的国有企业，明确对其启动破产程序，解决以往国有企业破产重组时依赖政府“兜底”这一难题。四是严格规范和执行相关的公平竞争审查制度，在梳理已有的经济政策的基础上，及时调整那些不符合公平竞争要求的政策，适时出台满足竞争中性要求的政策，以防止对国有企业的过度保护，更好地建设竞争中性的营商环境。

3. 构建“国民共进”的微观结构

在公平竞争的市场环境中应平等对待市场主体，能够建立公平的资源分配体系。调整和优化产业布局，破除非国有资本在市场准入、融资、产业机构等方面的障碍，拓宽非国有资本涉足的领域，推动非国有资本和民营企业的转型升级。将市场准入的门槛降低，加强市场监督，让市场在资源配置中起决定性作用。将民营企业的融资渠道和业务板块不断拓宽和延伸，转变现有金融服务机构的经营理念，整合资源推进互联网平台型融资系统建设。在产业结构方面，因势利导破除制约民营资本产业聚集的因素，加快推进民营企业转型升级。充分发挥公有资本的资源优势，积极推进国有资本和民营资本的项目合作，高质量推进混合所有制改革的效益和质量，加快建设具有全球竞争力的世界一流企业的步伐。

首先，构建“国民共进”的微观结构是塑造公平竞争环境的必要条件，其关键不是各经济成分相对比例结构而是各经济成分能否实现有效合作，混合所有制能够在宏微观层面实现各经济成分的资源互补和共生共赢（中国社会科学院工业经济研究所课题组、史丹，2020)[①]；其次，“国民共进”在制度环境层面能够保障不同经济成分形成公平竞争的关系，而混合所有制改革则有利于协助打造公平的制度环境（洪银兴、桂林，2021)[②]；再次，混合所有制改革能够与国家提出的重大区域战略相匹配，例如《深化东北地区国有企业混合所有制改革实施方案》的推出为“东北振兴”提供了有效抓手，有助于提升东北地区国有企业发展质量并带动民营经济健康发展，在“国民共进”的基础上服务国家区域战略；最后，混合所有制有助于结合各产权资本优势打造经济价值与社会价值并重的优质企业，事实上，社会需要与社会问题中往往蕴含着可以创造经济价值的机会，在满足社会需求的同时有助于实现社会价值与经济价值的统一。国有企业混合所有制改革不仅是让国有企业成为真正的市场竞争主体，而且还需要引入民营企业参与，共同建设成为市场竞争主体，共同健康发展。因此，应以构建“国民共进”的微观结构为发展目标，帮助民营企业提升经营管理效率和能力，提高经营决策系统的有效性、目的性和科学性，进一步推动民营企业深度参与混合所有制改革，高质量打造国有企业和民营企业混合发展新格局，打造企业新的竞争优势和形成企业核心竞争力（李锦，2018)[③]。通过民营企业深度参与到混合所有制改革中，能有效推动公有资本和非公有资本的协同发展，在经营管理上优势互补，在资源上进行共享，从而优化国民经济结构。经定性分析和实证分析发现，混合所有制改革是建设具有全球竞争力的世界一流企业的最佳路径，因此，构建“国民共建”的微观结构对于建设世界一流企业显得尤其重要。

（二）建立规范成熟的经理人市场

成熟发达的经理人市场能够准确反映经理人在市场上存在的价值，能够对企业所有者和经营者形成较好的激励与约束，在职经理人的企业绩效越好，越能提升其市场价值。根据“代理人—声誉模型”，在相对成熟的经理人市

---

① 中国社会科学院工业经济研究所课题组，史丹．我国多种所有制企业共同发展的时代内涵与“十四五”政策措施［J］．经济管理，2020（6）：5-24.

② 洪银兴，桂林．公平竞争背景下国有资本做强做优做大路径——马克思资本和市场理论的应用［J］．2021（1）：5-16.

③ 李锦．正视民企困难　实现“国民共进”的动态平衡［J］．现代国企研究，2018（23）：12-17.

场，职业经理人为了获得良好的职业声誉，需扩大自己在职业经理人市场的市场声誉和影响力，必须实现企业利润和股东利益最大化，必须经营好企业，从而实现自我职业生涯的发展和自我成就期望。因此，在规范成熟的经理人市场，信息的公平透明能够精准地反映出经理人的“价格”和“价值”，股东可以通过经理人对企业的经营管理业绩来衡量其价值，权衡能否与之契约薪酬匹配。对经理人的外部约束来自经理人自我职业生涯的压力，经理人必须认真经营企业，努力提升企业经营业绩，从而规范个人行为，形成良好的自我约束（贺祺，2020）。[①]

（三）建立规范运行的资本市场

规范运行的资本市场可以准确反映企业的股权结构、比例和属性。因此，必须积极转变政府职能，创新国资监管模式，即从“管人、管事、管资产”转化为“管资本”。第一，正确把握国有资产监管的定位和方向；第二，严格遵守国有资产监管与其运营机构相分离的原则，设立不同的主体进行运营；第三，根据国有资本的属性，将国有企业分为公益性和商业性，切实落实分类监管。根据中国的国情和实际情况，让国资委作为国有资本的统一监管者并逐渐转向“幕后”，将国有资本投资公司作为国有资本的直接出资人，成为与外资、民企处于平等地位且无法律差异的股东主体，能够对股份公司进行控股和参股。国有资本用这样的方式和形式与市场经济规则对接（刘纪鹏，2014；[②] 平新乔，2015[③]）。通过构建国有资本投资公司实现公司化运作，规避政府部门补贴、行政垄断等不公平竞争的问题，让国有企业成为真正意义上能够公平参与市场竞争的现代股份公司。同时，在以管资本为核心的理念下，积极推动国有企业职业经理人的市场化选聘，通过实施与市场匹配的薪酬制度，最大限度激励职业经理人经营好企业，不断提高国有资本的使用效率和质量，从而不断增强和扩大国有企业活力和影响力。通过混合所有制改革能够让国有企业职业经理人把国家的长期

---

① 贺祺．混合所有制改革与国有企业治理效率：影响机理、提升路径与政策建议［J］．经营管理，2020（23）：104-106.

② 刘纪鹏．中国国资改革创新模式探索［J］．经济导刊，2014（5）：49-57.

③ 平新乔．新一轮国企改革的特点、基本原则和目标模式［J］．经济纵横，2015（1）：1-6.

利益与其他股东的短期利益相结合，实现股东的共同价值，最终让国有资本和非国有资本彼此融合发展、相互取长补短、彼此成就，真正实现共同发展，共同成为构建具有中国特色的社会主义市场经济体系的基石，为实现世界一流企业的目标而不懈努力。

1. 科学界定政府的多重角色

在中国渐进式的经济体制改革历程中，国有资产管理体制历经了管人管事管资产到现在的管资本。资本是市场在资源配置中的核心要素，资本所对应的是所有者，即“管资本”更强调的是资本的所有者权责，与之前的“管企业”和“管资产”相比较，更强调管理对象的灵活性和流动性，管理的是资本的价值形态。以“管资本”为核心的国资监管体制机制本质上更加凸显政府的出资人性质，在监管职责上更加强调以资本和产权为纽带链接出资人和监管对象，这更加符合世界一流企业的规范要求，符合法律规范和公司治理结构的要求，落实出资人的责任，突出核心管理职能和权限。这个界定能够进一步规范政府与国有企业的关系，明晰边界，是实现政企、政资分开的路径，从本质上让国有企业能够享有更加充分的经营自主权。

由于政府的角色具有多重维度，对于政府角色的界定也应该从相应的维度进行科学认定和明晰。政府是市场的守夜人，也是市场的监管者，既是国有企业的出资人，也是国有资产的监管者，当作为出资人的角色与其他角色出现重合时，政府会习惯性地采取行政管理的方式履行出资人的职能，产生竞争非中性和越位行为。鉴于此，必须从制度层面有效保障国有资产管理部门的出资人角色和国有资产的行政监管角色能够相互区分和分离，必须深化和落实《国务院国资委以管资本为主推进职能转变方案》。在目前构建的“国有资产管理部门+国有资本投资运营公司+国有企业”管理模式三级架构中，通过落实监管清单、责任清单和国有资本投资运营公司授权放权清单来确保三个层级的边界和职责，充分发挥国有资本投资运营公司的功能。从操作层面看，规则的制定者和规则的执行者应该分开。

2. 实行分类监管

首先，实行分类监管的原则。具体来说，一是能够根据国有企业的不同类别和不同功能定位，设定相应的政企关系。公益类国有企业由于承担更多的公益性和政策性功能，可以将“管资产、管人管事”相结合。完全竞争领域的商业性国有企业则严格按照市场要求，政府作为出资人仅履行股东的责权利。对于承担“关系国家安全、国民经济命脉的重要行业和关键领域”的商业类国有企业，应对其承担的商业性和非商业性业务进行分类和隔离，实行分类监管。二是按照股东权益和股权结构加快国资监管机构的职能调整，有效剥离与出资人无关的管理职能，尽快进行组织机构调整与完善。大力提升国资监管机构履行出资人管理职能和职责的专业水平，调整工作的重心。三是针对不同类型的国有企业应简政放权，按照“该放必放”原则，依法将企业的重大战略决策、战略投资、职业经理人任免、员工薪酬与绩效考核权等重要职权放交给企业董事会。按照“能授则授”原则，依据企业的功能定位、公司治理能力、内部管理水平、经营业绩等因素，对不同类别的企业实施分类授权，对那些公司治理水平高、管理能力强、经营业绩优的国有企业，可以授予其更多的出资人权利。

其次，强化财务硬约束。为让国有企业作为市场竞争主体在公平竞争的环境中充分发挥作用，实现国有企业改革的目标，必须通过管资本来重新建构国资监管的体制机制，提升其管资本的核心能力，高度重视资本所带来的投资收益，实现国资监管体制机制的可持续发展。因此，必须强调以财务硬约束为抓手，提高国资监管的透明度，以提升管资本能力为重点，为国有资本做强、做优、做大提供良好的基础环境。第一，按照“管资本为主”，积极转变国资监管的职能和管理方式，达到提升国有资本效率和释放国有企业活力的目的。第二，以市场化原则为导向，运用委托代理关系充分发挥国有资本投资公司和国有资本运营两类平台公司的作用，体现国有资本的双重属性，实现从行政委托转变为经济委托，确保这两类公司在管资本上的专业性和主动性，做主动、理性的股东。第三，必须以财务硬约束为核心构建国有资本委托代理机制。在分类监管国有资本的基础上，建立相应的委托代理法律和财务制度。实行分类考核，构建分类绩效考核评价体系和以此为基础的财务指标考核体系。第四，统一监管经营性国有资产。第五，优化国有资本布局和实行动态调整机制，规范政府对国有企业资本金调整与管理机制。第六，推动国有资本经营预算与公共预算实现有机衔接，不断完善经营预算收入和支出结构的合理性和规范性。国有资本收益上交过程中要充分体现国有股东的权益和价值，保证国有资本全民所有、收益全民共享（项安波，2018）。①

3. 深化国有资本投资运营公司改革

国有资本投资运营是实现管资本的关键。自党的十八大以来，全国改组组建了140余家国有资本投资运营公司开展相关试点工作，试点过程中发现存在对国有资本投资运营公司的定位不清晰、授权放权不到位和实际运营管理不顺畅等问题，因此，必须深化和切实落实国有资本投资运营公司的改革。一是不同类别的国有企业对应的不同类型国有资本投资运营公司的定位要精准、使命要清晰。国有资本投资运营公司扮演了多重角色，它既是持有国有股权的持股人，也是股东，也可以是执行国有资本市场化运营的角色，也可以成为退出的通道，即是部分竞争性领域国资面临优胜劣汰的出路之一，因此，在实际运行过程中要区分清楚。二是要确保国有投资运营公司的相对独立性和边界性清晰，使得授权放权能够到位，国有资本投资运营公司董事会必须严格遵照《公司法》享有法定的职权，在《公司法》的章程范围内，按一般商业要求拥有对企业运作的独立自主决策能力。因此，政府和出资人机构代表能够放心并大胆地将企业的战略发展规划、经营管理、战略投资、职业经理人的选聘和任免、薪酬考核、出资企业的股权比例设置等职权，授放给国有企业，这样国有企业就拥有了相应的责权利，能够行使相应的职权，并承担相应的义务。三是严格国有资本投资运营公司对出资企业的规范管理，国有资本投资运营公司负责管资本以内的管理工作。第一，积极加强建设国有资本投资运营公司管资本方面专业能力和专业人才的培育，全面提升其组织管理能力，确保管资本的边界、职责和专业性。第二，稳步推进和帮助其下属企业实施股权多元化改革，积极转变思路和观念，将资产变资本，提高资本的流动性，打下管资本的坚实基础。第三，国有资本投资运营公司要勇于担当，承担产业发展的使命和社会责任，能够科学运用资本的理念、手段和方法去承载培育产业、提升产业核心竞争力等职能，妥善处理好资本管理、股权管理和产业使命之间的关系。

---

① 项安波．重启新一轮实质性、有力度的国企改革——纪念国企改革40年［J］．管理世界，2018（10）：95-104.

三、高质量推进国有企业混合所有制改革

高质量推进国有企业混合所有制改革的基本前提是必须坚持“两个毫不动摇”。党的十九大报告指出，“必须坚持和完善我国社会主义基本经济制度和分配制度，毫不动摇巩固和发展公有制经济，毫不动摇鼓励、支持、引导非公有制经济发展”。必须用“两个毫不动摇”来准确认识和把握国有企业和民营企业两者的根本关系和长远利益。国有企业是中国特色社会主义的重要物质基础和政治基础，是我们党执政兴国的重要支柱和依靠力量，民营企业的发展也同等重要。因此，公有资本和非公有资本、国有企业和民营企业之间是国民共进、相得益彰的关系，两者必须协同发展，而国有企业改革经过40多年的历程，让市场的各主体能够适应社会主义市场经济环境下公有制与非公有制经济的微观组织形式和实现形式，让两者能够公平竞争、共同发展，促使公有资本和非公有资本有机融合，为此打下了坚实的基础。目前中国的部分央企具备创建世界一流企业的基本条件，应以此为基础先建成一批具有全球竞争力的世界一流企业作为典范，引领更多的国有企业实现世界一流企业的目标。

国有企业混合所有制改革的基础是根据国有企业的属性进行国有企业分类、分层改革。在现实中，由于部分国有企业在功能上的重叠、错位和国有经济布局的不合理，导致其在目标上的混乱，本应以公益社会功能为首要目标的公益性国有企业却追求了经济价值，而竞争性国有企业应以企业利润最大化为目标，但是经济效益却很低。造成以上不合理现象的原因在于国有企业目标的模糊和不准确，处于竞争性领域的国有企业由于效率低下造成宏观经济的全要素生产率下降；由于国资布局过于分散使得公益性目标难以实现。因此，要实现国有企业混合所有制改革必须以国有企业分类、分层改革为基础，对国有企业的功能进行精准定位，使得国有企业的双重属性实现结构性分离。2015年中央出台了《关于国有企业功能界定与分类的指导意见》，提出结合不同国有企业在经济社会发展中的作用、现状和需要，根据主营业务和核心业务范围，将国有企业界定为商业类和公益类。可以从这两个方面进行进一步细分：第一，进一步对公益类国有企业进行二次分类。充分考虑到

国有企业的本质，不断延伸其政府职能和公益性特征，承担了部分公共政策功能的公益类国有企业，主要体现为公共产品的生产和服务，另外，部分承担具有天然垄断属性行业的重要功能，如提供军工和能源等产品。也有学者提出可以将国有企业划分为公共政策性企业、特定功能性企业以及一般商业性企业三类。第二，对单个企业进行分类、分层。由于现有许多国有企业在不同领域实施了多元化经营战略，因此，这类国有企业应聚焦发展战略，突出企业的核心业务，剥离与主业不相关的经营业务，专注且锁定核心主营业务，然后再进行细分，真正做到有的放矢，确保分类管理精准定位。由于国有企业混合所有制改革既是实现建设具有全球竞争力的世界一流企业的必由之路，也是优化国有资本布局和提升国有企业效率的重要举措，因此，应遵循由易到难、从试点到成熟、允许试错和渐进式的路径，从主营业务在完全竞争性领域开始逐步扩展到其他领域。一般类别的竞争性国有企业，改革的重点在于实现多元化的股权结构，严格分类考核和监督，优化公司治理结构，按照市场化要求，完善相关的激励约束和收益分配，通过整合充分发挥各参股股东的资源优势。国有企业按代表国家履行出资人职责的政府层级可分为以下几种：中央国有企业（中央企业）、省属国有企业（省属企业）和其他国有企业（市属或县属企业）。[①]

国有企业混合所有制改革的基本内容为在实施国有企业混合所有制改革时，必须严格遵守公司法的各项要求和具体规范。具体体现在混合所有制改革的对象、混合所有制改革采取的方式、资产如何定价、在实际进行混合所有制改革的过程中股权结构如何设定、股权的比例如何设置、如何调整相应的劳动关系、如何采取科学合理的国资监管体制机制等方面。根据《公司法》的规范和要求扫除存在的障碍，尽量减少政府对国有企业混合所有制改革的行政干预，创新国资监管模式，用高水平方式高质量地推进国有企业混合所有制改革。按照从竞争性逐步扩展到公益性的原则，即应对主营业务处于完全竞争领域的国有企业进行混合所有制改革后，再逐渐扩展到其他功能性及公益性领域。竞争性国有企业作为市场竞争主体，其商业行为方式与民营企

---

① 毛新述. 国有企业混合所有制改革：现状与理论探讨［J］. 北京工商大学学报（社会科学版），2020（5）：21-28.

业实行无差别待遇，通过混合所有制改革引入外部战略投资者等资本，实现产权多元化：一是遵循市场化原则，将社会资本作为引入或参与的对象，政府角色从主导转向引导，让企业自主决策；二是对采取其他混合方式的，如兼并重组、引进外部战略投资者、员工参与持股、企业整体上市等，在涉及股权分配和控制权上严格按照市场主体行为准则和企业管理规范；三是防止国有资产流失和人为扭曲资产价格，必须在市场经济体制下，运用资本市场对国有资产进行准确定价；四是采用市场通用的商业回报率对混合所有制的企业绩效进行定量评价，以避免采用不同的方法来定义回报率。

此外，改革重心放在设计好股权多元化方案，尤其是股权结构、股权比例设定上，优化公司治理结构，完善激励机制和收益分配方法，发挥参股股东的资源优势和积极性；对于国有资本投资运营公司，应着力提升其投资项目的科学选择、评价和收益评估的预测与专业管理能力，进行风险控制以规避投资风险，提高资本保值增值水平。在分类管理上，应着力打造对国有企业分类管理和分类监管的专业能力。对于特殊功能类国有企业，重点在于如何在市场化的商业业务上发挥混合所有制改革的优势，引入先进的技术和管理并能运用。通过国有企业和民营企业的资源整合，打通上、中、下游的产业链，降低企业交易成本，帮助国有资本聚焦其核心业务，充分发挥各自优势，提升资本和资产的综合效益。对于公共服务类国有企业，在部分可以进行商业化的服务领域，在国资的严格监管约束下，通过“普通股”+“优先股”+“黄金股”（特权优选股）的股权结构安排，确保国资对核心业务的控制权和主动权，在确保普遍服务义务和公共利益的前提下，发挥各方的相关优势，全面提升服务水平和质量。对于公益性及垄断性较强的领域，目前应主要采取国有国营方式，着力完善国有企业的内部治理机制和提升治理效率，做到降本增效，不断提高公共服务水平，以满足社会效益和人民满意度作为企业绩效的衡量目标，社会效益和公共服务则是重点的考量内容。此外，还需要明确这类企业提供公共服务的行为是否需要政府额外的补偿，判断标准、补偿标准是否与提供类似公共服务的民营企业相同，能否保证公平、公正，并对补偿程序及各环节进行合理披露。

本节将从全要素生产率、公司治理效率和创新效率三个方面入手，分析如何高质量推进国有企业混合所有制改革，加快建设世界一流企业（见图6-2）。

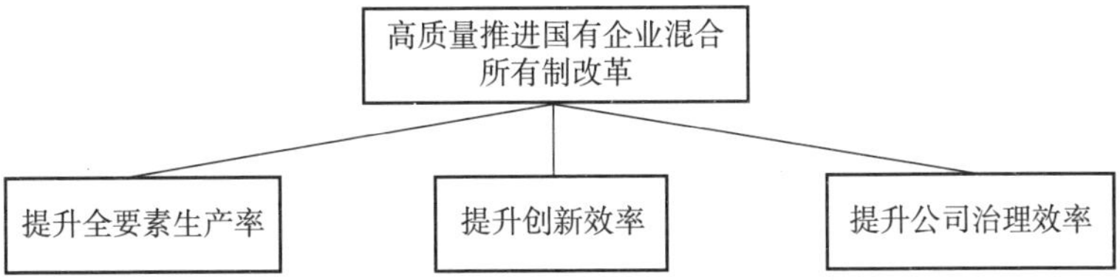

图 6-2　高质量推进国有企业混合所有制改革思路

（一）提升全要素生产率

国有企业全要素生产率的提升不仅对宏观经济发展有显著作用，还可以从微观上提升国有企业自身的效率，从而实现建设世界一流企业的目标。笔者将从技术进步、规模和资源配置、组织管理创新三个方面来改善和提升，力求逻辑清晰、层级分明和逐步加深，最终形成将国有企业的高质量发展与国家宏观调控机制相结合提升国有企业全要素生产率的体系（见图 6-3）。

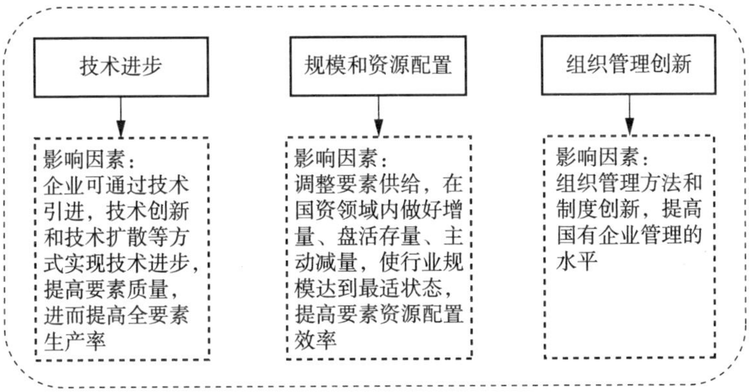

图 6-3　国有企业全要素生产率的影响因素

1. 技术进步

长期以来，在经济理论中通常集中注意力在资本和劳动投入上，将其作为“内生变量”，而技术进步则作为增长模型中的“外生变量”。随着经济发展和学者的深入研究，逐渐考虑将技术进步作为重要的内生变量。通常来说，技术进步的主要来源是出于盈利动机的商业性技术发明，以此作为内生变量来诠释全要素生产率。

技术进步主要来自自身的研发，取得技术发明的数量等无形资产可以用来充当对应的指标。另外就是直接引进国外先进技术，根据目前经验主要有两种引进方式：一是引进直接面向生产的技术和设备，二是通过外商直接投资带来。如前文的研究表明，技术发明专利的数量、进口技术和设备的数量以及外国直接投资的数量等都是衡量技术进步的主要指标。伴随着技术进步，其他生产要素的质量也将同步得以改善，这一过程将不仅带来生产和中间投入的改进，还能促成制造技术的改革和创新。

总体而言，技术进步是国有企业增长的不竭动力和不可或缺的因素之一，即国有企业全要素生产率的发展与增长离不开技术进步，任何脱离技术支撑企业的增长只能是“空中楼阁”。

2. 规模和资源配置

资源配置效率是反映新企业进入市场及老企业退出市场最好的指标之一。随着企业要素的流动性和范围的扩大，企业对于要素的选择和配置的要求越高，情况就越复杂，随之而来的是配置风险的不断增加。假设国有企业和其他类型的企业资源配置一致，实践表明，国有企业退出市场的概率最小。众所周知，市场和政府调控是我国资源配置的两种主要手段。在市场经济发展的不同阶段，其所具有的地位不一样，随着我国市场经济体制的完善，资源配置更加依赖市场的方式。一个国家市场体制发展的不完善，会导致资源配置扭曲，资源的跨部门流动会受阻于要素市场及产品市场的扭曲。但是在繁杂的要素市场中，资本市场等要素起着至关重要的作用。在这个进程中，各行各业的发展需要资本要素、人力要素顺畅地流进企业。国有企业在参与市场竞争的进程中，必须与其他市场一样遵守市场的规则和相应要求，并且加快建设市场准入和退出机制，朝着世界一流企业发展，提高国有企业整体的全要素生产率。

资源配置效率是影响全要素生产率的重要因素之一。换而言之，假设在一个经济社会中有且仅有两家企业，这两家企业拥有一样的生产技术，不同之处在于这两家企业受资本市场的管制和约束不一样，其中一家企业能够从银行获取资本进行融资，且能用较低的银行利率达到获取资本的目的。另一家企业则无法在银行取得资本进行融资，不得不选择用较高的利率在民间融资。结果表明，前者的资本边际生产力比后者低。换句话说，就是前一家的企业配置的资本过多，且成本低。假如资本被重新分配，边际生产率较低企业的部分资本将流向边际生产率较高的其他企业，这就会让社会的总产出增加。

规模和资源配置效率是对国有企业全要素生产效率有影响的第二个维度，完善要素等相关资源的配置方式，提升全要素生产率，对于加快国有企业的发展，实现产业结构转型升级，扩展国有企业在资源领域的规模，提升资源配置的国际影响力和效率，实现具有全球竞争力的世界一流企业这一战略目标等，具有非凡的意义。

3. 组织管理创新

企业组织管理创新是也是影响全要素生产率的关键原因之一。组织管理创新顾名思义就是在管理层面进行组织和制度创新，是采用新的要素和新的要素组合的方法来提高激励效果，同时降低企业交易费用和成本，从而间接影响全要素生产率。

通常组织管理创新主要包含3个层面的具体内容：一是创新企业管理思想，二是创新工具，三是创新模式。可以看出组织管理创新实质非常复杂，但又是一个在很大程度上影响结果的过程，包含组织创新及组织制度创新两个要素，只有这两个要素都取得成效，才能带来组织管理创新的成功。对企业占有的资源进行重组，就是组织创新的本质，采用更先进的管理方法，提高管理的能力并持续改进管理绩效，从而最大化企业的自身价值和效益。关于组织制度创新，又可以从两方面来阐述：一方面是改进企业的设计，规范企业原有的生产、经营、分配模式，使之更有效率；另一方面是对权力和利益的调整。科学的制度由思维、技术和组织3个部分构成，于是与组织创新活动有关的制度化和规范化在建立科学的制度上起着不可或缺的作用。从国外企业经验数据来分析，我国要缩小与发达国家全要素生产率贡献率上的差距还有较长的路需要走，发达国家的贡献率一般都在70%以上，而对比发现中国只有不足其一半的贡献率。国有企业要参与国际竞争，必须进入国际市场，逐步提高其核心竞争力和市场竞争的能力，必须在国有企业的组织管理水平、能力、规模和效益上下功夫，必须采用国际先进的管理制度和方法，改善和提高企业经营管理绩效，提高企业的效率和质量。

要实现国有企业打造世界一流企业的目标，就必须不断推进“政企分离”“政资分离”，厘清出资者、运营者和监管者的关系。通过明确监管者和出资者两者之间的定位，以及他们与国有企业三者之间的关系和边界，形成并且构建一个权责明确、管理高效的国资体系，从根本上推动“政企分离”，帮助国有企业在当下的市场经济的条件下真正实现自负盈亏、自主经营和自我发展，同时造就能够自我约束的法人以及主动参与市场竞争的主体，从根基上促进企业在全要素生产率改善的基础上的内生化发展。

（二）提升公司治理效率

国有企业建立现代企业制度的核心是公司治理，这也是创建世界一流企业过程中对企业运作形式的要求。基于前面提到的国有企业的双重属性和定位，可知对于国有企业的公司治理定位是深化国有企业公司治理改革的关键。笔者将国有企业改革的目标定位为：完善和发展具有中国特色国有企业公司治理体制机制，推动国有企业公司治理体系和治理能力现代化，积极探索从国家治理到公司治理，找准国有企业公司治理改革的方向（姜付秀和王莹，2021）[①]，应该从公司内部治理和外部治理入手。笔者在塑造公平竞争的市场环境部分提到了许多关于外部治理的内容，因此，在这里重点探讨如何提高公司内部治理效率。

提升国有企业公司治理效益是以国有企业分类、分层改革为基础，因此对国有企业的分类进行细化，针对不同类型的国有企业（公益类、商业Ⅰ类和Ⅱ类、混合所有制国有企业、国有独资和国有控股）分别设计相匹配的公司治理模式，实行分类治理。主要通过建立健全公司治理主体（董事会、监事会、经理层），加强董事会建设，深化外部董事制度改革，建立健全董事会内设机构。明确董事会、监事会或监事、经理层的责权利，从而实现不同治理主体和结构的权责一致。针对不同类别的国有企业实行分类考核，目前处于摸索阶段。在原有的国有企业绩效考核评价体系中，虽然考虑了不同的行业差别，分别选取不同行业标准值作为参考，但是未涉及不同类型国有企业之间存在的差异，于是对于评价指标的权重无法体现，从而不能保证考核的

① 姜付秀，王莹，国有企业公司治理改革的逻辑：从国家治理到公司治理［J］. 经济理论与经济管理，2021（6）：4-21.

公平与公正。因此，对于不同类型的国有企业应构建不同类型的绩效考核指标体系，区分出不同类型的国有企业的差别，根据其属性，在经济效益指标和社会效益指标的权重上体现各自的差异性。针对其考核重点，考虑到公益类国有企业在股权结构上是国家绝对控股或全资控股的，民营企业可以以多种形式参与合作，国家财政可以给予很大力度的支持，通过提高财政资金的使用效率达到降低国有企业运营成本的目的。同时，上级主管部门对参与混合所有制改革的国有企业的考核也应有侧重点。竞争性国有企业的考核应侧重于经济效益和市场化考核，重点考核体现竞争力的经济增加值，必须建立以市场为基准的绩效考核理念和方式。而对于公共服务类的国有企业则应以社会责任和社会效益导向为主，重点考核它所提供的公共服务质量和成本控制，并引入第三方机构进行全方位考核，引入社会公众对它的评价意见作为参考。对属于公共服务类的国有企业涉及许可准入行业的，加强在市场准入、投资和竞争方面的经济性指标考核，在绿色环保、安全卫生等方面则赋予社会性指标较高权重，重点体现对限制性准入行业所提供的产品和服务质量以及价格等方面的监管，确保社会公平与公共服务质量。针对特殊功能类的企业构建以任务导向为核心的考核体系，侧重于国家战略和前瞻产业等方面的目标完成度。

（三）提升创新效率

加快建设良好的科技创新环境和氛围，持续加大科技创新投入与研发，注重成果转化。培养与开发科技创新人才，完善相应的激励约束机制，从技术创新、市场创新和组织创新三方面全方位打造科技创新体制机制，从而达到提升国有企业创新效率的目的，向建成世界一流企业进军。健全的制度环境和有效的市场环境有利于提高企业创新效率。由于创建世界一流企业的难点就是如何突破核心技术，为让企业能够实现技术引领，使得国有企业具有竞争力，应加快营造有利于国有企业以科技创新为核心的创新环境、氛围和机制，激发混合所有制企业的创新意愿、动力和活力。尽管中国国有企业在部分领域实现了核心技术突破，已达到或接近世界一流企业的水平，但是在大多数领域还受制于人。因此，构建这样的创新环境迫在眉睫，这是未来促进中国创建世界一流企业的核心措施。构建有利于科技创新的创新环境的突破点如图 6-4 所示。

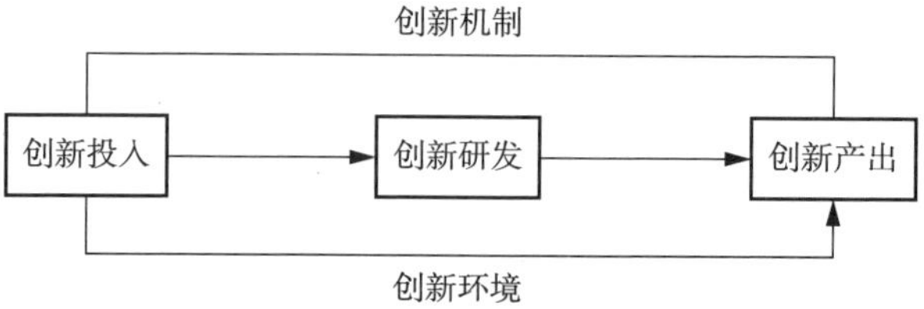

图 6-4 构建有利于科技创新的创新环境突破点

1. 加强战略引导与协同发展

在激烈的国际竞争中，科技创新已成为世界主要发达国家发展战略的重心和综合国力竞争的决定性因素，只有创新才是国家兴旺发达的源泉，因此要实施创新驱动发展战略，推动以科技创新为核心的全面创新，让创新成为推动经济社会发展的第一动力。将中国创建世界一流企业的战略和建设创新型国家战略紧密结合起来，在国家创新战略的引导下，逐步开展中国创建世界一流企业的战略，结合产业结构布局和国有企业的发展目标，持续地加大科技创新经费投入，使得二者相辅相成、协同发展。

2. 加强产学研深度合作

建设共性技术研发平台，布局国家级实验室。制约中国整体技术创新能力的因素具体体现为公共技术研发平台少和基础研究领域高水平的实验室布局不合理。研究还进一步表明，开展前瞻性技术研究在世界一流企业技术创新体系中起着至关重要的作用，例如 IBM 的全球技术展望（GTO）、思科最先提出的“蓝天研究”计划，以及西门子的“未来之窗”项目等，研究者发现这些世界一流企业具有能够精准洞察前沿知识的能力和对未来技术敏锐的嗅觉。因此，学习和借鉴其经验，需要同优秀高校、优质科研机构合作，并建设和打造共性技术研发平台，共享构建科技资源（王海军等，2020）。[①] 应积极落实 2018 年 12 月中央经济工作会议的相关部署，开展建设开放、协同、高效的共性技术研发平台，并根据实际需要布局国家级实验室，增加在重要

① 王海军，陈劲，冯军政．模块化嵌入的一流企业产学研用协同创新演化：理论建构与案例探索［J］. 科研管理，2020（5）：47-59.

领域和关键环节的创新研究。此外，采取一定措施提升产学研合作的效率和质量，应加快通过改革相应的体制机制，引导不同渠道的科技创新，创造出更多的技术和服务。

3. 注重创新成果转化

精准定位世界一流企业的技术创新，重视创新产出，注重创新成果转化。综合对惠普技术创新案例的研究，我们发现惠普通过明确企业研发中心（惠普实验室）的定位——介于其产品开发和基础研究之间，着重进行应用创新研究活动，同时将基础研究和应用研究进行有机结合，最终目的是实现研究成果能够平稳地转化成产品，为市场提供终端服务和产品输出。这为中国建设具有全球竞争力的世界一流企业带来了重要启示：在世界一流企业的技术创新体系中，应建成一个技术产业链，围绕企业的产品研发，以基础研究和创新研发为根本，根据功能需要设置相应的不同功能的研究机构，不断有效地吸收和转化来自不同合作伙伴的创新输入。

4. 推进科技创新人才发展体制机制

在实施科教兴国战略、人才强国战略和加快建设创新型国家战略的背景下，将科技和教育放在经济社会发展的重要位置上，把经济建设中心转移到依靠科技进步和提高劳动者素质上来，高度重视科技创新人才的培养，打通科技创新人才培育的整个链条。以科技创新基层人员培养为抓手，打通科技创新人才培育链条，从职业教育、高等教育和国有企业科技创新人才培育入手，不断完善和优化科技创新高层次人才的培育体系。创新人才政策，以更开放的政策引进“高精尖缺”科技创新人才。

5. 全方位打造科技创新体系机制

全方位打造以科技创新为核心的体系机制。笔者认为科技创新包括技术创新、市场创新和组织创新，必须从这三个方面入手，全力打造科技创新体系。在机制上，完善科技创新体系机制，包括科技创新的合作机制、激励机制、成果转化机制、评价机制。

6. 积极推进非国有资本控股或参股的混合所有制企业发展

在国有企业混合所有制改革进程中，不断引入高质量的非国有资本，推动国有企业产权的多元化发展，在混合所有制企业中推行股权激励制度，为企业创新注入活力和动力。

四、保障机制

通过对世界一流企业经验的探索和总结，发现世界一流企业能够根据环境的变化及时调整和制定企业的发展战略。因此，在创建世界一流企业的发展战略中，高度重视对其他企业的指导性和柔性原则（随着环境的变化，及时调整发展战略）。通过总结 11 家创建世界一流示范企业过程中的经验教训，对其他企业进行相关指导，帮助其他企业降低创建世界一流企业的风险和成本。引导其他企业在纷繁复杂的国际环境中寻找发展机会，不断壮大自身。同时，对世界一流企业的标准也应该进行动态调整。一是为市场竞争的各主体营造公平竞争的市场环境；二是推动建立以管资本为核心的国资监管体制机制；三是高质量推进国有企业混合所有制改革；四是提升国有企业公司治理效益；五是加快建设以科技创新为核心策略的体制机制，培育世界一流企业，并通过以下两种方式，确保建设世界一流企业的顺利进行。

（一）严格同等保护混合所有制企业的各类产权

确保国有企业与其他企业公平参与市场竞争的法律保障，也是实现国有企业和民营企业健康持续发展的制度保障，《公司法》《企业法》等法律虽然为塑造公平竞争的市场环境提供了法律依据，但是针对不同性质的国有企业，其监管法律的适用情况是不同的。因此，国有企业改革需要建立并完善公平竞争的制度基础，以宪法、反垄断法、公平竞争审查制度和竞争评估与投诉制度为竞争法律制度体系的核心。首先，应继续完善反垄断制度，充分发挥反垄断法在经济法中的作用和地位，同时排除国有企业不受规制的情况，一视同仁地对待国有企业和民营企业（王彦超和蒋亚含，2020）①，限制国有企业职业经理人以权谋私。其次，确立和巩固有关竞争政策的基础性地位，并将其融入反垄断法中，实现竞争政策与产业政策协同发展（宋彪，2017）②。

---

① 王彦超，蒋亚含．竞争政策与企业投资——基于《反垄断法》实施准自然实验［J］．经济研究，2020（8）：137-152.

② 宋彪．竞争中性的渊源、政策目标与公共垄断改革［J］．经济法研究，2017（1）：180-199.

另外，加快公平竞争审查制度的顶层设计和实践机制的落实，实现公平竞争审查制度从规范性文件向法律法规的升华，以有效的法律基础作为国有企业改革有效实施的法律保障。最后，建立和健全竞争评估和投诉制度，保护国家大股东和中小股东的合法权益。

混合所有制改革实践过程要遵循市场竞争的基本要求，对市场竞争的各类主体产权施以平等的保护，维护各主体参与混合所有制改革的合法权益。具体从以下三个方面入手：首先，完善相应的法律法规。混合所有制经济已上升至基本经济制度的高度——中国经济体制改革的重点内容。因此，需要将同等保护各类主体对应的产权写入法律法规，从而保障所有股东尤其是非国有股东的合法利益。通过法律的形式保障所有参与混合所有制改革的各类主体利益，保证混合所有制改革的目的和定位不偏离，合法的产权保护制度有利于社会财富的科学生产、积累和合理分配。其次，从顶层设计不断完善和优化国有企业混合所有制改革。通过顶层设计有效解决目前混合所有制改革实践中遇到的难题，科学合理地解决国有资产定价、混合所有制企业股权分配、公司治理结构设计、劳资关系调整等问题。制作混合所有制改革的操作手册，对混合所有制改革的实施路径、方案、重大问题与困难等经验和教训进行总结，不断丰富和完善国有企业混合所有制改革。最后，必须体现市场各类主体产权的平等性。通过在混合所有制改革企业的公司章程、公司治理结构方面严格控制董事会及成员的构成、规范经营决策流程等，增强制度创新，保证股东权益，防止大股东侵占小股东的合法权益。针对在改革实践过程中违背产权和公众利益的情况，申请仲裁机构裁决，依法保障各方的合法权益。

（二）完善企业国际化发展的体制与政策环境

加快中国国有企业国际化发展的步伐，鼓励企业“走出去”，为国有企业实现国际化营造良好的政策环境：①完善对外投资管理制度和海外投资监管模式，解决当前存在的制度性问题，有效防控风险，确保国际化投资的有序进行。②确保政策的稳定性和公开透明，按照“鼓励发展和负面清单”进行对外投资管理。有效规范和引导投资主体的预期和行为，积极开展境外投资。③为开展对外投资提供高效便利的服务，积极引导企业运用“境外企业和对外投资联络服务平台”开展相关工作。④给予对外投资企业服务保障通道，创造可靠稳定的外部环境。

同时围绕培育具有全球竞争力的世界一流企业，政府提供相应的环境和政策。①在资产规模上，政府要以战略性新兴产业为导向因势利导，通过产业结构的调整与优化布局，加快推进国有企业转型升级，让国有企业的成长规模顺应国际化发展的潮流。②在经济效益上，政府要塑造公平竞争的环境，不断完善公平的市场竞争机制，持续改善竞争中性的营商环境，重点是实现国有企业真正的降本增效，提高国有企业的全要素生产率、创新效率、公司治理效率和硬化软约束。③在创新上，政府要以科技创新为引领，搭建科技创新平台，增加科技创新的基础研究投入力度和质量，不断完善和创新国家科技创新体系，发挥市场配置科技资源要素的功能，核心是国有企业通过科技创新获得市场价值，同时兼顾社会效益。④政府不仅要引导国有企业实现企业利润最大化，还要实现企业的社会责任，树立良好的企业品牌形象。⑤政府要坚持以“人民为中心”的方向，让国有企业在追求商业价值的同时体现社会价值、提供社会服务。

参考文献

［1］林毅夫，刘明兴，章奇．政策性负担与企业的预算软约束：来自中国的实证研究［J］．管理世界，2004（8）：81-89，127-156.

［2］BERGLÖF E，ROLAND G. Soft budget constraints and credit crunches in financial transition［J］. European Economic Review，1997，41（3）：807-817.

［3］靳来群．所有制歧视所致金融资源错配程度分析［J］．经济学动态，2015（6）：36-44.

［4］林毅夫，李志赟．政策性负担、道德风险与预算软约束［J］．经济研究，2004（2）：17-27.

［5］黄新飞，张娜．政策性负担和国有银行激励机制的相关性研究［J］．管理科学，2005（5）：59-66.

［6］张宇峰，王长江．“内部人控制”与预算软约束：一个理论假说［J］．南京大学学报（哲学·人文科学·社会科学版），2006（6）：127-133.

［7］付东，钱爱民．资本引入战略与产能利用率——基于“双循环”新发展格局的分析［J］．经济经纬，2022，39（3）：97-107.

［8］解维敏．混合所有制与国有企业研发投入研究［J］．系统工程理论与实践，2019，39（4）：1067-1078.

［9］徐浩，张美莎．营商环境、关系型融资与技术创新［J］．当代财经，2019（12）：73-83.

［10］郑国楠，刘诚．营商环境与资源配置效率［J］．财经问题研究，2021（2）：3-12.

［11］冯涛，张美莎．营商环境、金融发展与企业技术创新［J/OL］．科技进步与对策，2020，37（6）：1-7.

［12］SHLEIFER A. State versus private ownership［J］. Harvard Institute of

Economic Research Working Papers，1998.

［13］徐传谌，刘凌波. 我国国有企业特殊社会责任研究［J］. 经济管理，2010，32（10）：163-168.

［14］张绮梦. 国有企业履行社会责任研究［D］. 太原：山西大学，2019.

［15］董淑兰. 企业社会责任与绩效关系中制度环境的调节作用［J］. 会计之友，2017（9）：2-8

［16］邱吉福，谢慧兰，陈熠辉. 经济政策不确定性会影响企业自愿性社会责任信息披露吗［J］. 财会月刊，2019（16）：150-159.

［17］张建君. 竞争—承诺—服从：中国企业慈善捐款的动机［J］. 管理世界，2013（9）：118-129+143.

［18］DIMAGGIO P J，POWELL W W. The iron cage revisited：Institutional isomorphism and collective rationality in organizational fields［J］. American Sociological Review，1983，48（2）：147-160.

［19］贾兴平，刘益. 外部环境、内部资源与企业社会责任［J］. 南开管理评论，2014，17（6）：13-18+52

［20］杜剑，曹玲燕. 企业社会责任信息披露动机研究［J］. 会计之友，2016（5）：87-93.

［21］许罡. 企业社会责任履行抑制商誉泡沫吗？［J］. 审计与经济研究，2020（1）：90-99.

［22］PORTER M E，LINDE C V D. Green and competitive：Breaking the stalemate［J］. Harvard Business Review，1995，73（5）：120-133.

［23］刘慧龙，张敏，王亚平，吴联生. 政治关联、薪酬激励与员工配置效率［J］. 经济研究，2010，45（9）：109-121+136.

［24］郑红霞，韩梅芳. 基于不同股权结构的上市公司税收筹划行为研究——来自中国国有上市公司和民营上市公司的经验证据［J］. 中国软科学，2008（9）：122-131.

［25］吕伟. 分析师跟踪、产权安排与公司避税行为——来自新企业所得税法实施后的经验证据［J］. 山西财经大学学报，2010，32（11）：60-66.

［26］吴联生. 国有股权、税收优惠与公司税负［J］. 经济研究，2009（10）：109-120.

［27］彭韶兵，王伟．上市公司“出身”与税收规避［J］．宏观经济研究，2011（1）：41-49.

［28］常远．我国国企与民企税负变化对企业价值的差异性影响［J］．兰州商学院学报，2014，30（2）：72-77.

［29］薛爽，都卫锋，洪昀．CFO 影响力与企业税负水平——基于企业所有权视角的分析［J］．财经研究，2012（10）：57-67

［30］郑华．预算软约束视角下地方政府过度负债偏好的制度成因分析［J］．财政研究，2011（1）：48-51.

［31］陈志勇，陈思霞．制度环境、地方政府投资冲动与财政预算软约束［J］．经济研究，2014，49（3）：76-87.

［32］KORNAI J. The dilemmas of a socialist economy：The hungarian experience［J］. Cambridge Journal of Economics，1980，4（2）：147-157.

［33］GOLODFELD S M，QUANDT R E. Budget constraints，bailouts，and the firm under central planning［J］. Journal of Comparative Economics，1988（12）.

［34］周黎安．晋升博弈中政府官员的激励与合作——兼论我国地方保护主义和重复建设问题长期存在的原因［J］．经济研究，2004（6）：33-40.

［35］傅勇，张晏．中国式分权与财政支出结构偏向：为增长而竞争的代价［J］．管理世界，2007（3）：4-12+22.

［36］钱海刚．财政分权、预算软约束与地方政府恶性竞争［J］．财政研究，2009（3）：17-19.

［37］白景明，张鹏．公共财政相约上海世博会［J］．中国财政，2010（9）：19-20.

［38］吴群，李永乐．财政分权、地方政府竞争与土地财政［J］．财贸经济，2010（7）：51-59.

［39］沈曦桐，林艳．预算软约束与政府关联性实证研究［J］．南方金融，2013（3）：35-37.

［40］张蕊．预算软约束真的会降低地方政府整体财政努力程度吗［J］．当代财经，2017（6）：36-47.

［41］LIN J Y，CAI F，LI Z. Competition，policy burdens，and state-owned enterprise reform［J］. American Economic Review，1998（88）：422-427.

[42] 邓建平，曾勇，何佳．改制模式、资金占用与公司绩效 [J]．中国工业经济，2007（1）：104-112.

[43] WANG Y Y，YU L S. State-owned bank loan and stock price synchronicity [J]. China Journal of Accounting Studies，2013，1（2）.

[44] 张亦春．契约、信息与国有企业融资制度变迁 [J]．当代财经，2000（10）：41-46.

[45] 谭鹏万．转型国家银行改革的微观效应分析 [D]．上海：复旦大学，2007.

[46] RAJAN R G，ZINGALES L. Saving capitalism from the capitalists：Unleashing the power of financial markets to create wealth and spread opportunity [M]. Princeton：Princeton University Press，2004.

[47] FACCIO M. Politically connected firms [J]. The American Economic Review，2006，96（1）.

[48] 吴文锋，吴冲锋，芮萌．中国上市公司高管的政府背景与税收优惠 [J]．管理世界，2009（3）：134-142.

[49] 吴联生．盈余管理、政治关联与公司税负 [J]．会计论坛，2010（1）：3-16.

[50] SPILLER P. Politicians interest groups and regulations：A multiple-principals agency theory of regulation，or "Let them be bribed" [J]. Journal of Law and Economics，1990，33（1）.

[51] FAN J P H，WONG T J，ZHANG T. Politically connected CEOs，coporate governance and post-IPO performance of China's newly partially privatized firms [J]. Journal of Financial Economics，2007（84）.

[52] 翟华云．产权性质、社会责任表现与税收激进性研究 [J]．经济科学，2012（6）：80-90.

[53] 李玉平，吴晓娟，纪元．我国国有企业社会责任信息披露的理性分析 [J]．财政研究，2009（9）：18-20.

[54] WRIGHT P，FERRIS S P. Agency conflict and corporate strategy：The effect of divestment on corporate value [J]. Strategic Management Journal，1997，18（1）：77-83.

[55] 肖志源．企业社会责任、产权性质对我国 A 股上市公司现金股利的影响 [J]．浙江金融，2020 (11)：26-34.

[56] RAMANNA K. Friedman at 50：Is it still the social responsibility of business to increase profits? [J]. California Management Review，2020，62 (3).

[57] SHAW B. A reply to Thomas Mulligan's "Critique of Milton Friedman's essay 'The Social Responsibility of Business to Increase Its Profits' " [J]. Journal of Business Ethics，1988，7 (7).

[58] 王婷，张力．政治关联、社会责任与企业绩效 [J]．财会通讯，2018 (21)：45-48.

[59] 阳秋林，张玉芳，袁若涛．企业社会责任、政治关联与债务融资 [J]．南华大学学报（社会科学版），2017，18 (1)：63-68.

[60] RUSSO M V，FOUTS P A. A resource-based perspective on corporate environmental performance and profitability [J]. Academy of Management Journal，1997，40 (3)：534-559.

[61] KARAOSMANOGLU E，ALTINIGNE N，ISIKSAL D G. CSR motivation and customer extra-role behavior：Moderation of ethical corporate identity [J]. Journal of Business Research，2016，69 (10)：4161-4167.

[62] MARREWIJK M V，WERRE M. Multiple levels of corporate sustainability [J]. Journal of Business Ethics，2003，44 (2-3)：107-119.

[63] MAHONEY L S，THORNE L. Corporate social responsibility and long-term compensation：Evidence from Canada [J]. Journal of Business Ethics，2005，57 (3).

[64] 张敏，马黎珺，张雯．企业慈善捐赠的政企纽带效应——基于我国上市公司的经验证据 [J]．管理世界，2013 (7)：163-171.

[65] 张蒽，钟宏武，魏秀丽．中央企业慈善捐赠特征与影响因素研究 [J]．学习与探索，2020 (9)：118-126.

[66] 唐跃军，左晶晶，李汇东．制度环境变迁对公司慈善行为的影响机制研究 [J]．经济研究，2014 (2)：61-73.

[67] 万攀兵．基层党组织制度的社会治理作用——基于企业社会责任的视角 [J]．经济评论，2020 (3)：3-20.

[68] KORNAI J. The socialist system：The political economy of communism [M]. Oxford：Oxford University Press，1992.

[69] PEROTTI E. Bank lending in transition economics [J]. Journal of Banking and Finance，1993（17）：1021–1232.

[70] 李稻葵，李山．国有企业债务重组的一个新思路［J］．改革，1996（2）：39–47.

[71] LAVIGNE M. The economics of transition：From socialist economy to market economy [M]. New York：St. Martin's Press，1999.

[72] BAI C E，WANG Y J. Bureaucratic control and the soft budget constraint [J]. Journal of Comparative Economics，1998（23）：41–61.

[73] 陈思宇，张峰，殷西乐．混合所有制改革促进了公平竞争吗——来自国有企业硬化预算约束的证据［J］．山西财经大学学报，2021，43（11）：16–28.

[74] 王兴，魏佳仪．国有企业上游垄断对地区创新能力的影响——营商环境的调节作用［J］．科技进步与对策，2022，39（5）：50–60.

[75] 刘楚玥．预算软约束下D公司过度投资问题研究［D］．镇江：江苏大学，2019.

[76] 李嘉欣．国有企业政策性负担与税收优惠资源配置效率［D］．南昌：江西师范大学，2021.

[77] 李莹珂．国企混改下企业履行社会责任对公司价值的影响［D］．昆明：云南财经大学，2022.

[78] 王凯悦．我国政企关系对企业税收负担的影响研究［D］．西安：西北大学，2018.

[79] 赵莹．中国国有企业软预算约束问题研究［D］．沈阳：辽宁大学，2008.

[80] 陈帅．预算软约束、高管过度自信与国有上市公司财务寻租［D］．焦作：河南理工大学，2017.

[81] 袁艺．预算软约束下的政府补贴与企业寻租［D］．成都：西南财经大学，2014.

[82] 杨科．论竞争中性在我国的制度构建［D］．南宁：广西大学，2020.

[83] 霍雨德．营商环境对科技创新的影响研究［D］．兰州：兰州财经大学，2021.

[84] 姜深．金融危机下国有上市公司债务融资优势分析［D］．成都：西南财经大学，2013.

[85] 常晓筱．政策性负担、预算软约束对EVA治理过度投资效应的影响研究［D］．大连：东北财经大学，2015.

[86] 巴曙松，朱伟豪．产权性质、政治关联与企业税收负担［J］．金融发展研究，2017（8）：3-14.

[87] 尚烨娜．政治关联、媒体关注与企业社会责任［D］．太原：山西大学，2021.

[88] MICHAEL C J, KEVIN J M. Performance pay and top-management incentives [J]. Journal of Political Economy, 1990, 98 (2): 225-264.

[89] SCOTT G J, KAREN S, AARON D H. Board composition beyond independence: Social capital, human capital, and demographics [J]. Journal of Management, 2013, 39 (1).

[90] BOYD B K, HAYNES K T, ZONA F. Dimensions of CEO-board relations [J]. Journal of Management Studies, 2011, 48 (8): 1892-1923.

[91] MEGGINSON W L, NETTER J M. Netter. From state to market: A survey of empirical studies on privatization [J] Journal of Economic Literature, 2001 (39): 321-389.

[92] BERLE A, MEANS G. The modern corporation and private property [M]. New York: Macmillan Co, 1933.

[93] CUBBIN J, LEECH D. The effect of shareholding dispersion on the degree of control in British companies [J]. Theory and measurement, Economic Journal, 1993 (370): 351-369.

[94] MEHRAN H. Executive compensation structure, ownership, and firm performance [J]. Journal of Financial Economics, 1995, 38 (2): 163-184.

[95] CHO M-H. Ownership structure, investment, and the corporate value: empirical analysis [J]. Journal of Financial Economics, 1988 (47): 103-121.

[96] MORCK R, SHLEIFER A, VISHNY R. Management ownership and

market valuation: An empirical analysis [J]. Journal of Financial Economics, 1988 (27).

[97] CARROLL A B. A three-dimensional conceptual model of corporate social performance [J]. Academy of Management Review, 1979, 4 (4): 497-505.

[98] EPSTEIN MARC J, ROY M J. Sustainability in action: Identifying and measuring the key performance drivers [J]. Long Range Planning, 2001, 34 (5): 585-604.

[99] HART S L, GAUTAM A. Does it pay to be green? An empirical examination of the relationship between pollution prevention and firm performance [R]. Working Papers (Faculty): University of Michigan Business School, 1994: 1-28.

[100] EHRBAR A. Economic value added : The real key to creating wealth [M]. New York : John Wiley & Sons , Inc. , 1998.

[101] 史美伦. 加强公司治理，强调董事会的作用 [N]. 证券时报，2001-09-11.

[102] 沃尔特·J. 萨蒙，等. 公司治理 [M]. 北京：中国人民大学出版社，2001.

[103] 贾品荣. 参与文化：董事会治理核心 [J]. 中国中小企业，2004 (6): 55-57.

[104] 李斌，孙月静. 公司治理预警——基于 ST 上市公司的研究 [J]. 财贸经济，2006 (12): 36-40.

[105] 李维安. 公司治理的新进展：公司治理评价 [J]. 南开管理评论，2004 (1): 1.

[106] 桑士俊，吴德胜，吕斐适. 公司治理机制与公司治理效率——基于公司治理成本的分析 [J]. 会计研究，2007 (6): 83-85.

[107] 施东晖，司徒大年. 值得企业家关注的公司治理评价体系 [J]. 国际经济评论，2003 (3): 53-56.

[108] 王化成，胡国柳. 股权结构在公司治理中的作用及效率——文献回顾及基于中国上市公司的未来研究方向 [J]. 湖南大学学报（社会科学版），2004 (3): 42-47.

[109] 吴静. 我国上市公司治理结构与公司绩效关系的实证研究 [D].